MAIN CURRENTS OF WESTERN THOUGHT

现代思潮

西方文化研究之通路
CULTURE STUDY IN HISTORICAL PERSPECTIVE

林立树 著

中央编译出版社
CCTP Central Compilation & Translation Press

图书在版编目(CIP)数据

现代思潮：西方文化研究之通路 / 林立树著. —北京：
中央编译出版社，2014.5
ISBN 978-7-5117-2026-9

I.①现… II.①林… III.①西方文化－研究 IV.①G11

中国版本图书馆CIP数据核字(2014)第009562号

本书为中国台湾五南图书出版股份有限公司授权
在大陆地区出版发行简体字版

现代思潮：西方文化研究之通路

出 版 人：	刘明清
出版统筹：	董　巍
选题策划：	韩慧强
责任编辑：	王媛媛
特约编辑：	李桂兰
责任印制：	尹　珺
出版发行：	中央编译出版社
地　　址：	北京西城区车公庄大街乙5号鸿儒大厦B座(100044)
电　　话：	(010) 52612345 (总编室)　　(010) 52612363 (编辑室)
	(010) 66130345 (发行部)　　(010) 52612332 (网络销售部)
	(010) 66161011 (团购部)　　(010) 66509618 (读者服务部)
传　　真：	(010) 66515838
经　　销：	全国新华书店
印　　刷：	北京中兴印刷有限公司印刷
开　　本：	787毫米×1092毫米　1/16
字　　数：	286千字
印　　张：	**19.75**
版　　次：	2014年5月第1版第1次印刷
定　　价：	68.00元
网　　址：	www.cctphome.com　　邮　箱：cctp@cctphome.com
新浪微博：	@中央编译出版社　　微　信：中央编译出版社 (ID：cctphome)

本社常年法律顾问：北京市吴栾赵阎律师事务所律师　闫军　梁勤
凡有印装质量问题，本社负责调换。电话：010-66509618

目录 CONTENTS

推荐序 1
卷首语 2
自序 4

上篇　文化研究的通路

第1章　从历史发展探讨文化 4
第一节　史学 7
第二节　历史变迁 15

第2章　从宗教探讨文化 25
第一节　犹太教 26
　　一、犹太教经典 27
　　二、犹太人生活习俗 30
　　三、犹太人的节日 33
第二节　基督教 36
　　一、源起 37
　　二、教义 38
　　三、基督教传播 40
　　四、教会组织 40
　　五、教会之分裂 43

第3章　从哲学探讨文化 50
第一节　哲学方法 52
第二节　哲学对象 57

第4章　从社会学探讨文化 76
第一节　实证社会学、诠释社会学 77
第二节　多元时期 85
第三节　综合时期 90

第5章　从人类学探讨文化 94
第一节　古典进化论 96
第二节　功能学派、心理学派、社会学派 100
第三节　功能派、新进化论、结构人类学 102
第四节　象征人类学、诠释人类学、结构马克思主义、
政治经济学派 108

第6章　从心理学探讨文化 108
第一节　分析心理学 109
一、弗洛伊德 109
二、荣格 112
三、阿德诺 114
四、弗罗姆 114
第二节　行为心理学 116

第7章　从经济生产探讨文化 118
第一节　马克思 118
第二节　新马克思学派学者 125

下篇　当代文化的研究

第1章　当代文化研究的起源 139

第2章　文本与论述 139

 第一节　德国 139

  一、法兰克福学派（Frankfort School）............ 140

  二、西梅尔（Georg Simmel, 1858—1918）........ 143

  三、马库色（Herbert Marcuse, 1893—1979）.... 145

  四、哈伯马斯（Jurgen Habermas, 1929— ）..... 147

  五、本亚明（Walter Benjamin, 1892—1940）.... 148

  六、当代德国学术思想 150

 第二节　英国"当代文化研究"学派 153

  一、艾略特（T. S. Eliot, 1888—1965）............. 154

  二、利维斯（Frank R. Leavis, 1895—1978）..... 156

  三、威廉斯（Raymond Williams, 1921—1988）.... 157

  四、汤普森（E. P. Thompson, 1924—1993）.... 158

  五、霍加特（Richart Hoggart, 1918— ）......... 160

  六、霍尔（Stuart Hall, 1932— ）..................... 161

 第三节　法国文化 162

  一、萨特（Jean-Paul Sartre, 1905—1980）....... 163

  二、布尔迪厄（P. Bourdieu, 1930— ）............ 165

  三、博德里亚（Jean Baudrilliart, 1929— ）..... 167

  四、德里达（Jacques Derrida, 1930）............... 169

  五、利奥塔（Jean-Francois Lyotard, 1924—1998）........ 171

  六、福科（Michel Foucault, 1926—1984）....... 173

 第四节　美国当代文化 177

  一、实用主义 178

  二、贝尔（Daniel Bell, 1919— ）..................... 182

  三、里斯曼（David Riesman, 1909—2002）..... 185

  四、詹明信（Fredric Jameson，1924— ） 187

第3章 当代文化的论题 189
第一节 大众文化 189
第二节 消费文化 194
第三节 学生次文化 204
第四节 女性文化 207
第五节 网络文化 211

第4章 结 论 215

附录 220
年鉴派史学 220
  一、年鉴学派崛起的历史背景 220
  二、年鉴学派的发展 222
  三、年鉴学派的主要思想 223
  四、结论：对年鉴派史学的反思 224
结构主义 226
  一、何为结构主义？ 226
  二、结构主义学说 227
  三、结构主义与历史 231
  四、结语 232
"意识形态"的历史地位 232
  引言 232
  一、"意识形态"观念的形成 233
  二、意识形态的发展 234
  三、意识形态终结 236
  四、意识形态支配时期的社会中坚：中产阶级 237
  五、结论 238

现象学与存在主义 238
- 一、什么是现象学? 239
- 二、现象学的代表人物 240
- 三、存在主义及代表人物 240

对"后现代"概念的反思 243
- 一、后现代名词由来 243
- 二、后现代的历史地位 245
- 三、后现代的理论架构 247
- 四、后现代是一种新生活 258
- 结论 261

大众文化的左派:文化工业与文化再生产 263
- 一、文化的结构与意识形态观 264
- 二、现代文化:大众文化的形构 266
- 三、对大众文化的批判理论:文化工业与文化再生产 ... 269
- 四、对文化工业与文化再生产的反思 277
- 五、结论 279

消费文化的反思 280
- 一、消费与消费文化概念的探讨 280
- 二、消费文化是西方社会的产物 282
- 三、消费文化源起说 285
- 四、对消费文化的反思 287
- 五、结论 289

参考书目 291

推荐序

《荀子·礼论》说:"礼起于何也?曰:人生而有欲,欲而不得,则不能无求。求而无度量分界,则不能不争;争则乱,乱则穷。先王恶其乱也,故制礼义以分之,以养人之欲,给人之求。使欲必不穷于物,物必不屈于欲。两者相持而长,是礼之所起也。"这是谈文化的起源,也是谈社会规范的起源。

在漫长的农业生产方式里,古人依血缘关系而建立了宗法制度这种社会规范,又在兼并的过程中,建立了封建制度这种政治制度。这两种规范具有潜在的冲突,传统上称之为亲亲和尊尊的冲突,也是我国文化基因中内在的基本冲突。传统文化和思想中的许多观念都奠基在这些冲突的规范之上,绵延了数千年,依然残留在当代的中国。

这两种规范的潜在冲突未歇,时序已经进入近代以来的资本主义经济生产方式,从而瓦解了宗法、封建及其变形的帝制。传统的文化基因面临不得不自我调整、突变的艰难处境。而自我调整、突变不能不以认识现代、当代资本主义文化为基础。

五年前,承乏辅仁大学中国文学系主任,于是力邀挚友林兄立树教授来讲授资本主义文化。林兄才思敏锐,治学精勤,为浸润传统学问的中国文学研究所学生开疏通之路,得以观览古今中西之变,探索其中曲折之理。学生都在视野恢拓之中求知若渴,而铭感心怀。如今,林教授将数年讲授精粹,整理成书,特为撰此短序,以志这段学术因缘。

辅仁大学文学院院长

王金凌　谨序

2006 年 8 月 1 日

卷首语

　　人生的旅途中，有一些意外，也有一些惊喜。来来去去，能留下回忆的终究有限，往往得视个人的努力与执著而定，只有用心的，才会有痕迹。有机会写这本书，纯粹是个意外，也是个惊喜，它让我对人生有更深入的体会。

　　本书撰写的机缘有二：第一是四年前，现任辅仁大学文学院院长，当时任辅仁大学中文系所主任的王金凌教授，邀我为中文研究所硕博班学生开"现代思潮：西方文化研究"一课。令我好奇的是，这原本是由外文系或哲学系开设的课程，中文所竟然要教，原因何在？王教授的理由是，透过对西方文化的了解，打开中文所同学的窗口，扩大对中国文化的视野。受到这种前瞻性理念的感召，我接下这门课，从思考如何讲解开始，到搜集材料，撰写内容，迄今四年。在学生及同事的鼓励之下，将所学所思整理成书，一者答谢王院长对我的厚爱，再者对辅仁大学中文所的回馈，最后是对选课同学的感恩。

　　第二是2004年应湖北大学周积明副校长及历史文化学院郭莹院长邀请，赴该院试点班（即资优班）讲授"后资本主义文化"。此行收获丰富，除对湖北大学办学态度认真执著表示钦佩外，对学生的用功向学及求知精神印象深刻。返台前曾允诺郭院长要将讲授部分撰写成文，如今完成这本书，也算是"交差"，谢谢周校长、郭院长以及接待我的郭姬老师。他们的抬爱，激励了这本书的写作。

　　出版这本书很大胆，也很辛苦。基本上说来，它是一部"会通"之书，也许深度不够，但至少可以帮助有兴趣认识西方文化的同学，希望看过的人能有所启发。出版这本书，得感谢辅仁大学中文研究所郑垣玲、夏春梅、吴奕苍、崔怡和、王宛姿、郑天蕙、张晓芬、简妤甄、翁智仁同学的帮忙校对，才能顺利进行。末了，当然要感谢五南图书出版公司的慷慨，愿意出版本书，使它可以问世。

林立树

2006 年 8 月

自序

　　翻阅历史篇章，可以感受到生命的无奈与抗争的交错，它点燃了文明的火炬，谱出了文化的旋律，也彰显了人文的意义与价值。从现实层面来看，它是天命与人欲的交战，从学术的层面来看，它是社会结构与意识形态的交会。在社会结构之下，人是不得已的存在，外在环境左右了人的活动，但在意识形态的支配之下，人不接受命运的安排，要求解放，寻找自由，抗拒束缚，为未来探路，书写了人类的命运交响曲。因此了解意识形态与社会结构的复杂关系是文化探索的主轴。

　　人的存在不只是生物的存在，更是人文的存在，也就是"存在"的存在。第一种存在说明了人与自然的关系，第二种存在说明了人与动物以及人与人的关系，也就是人的社会关系。文化是人的创造物，说明了人与人的不同所在。从历史、哲学、社会学、人类学、心理学、经济学等不同的领域中，我们可以体察到今人与古人的差异，也可以了解到今人与今人之间的分际。

　　文化是什么？各时代学者因所面对的社会条件差异，有不同的解释。20世纪以前，它关心的对象为文学、艺术与思想，20世纪后期，它关心的对象转变，重视人与人群两者的存在与互动关系，包括生命与生活，区别了人与动物的不同，人与人的差异，突显出人之为人的意义与价值，人类的共存共荣，我、你、他、我们、你们、他们的互依互助以及矛盾与冲突所在。尽管对文化的态度各地不一，但文化的理路仍有共通之处，思维是共同的基础，知识是它的外衣，经由推论、分析、辩证，提供了"人生"的意义与价值。世界各地文化的共同通路是：今生、来生与永生。今生属于可以经验的对象，来生与永生则是先验，是无法经验的对象。原罪（或原欲）与救赎[01]是安顿今生的文化主轴。这种原罪（原欲）及救赎在中国孕育了"忠恕之道"（夫子之道忠恕而已）[02]、佛学的"苦空之学"（心经：照见五蕴皆空，度一切苦厄）[03]，基督宗教的"疑信之辨"（原罪与得救）[04]。它建构了不同的文化内容，也带来了多元文化的表现。

在"文化"的探索过程中，人、自然、社会的关系是主轴。人存在自然之中，生活在社会之中，与万物一样，面对自然的挑战，承受自然的迫害。有感于生命的有限与无常，无法抑制无端的恐惧，借由神的力量安抚坎坷不安的心情，孕育"创造"理论，服膺"上帝创造万物"的说法，以后为了区别人与动物情境的不同，由"创造论"中发展出"退化说"，将人与动物的差异及人与人的不同归于物种的"退化"，这种由众生平等而走向人兽不等的解说是在"神"意的基础上建立，借此维系了人为万物之灵的地位，但并未能重大改善人的生活。在立命与安身的奋斗中，人类逐渐由神的庇护中走向自立。随着生活条件改善，人类开始强化社会组织，凝聚力量与自然抗争，科学取代神学成为人生活的依据。从此人的社会性大于人的自然本性，"进化论"取代了"创造论"，关心的不是人与神的关系而是人与人间的斗争。"进步"而不是"退化"成为人类生活的重心，也是人类争取平等的动力，革命成为手段，人不仅与天争并与人争。人、自然及社会的矛盾与冲突复杂了人生的历程，人在面对自然的挑战时如何合作，在面对社会竞争时又如何排除人与人之间所形成的压力？不同空间、不同时间内的人，为何有不同的表现？从神话、神权、神学到人文、人

01　此处的原罪与救赎是采用西方的语汇，在中国及印度地区尽管用语不同，但精神相同，为方便起见，一体通用。

02　中国虽然没有原罪一词，但作为中国人的基本前提是忠，而忠孝是为人之本。曾子云：夫子之道忠恕而已。恕则和西方的救赎相近，作为中国人的最高德性。

03　佛学《心经》将苦视为一切灾难的根源，相当于西方的原罪，而空是一切苦难的解脱，相当于西方的救赎。

04　由基督教的旧约圣经中记载，亚当夏娃吃禁果的过程可以看出西方的怀疑哲学，以及信主得救的教诲中可以感受到西方思想的核心理念。

道、人权的历史进展的轨迹中呈现出众多文化的内涵。[01] 这些说明了人的存在价值及生命的意义。经由对这一切的探讨，使得文化研究成为一门真正的"人学"。

将人作为探讨人的基础是推翻了过去以神作为解释的依据。在神明的文化体系中，上帝是造物者，上帝之下，众生平等，互依互存，但在文明的体系中，人是造物者，在人（英文中大写的人）之下，人是不平等的，因为这种平等是建立在人的解释中，人与人的竞争形成优胜劣败，适者生存。它虽然建构了人的崇高地位，但也显露了人的粗暴性，特别是人的"理性"粗暴，以为理性是万能的，忽略了人的有限性，造成世局的动乱与不安。上帝是本体，人无法成为本体，只能是主体，但他同时又是被认识的客体，集主客体于一身，自然有其盲点。自己来看自己，终究是有看不到自己的地方，这是人的理性不足之处，也是引人争议所在。60年代学者即在进行对这种理性所建构的霸权进行探讨，他们将源头指向"语言"，强调语言是理性的本体，语言的伦理义务性宰制了人的思考与行动于不知之中。对"语言"的反省开了现代文化研究的大门。

回顾西方人对文化的探讨，最早可以追溯至拉丁文 *Cultura*，此字意为耕种出的东西，或人造的自然物，以后进展为人造的文物。在早期的历史记载中，文化被视为是人类文艺活动的总称，但随着社会的转型，文化的界说有了不同的范围与指涉，由人类生活的象征到生活的符号。最早为现代文化提供概念的是英国人类学家泰勒（*Edward B. Tylor*），其作品《原始文化》（*Primitive Culture*）为现代文化作了脚注："文化是社会成员在社会上所学得的复合整体，包括知识、信仰、艺术、道德、法律、风俗等等，以及其他能力与习惯"[02]，但泰勒并未对文化内容作详尽的论述。18世纪以后西方学者从"文明"与"文化"词汇的不同入手，并以"己文化"与"异文化"的不同来建构其文化的价值，强调文明的进步、文化的保存。这种由"野蛮"与"文明"的

01　林立树：《世界文明史》上册，中国台北，五南，2002年，第1页。
02　Edward B. Tylor, *Primitive*, p. 1.

对立来诠释文化,并无法使人对文化与文明产生清晰明白的分辨。其实文化与文明是异名同实之物,差别在认同的尺度与范围的宽广与狭窄。进一步说,西方文化就是对"基督"的认同,自许为"文明",将信奉基督宗教者纳入西方文明体系之中,将不信基督者视为非西方文明,但在非西方文明中找不到共同认同标准,于是将次等的认同称为文化,非西方文明中就出现中国文化、印度文化、日本文化等。对中国人、日本人来讲,为了要和西方人站在平等地位,就也自许为中国文明、日本文明。其实站在西方角度,这些还只是文化而不是文明。可见文化与文明是西方的一种认同尺度。文化与文明内容相去有限,譬如英国史家汤因比认为历史上有二十三个文明,德国哲学家斯宾格勒认为有八大文化,麦克尼尔以为有九大文明,布劳代尔以为有九种文明,种种解说让人不仅摸不着边际,连内容也分不清楚。其实从认同的标准来看,从比较的面向来看,就比较清楚。西方文化的特色在其"自由"精神,探讨问题也是站在"自由"的立场,将人类发展的过程视为一部挣脱束缚,争取"自由"的奋斗史,这种追求"自由"的习癖和文化观与国人重视"自在"不同。"自在"强调"内观"的重要性,不强调对外在事物的分析与辩解,由正心、诚意、修身至治国、平天下,重视"行为"的表现。西方人由"行动"中探索"自由",从"行动"的过程,追求"解放"并争取"自由",激励了"进步"的动力,两者的差异构成了东西的不同文化发展。

  国人在研究西方文化时,尤其在阅读西方学者作品之际,往往会受到一些西方学者所提出的名词困扰,特别在翻译这些词,如形上学(*metaphysics*)、本体论(*ontology*)等,遭到更大的疑惑,对这些名词所指涉的个人理念,因其时空条件与文化背景不同,无法转化为国人的语词,最多只能转嫁,以致产生许多落差,既无法用中国语词,怕不能周全,又无法完全直译,导致一知半解,似懂非懂的情形非常严重。中国文化与西方文化不同,可以从语言的表现上看出端倪。中国的人文字多以图像表达,从字的本身可以还原本意,西方不然,拼音字母没有图像,无法突显本意,只能从字与字的关系寻找原意。因此了解西方文化不能望文生义,必须对其文法或结构的体系进行解析。

由于重视语法与句子的书写体例，使得国人在研究西方文化时陷入重大的困惑之中。而词组与句子的关系更阻碍了对西方文化的体会。此外，西方人思考在习惯上不会直接陈述对问题的态度，反而是由讨论别人怎么说，再提出自己的看法，他们喜欢说"这不是什么"，再说"这是什么"。国人在这方面不同，习惯是直接说"这是什么"，导致双方在言论之际，表达概念之时，有显著不同。当西方人从"不是"什么到"是"什么来表述个人学术观点时，会先批判或质疑别人的看法，以致在论述时牵涉较广，使得问题变得复杂。学习者往往只是对某一学说单纯好奇，但由于对相关涉及的论点不明，进而陷入困惑之中，使得学习变得苦不堪言。有鉴于此，本文将试图摆脱上述阻碍，协助读者更容易了解西方文化。

　　本文所讨论的"文化研究"不只是狭义的英国"文化研究"团体，更是西方人对其历史命运的一种反思。受信息传播无远弗届的影响，以及在全球化的冲击之下，它已成为全球人类行动与行为的依循，特别是对非西方文化地区所造成的冲击。西方思想的"体"产生了西方人的"用"，而东方的"用"却奠基在西方的"体"之上，以致出现了"体用"的矛盾与挣扎，因此了解西方文化的"体"是刻不容缓之事。本文将本于西方历史进展，循西方认知三个过程：逻辑思考（logic thinking）、科学方法（scientific method）、文化研究（cultural study）等面向，就学者所论，进行论述。全书分为两篇，上篇对文化的理路及其言说作一梳理，从历史、哲学、人类学、社会学、心理学、经济生产等角度说明西方文化的特性。历史方面部分包括两个主题：史学方法及历史的变迁概述。西方人治史因见解不同，方法有异。透过不同的阅读，可以认识到西方人的多元立场。历史变迁展现了西方发展的趋势，由神权、王权至人权的过程，进而感受到今昔的差别；哲学方面包括哲学的研究方法与探讨的主题，西方哲学研究有演绎、归纳、辩证三大方法，各有所长，洞悉其中的分辨将有助于对西方人的思考进一步了解。哲学主题系经由本体、主客体、个体的分辨，对知识论、伦理学、形上学展开思考，从错综复杂的学派中理出一条思路；社会学说明了这门学科的特色与发展。社会不是

"物理事实"而是"象征事实",社会学尝试让人们由象征事实中,建构"秩序",并为社会"失序"找出原因,方便社会的重建;人类学说明了社群的不同,探讨的主题由人与动物之不同到人群与人群的不同所在,由社群的比较中探讨文明与野蛮的分际,进而论述了不同族群的文化性格;心理学分别就精神分析与行为心理加以说明。心理学透过探讨正常人与异常人的不同,进而检视人的行为动机及态度;经济生产系以马克思为重心,说明马克思思想的重要性及其对现代思潮的影响。在西方的思潮变迁中,马克思是辩证的焦点,不论是赞成或反对,都据此争论,因此特别辟出一节讨论。下篇则就60年代之后西方文化研究,依国别之不同,分别叙述。现代文化涉及范围广泛,处理不易,为了让初学者易于进入状况,就各国所重,进行论述,包括英国的"伯明翰大学文化研究中心"(又称为"新左派")、德国的"法兰克福学派"、法国的"后现代主义学说"、美国的"多元文化"等,这种方法自然有其不周之处,譬如"后现代主义学说"就不是法国的专利,而本文所区隔的也只是影响较多者。论及现代文化,除了介绍现代文化的理路之外,亦对当前流行的论题作一简述,包括大众文化、消费文化、学生次文化、女性文化、网络文化,希望有助于让读者体认到现代的趋势。文末并附有论文数篇,如年鉴派史学、现象学等专题,是教学过程中,为帮助学生进一步清楚相关的语词而写的,希望有助于读者获得较具体的概念。

林立树

上篇　文化研究的通路

　　文化是现实与理想的通路，是人与自然、社会沟通的媒介。透过文化，人超越了生物的存在，进入人的存在。这个"人"不只是自然的存在，更是人本身的创造，从此人不是被动的存在，而是主动的存在，它在解决自然难题的过程中，为人制造了新的问题。从此人的困难由自然转变为社会与文化，从外在进入内省，由沮丧变成忧郁。由于文化是人之为人的资产，因此对文化的理解刻不容缓，它说明了人的价值与意义。

　　书写、言说、心境是文化表现的三种方式。合法、合理、合情构成其被接受的程度。从历史的进展来看，书写长期以来垄断了文化的合法性，言说表现出文化合理性，心境展现了文化的合情性，而合法性、合理性、合情性说明了三者在社会上的不同地位。文化研究长期以来是以书写及形构书写的语言功能上进行，并据此建立了"史料"的地位，言说在历史上一直拥有其合理的一面，它奠基于同意的基础上，但却未必是合法的，而如何由合理获得合法地位是每一位言说者全力追求的目标。至于合情则出于个人的情感本能，是人的本性表露，可以获得别人同情，但未必合理，也不一定合法，因此属于情感的往往会出现无奈的情境。早期社会多半人为生活所苦，识字能力有限，不见"史料"记载，因此人文活动多限于"史料"中的贵族及教士，内容多为"政治"，以后随着商业活动增加，社会出现一批赖贸易致富的中产阶级，他们在闲暇之际，学会书写，有了不同贵族及教士的"史料"，影响人文活动的记载转向社会、经济。待二次大战之后，工业发达，科技进步，一般人受教机会大增，他们关心本身的生活，"史料"遂进入文化领域。由于文化指涉的对象不如政治或经济那般确实，以致其内容及意义与价值不明，易于引起争辩。学者也因关注不同，有不同的坚持，使得文化研究走入社会学、人类学的领域，对文化的探讨变成一门专业的科目。而历史所记载的也由合法的一面，转入合理的一面，再进入合情的一面。

据了解，目前对文化的定义有一百六十种左右，研究方向有二：各地区、民族、时代的特点以及各阶级的属性。研究的主要内容为文化的累积与变迁，继承与创新，传统文化与现代文化，文化的多样性与统一性，文化系统的各种类型和型态，文化的产生与发展等，使得一切社会实践都可以从文化的观点加以主观的审视。二次大战之后美国文化开始成为世界文化的主流，美国对多元文化的尊重，使得"跨文化"的研究与"多元文化"当道，文化由"历时"转为"共时"，也就是由对过去到现在的主流趋势探讨变为对共处一时的不同文化研究，这种方式展现出人类往来的新趋势，但是否真正有助于人类真正的平等互惠往来，还是给予西方"全球化"的另一条通路，迄今仍有不同的看法，但不论如何，新的文化研究至少让人理解到不同的文化并存的意义与价值。

文化的通路主要展现在历史、哲学、社会学、心理学、人类学、经济生产论的领域中。历史是作为人类存在的"存在"主要依据。人之所以会认识其作为人的角色，主要靠历史的记载，透过符号的运用，人类有了遗产，并据此开展出人的特质。历史学的变迁由实证史学、年鉴史学到新史学、系谱史学，说明了人对"整体"的认识，由少数上层权贵到中产阶级再到普罗大众的意义。哲学讨论的是人的思维及思维系统的建构，分为思维方法与思维对象，思维过程与思维结果。大致说来人的思维法则有三，分别是演绎、归纳、辩证，试图循此找到普世、永恒的真理。社会学关切人所居住的空间，社会是大于人甚至外于人的"客体"，还是存在于人的活动之中？社会学面对的是在社会变动后，新社会的秩序如何建构？研究的重点可以分从结构与功能两个角度进行，功能重视人的需求，结构强调人与人互动的深层关系，换言之，也就是看不见却存在的、影响人行动的一种系统。究竟社会影响人的存在，还是人影响社会发展是这门学科的主题。人类学研究的重点是人与人的互动，特别是今人与古人以及今人与今人之间的差别，由生物的差异到人与人之间的不同。人类学关心的是理解的理解，对人的理解性作更深入的探讨，了解人在理解事物之间究竟有何不同。至于经济生产则以马克思的论述为主。马克思的《资本论》迄今仍是探讨本世纪文化的重要依据，他所提出的诸多观念，如意识形态、阶级、商品文化等，主导了学界的思路，不论是赞成、反对或调整，都受其左右。本文将据此，分别加以说明，以了解西方文化研究的面向，作为认识当代文化的基础。

第1章
从历史发展探讨文化

　　历史是对人类文化活动的一种描述，因此在了解文化时，得对历史有一定的认识。传统以来，历史被视为是承续宗教及形上学之后，作为探索万事万物源起及结果的基础，是形上学最后一个堡垒。但发展至近代，美国史学家海登·怀特（Hidden White）则改变了历史的传统观念，将历史视为"叙述"，一种已经结束的叙述，而不是一种结果。叙述者将这种叙述表现出来，因此历史的叙述是先于叙述者存在，在这种认知之下，历史成为一种语言的结构。

　　历史可以分为历史事件及历史事实，历史事件也就是俗话所说的过去，它先于话语存在，先于叙述者存在。历史家透过自己的努力对过去进行叙述，也就是找出事件背后的故事，而构成了历史事实，因此历史不是发明，构建或编造一个故事，而是将事件"事实化"，也就是将"事件"转为"事实"，给它命名，给它分类，认识它的性质，因此历史是"现在的历史"或"现在作为历史"[01]。历史事实与历史事件不同，历史事件与宇宙中的任何事物一样，是一种客体，是一种存在，不具有任何意义，就好像昨天股票跌了，或有人撞车，而与为什么会跌、为什么有人撞车无关。历史事实指的是历史解释，是对发生的事情作出主观的判读，不同主体的认知就有不同的解读。

　　历史事实透过史家的历史知识将人类活动记载下来，它或许不周

---

[01] 谢少波、王逢振编：《文化研究访谈录》，北京，中国社会科学出版社，2003年，第272页。

详，更可能是偏颇的，但提供了一种因果的承续性。这就像一个人生下来之后知道他的父母一样，不是讨论父母是什么出身，收入多少，对他好不好，而是父母生了他，养了他。有人认为，历史作为认知的起点，是一种"历史主义"，它接替形上学说明了人类活动的根由，这种依据是否有约化的危险，也令人忧虑。德国学者波佩尔（Karl Popper）抨击历史主义，认为历史主义约化了历史的复杂性。其实历史作为解释事物的起点尽管有诸多不如人意之处，但舍去了历史，又如何让人"知其所以然"？历史追求的是真实，不是事实，也不是真理，真实不离时空，真理则跨越时空，并涉及到主观的意识，而历史帮助我们从时空获得真实。

　　历史受限于时间与空间，没有时间、空间就没有历史。但什么是时间却是一个难题。时间是自然存在的还是人为的？当我们说公元1世纪时，它所显现的意义为何？太阳、月亮都是古代记时的依据，可是太阳、月亮究竟不是时间，它是自然的万物之一，但人经由观察将之作为计时的单位，年、月是早期人类活动的依据，将一年分为四季、十二个月，一个月三十天，宇宙天象的运行支配了人的岁月活动，早期渔猎社会、农业社会的天人合一，就建构在这种认知上；随着人类文化的开展，逐渐摆脱自然的束缚，由日晷、水漏、沙漏，到机械钟的发明，有了"时"的观念，再来更有分、秒的认识，在工业社会人所关注的是"分秒必争"，而较少是年、月、日。自然的时间多为循环的运行，人为的时间则为直线进行，由循环的时间构成保守的社会，直线的时间催生进步的社会，这是现代与前现代的不同所在。

　　在历史叙述过程中，空间是事物形构的基础。空间可以分为地理的空间与历史的空间，地理的空间就好像眼睛与身体的关系，眼睛所看的其实是身体所感受的。至于历史的空间却是一种主观的方位，譬如最常听到的东方与西方。东方不是一种地理存在，而是欧洲人概念的一部分，这个概念有着自身的历史以及思维、想象，是基督教对非基督教地区的一种区别。西方与东方存在一种权力、支配和霸权关系。扎伊尔德（Said）在他的大作《东方主义》论述中指出，东方是西方的一种发明，是欧洲理念，作为学术研究使用的，可以在博物馆展示，可以在殖民者办公室重建，可以在人类学、生物学、语言学、种族与历史中说明。

在历史的探索过程中，"意识形态"及"指涉"具关键地位。历史是对一个过程的一种表现。意识形态则是对无法表现的历史的一种认知描述。每一种意识形态都是建立在历史之上，每一个人按照自己的兴趣和利益选择自己的意识形态。"指涉"（refer）按其拉丁文的原意，是重新携带或带回的意思，它不是问题的本身，而是一种描述或表现。描述或表现已发生过的事情，成为运用各种方法进行分析的客体。其实所有的描述不是还原就是夸大事件的特色。指涉性暗示着事件到感觉再到事件的一种运动，这种运动通过话语（拉丁文 discurrere 来回奔跑），暗示一种从事件到表现再到事件再到表现的运动。历史家所论的只是事件的形象，一种表现，而这种表现是千变万化的。[01]

在历史的叙述中，人所扮演的角色非常重要，自然界万物只是存在而已，人却是存在的存在，不仅存在，更具有存在的意义，存在的后者建构了人的特殊性。换言之，从上帝创造万物来说，人与其他的存在者都是"之一"（one of），各有其禀赋。当人利用其知识征服其他存在之物后，人与动物有了区隔，人是唯一的（only one）。学科的观念未建立以前，历史指涉过去所有的一切事物，政治是"最爱"，几乎与历史画上等号，以后受科学思维影响，政治只指人类活动的部分，经济、社会、文化也登上舞台成为探讨的对象。从历史的途径来解读文化，有其困难，因为文化的界说古今不同，强将两者合为一体，不易彰显文化的真正意义，只能依循传统的说法，由一般所同意的取向，加以描述，分为巫文化、基督文化、人文主义文化、科学文化、浪漫主义文化、现代文化、后现代文化等。早期的文化观念偏重精神层面，特别是指艺术、文学、思想，晚近以来则偏重生活层面，由社会学、人类学到经济生活，后现代学者将文化视为个人生命与生活的全部。

在探讨西方历史之前，最好先对这门行业的发展及现况有所了解，

---

[01] 谢少波、王逢振编：《文化研究访谈录》，北京，中国社会科学出版社，2003年，第277页。

借此对历史的观解与意义作进一步了解。历史与过去不同，过去已经发生，已逝去，只能借由历史家借由不一样的媒体唤回，因此"历史是论述的过去，但并不等于（事实的）过去"。[01] 西方史学家对历史的描述可以分为元叙述与多元叙述，或大历史与小历史的叙述。元叙述主导了1960年代以前西方人对历史的认知，包括希罗史学（又称为史话学）、基督史学（形而上观念史学）、人文史学、实证史学、年鉴史学、新史学等。1960年代之后，大历史的史观受到哲学反理性主义影响，特别是法国学者福科的史观，小历史渐成主流，历史的描述也由政治、经济走向文化的道路。

第一节　史学

在西方史学的发展过程中，希腊史学被视为序曲，其中最具代表性的人物是希罗多德（*Herodotus*）。希罗多德的史学是一部"见闻录"，记载个人所见所闻，本来只是一些杂记，后来加上对波希战争的完整的记载，合并成一部《历史》，带动了西方史学的发展，他也因此被誉为"西方史学之父"。让西方历史走入世界史的殿堂则为波里比阿（*Polybius*），他长于罗马帝国时代，客观的环境让他注意到整体历史的重要性。他认为历史具有普遍价值，主张运用普遍联系的观点考察诸历史事件，以求得历史发展的因果关系。但严格说来，波里比阿的世界史只能算是以罗马为中心的国际关系史。

第4、5世纪时兴起，西方史学开始重视人类终始的世界史，代表人物为奥古斯丁（*St. Augustine*），作品为《上帝之城》，天地之间具有上帝之城和地上之城，两城原为一体，因为人有罪才分为两城，上帝之城是永恒的、完美的，地上之城是暂时的、会灭亡的。世界的历史就是善恶的斗争史，最后教会会取代世俗政权。在这种观点的建构之下，历史的过程是上帝目的的实践，人的命运由神意所安排，世界史

---

[01] Keith Jenkins, *Re-thinking History*, 贾士蘅译:《历史的再思考》, 中国台北, 麦田, 1996年, 第56页。

不是对世界的描述，而是一种探索。这一时期的历史发展对后来的历史研究产生重大影响，它奠定了纪年，基督教纪年的方法；提供了历史分期的概念（前基督、基督、圣灵）；从基督教的观点撰写历史。

14世纪以后西方史学写作有了新的方向。但丁（Dante）是指标人物，他为人类文化指引了一条新路，走出中世纪的神权文化。他认为，一切文明只有一个目的，即全面发展人的智力，使人类对一切学科有所创见，这有赖人类的共同合作，经由服从理性，达到统一。他抛弃了神意的世界历史观念，把它还原为人类本身的创造活动，并歌颂人类创造的文化业绩，进而走出中世纪神的文化殿堂进入了人的文化世界。但丁的理路为文艺复兴的史家学说奠定了基础。促使文艺复兴史家从人出发，打破神的世界观，反映了对人的世界历史觉醒。

进入启蒙时代，理性史学开始崭露头角，主要的代表人物在法国有伏尔泰（Voltaire），代表作为《风俗论》，另一位是德国的维科（Vico），代表作为《新科学》。《风俗论》被认为是现代意义上的第一部世界史。该书的特点是，历史不是神话故事，不是某些上帝选民的故事，伏尔泰否定了以《圣经》为基本的基督神学的世界体系，倡导研究人类文明本身的世界。他采用比较的研究法，扩大了研究范围。维科提出研究历史的系统规律，说明人类如何从野蛮状态发展到现代社会的文明人。他认为人类世界不是由神创造的，而是由人类自己创造的。历史是一种有机的发展，它是人类社会及其制度的发生与发展。他将这种发展分为三个阶段：神的时代、英雄时代、人的时代。世界历史不是呈直线进行的，而是呈螺旋形式演进。

在西方史学发展过程中，实证史学是重要的一支，以兰克（Ranke）为代表，被视为"以科学态度和科学方法研究历史的第一人"，是"近代科学历史学之父"[01]，兰克强调运用原始资料、考证和辨析史料，主张史料考证是历史基础，成为实证史学的代表人物，尽管后来的史学家对兰克的史学观念有不同的看法[02]，但实证史学所激发的

01　张广智、张广勇：《西方史学史》，复旦大学出版社，2000年，第221页。
02　Benedetto Croce, *History its Theory and Practice*, New York Harcourt, Brace and Company, 1923, p. 235-239.

个别性、个体性的史学研究，却成为主流趋势。实证史学重视史料导致历史研究独厚政治，由于过去人类活动所遗留或记载的事迹多偏向政治面，影响史料保存也多局限在政治方面，使得历史研究成为政治史的化身。

20 世纪初，重视史料和完整无缺的史学研究虽然在史学方法论中有着极重要的意义，但在实践中却出现历史微观化、封闭化的危险[01]。史料的至尊地位随着心理学、语言学、社会学的重要性增加，逐渐松动。史家开始怀疑史料的精确和完整的可能，质疑文字材料是当事人记载下来的，在记载的同时就融入了史家的选取标准与个人的好恶，不同的学者对同一事件因个人的视角、立场、层次反映不一，使得史料出现矛盾，影响到史料学及实证史学的地位。

史学研究者在批判实证史学的不足之余，从不同的方向提出不同的史学理论，大致可以分为唯心与唯物两派，唯心派的代表有德国学者狄尔泰（W. Dilthez）将历史视为一种精神科学，意大利学者克罗齐（F. Croce）将历史解释为思想的产物，更据此语惊四座提出了撼动史界的一句名言"一切真历史都是当代史"，英国史家科林伍德（R. Colingwood）则喊出"一切历史知识都是思想史"。唯心派史观认为过去已不存在，其所以会成为历史是它与现代产生直接或间接的关系，倘若没有任何关系就不构成历史。唯物派史观以德国社会学者马克思为代表，他认为历史是一种实践过程，马克思唯物中的"物"不是物质，而是实践，经由辩证过程找到历史的意义；法国学者涂尔干从社会的角度看待历史。就在这种对实证史学的全面批判之下，历史研究众说纷纭，学说林立。

历史主义是继实证主义史学后一支重要的学派，出现在启蒙后期，对实证史学的批判开始，代表人物为德国史学家德罗伊森（1808—1884）。《历史知识理论》一书对历史主义的理论有相当深入的探讨。历史主义是根据 19 世纪初的唯心主义理论所发展出的历史哲学，强调"理念"的运作使历史发展成客观的知识。德罗伊森强调历史史

01　姚蒙：《法国当代史学主流》，中国台北，远流出版社，1988 年，第 8 页。

实中的理念、精神的特质，批评启蒙时代建立在自然法的基础之上的人性观念是非历史的，史料考证式的历史客观主义是"太监式"，所得的只是史料中所见过的事实，而不是这些事实所构成的历史脉络，史料中有些东西是不会自动呈现出来的。人性表现在精神中不同的特质之上，再呈现在历史之中，而为人所知，所以人性是由史实中获得。

历史主义的理论是要在不同而多样的文化社会中，肯定个别的历史经验，找寻人类的一致性。德罗伊森认为历史思考与现实社会问题有密切的关系，现实社会中生活环境与条件，与历史知识及历史学不可分离。历史包含了过去、现在、未来，它促进了社会共同感的媒介，而社会变迁被视为是社会中各种制度，能存在的、能维持的一个必备的条件。德罗伊森认为任何时代的社会状态，都是人类文化创造的精神，建造出各种组织的一部分，历史学家所要说的就是时间的方向，以及其未来的走向。他更认为，历史的功能是实际的，可以经由扩大人们自我认识的历史视野，进而提升行为能力，开启更多行动机会。历史解释就是根据思想发展过程，说明外在的时间秩序中的各种现象。

史学研究至1930年代有了新的发展，"年鉴学派"（Annals）崛起，系1929年法国斯特拉斯堡（Strasbourg）大学吕西安·费夫尔（Lucien Febvre，1878—1956）与布洛克（Marc Bloch，1886—1944）两位教授创办了《经济社会史年鉴》（Annals：Economy，Society，Civilization）而得名。该杂志成立目的在对抗实证史学，广纳各派理论与学说，成立综合研究讨论会，从事跨学科研究，推广历史的整体研究，成为法国最重要的史学派别，20世纪50、60年代后受新思潮的冲击，学术分际更加细腻，年鉴学派无法概括各种理论，以致影响力减弱。

"年鉴学派"的发展依大陆学者张广智、张广勇的看法可以分为三个阶段：第一阶段由1929年到1945年；第二阶段由1945年到1968年；第三阶段在1968年[01]之后。第一阶段的代表人物为吕西安·费夫尔（Lucien Febvre，1878—1956）与布洛克（Marc Bloch，1886—1944），

01　张广智、张广勇：《史学：文化中的文化》，上海，商务，2003年，第312页。

他们两人创办了《年鉴》杂志。费夫尔曾任教斯特拉斯堡大学及法兰西学院,布洛克则曾任斯特拉斯堡大学及巴黎大学教授。他们有鉴于实证史学的封闭与不足,提出总体观的史学,将历史学扩及地理环境、气候、社会、经济、文化、思想、情感与政治等,注意社会结构分析。第二阶段代表人物有费尔南·布劳代尔(Fernand Braudel,1902—1985)和查尔斯·莫拉泽(Charles Moraze),其中又以布劳代尔最负盛名。他于1949年接替费夫尔任法兰西学院近代文明史讲座教授,1956年至1968年担任《年鉴》主编,而《年鉴》早于1946年易名为《经济、社会、文明年鉴》,将研究的主题由经济、社会延伸至文明。费夫尔去世后,他成为《年鉴》学派领袖,进一步拓展了历史研究的领域,扩大了总体历史的规模,促进了历史学与社会学、人类学、经济学的交流。第三阶段的代表人物为安德烈·比尔古埃(Andre Burguiere)、勒高夫(Jacques Le Goff)等人,主要的代表作有《创造历史》、《新史学》,他们热衷研究历史人类学和精神状态史,十分重视历史认识论和史学方法,进一步拓宽了历史的领域,但也把历史弄得支离破碎。第三代的年鉴史学家由于研究的范围过于宽广,丧失了学派的精神,成为一种运动[01],新史学自1968年后成为法国史学的主流。

年鉴学派主要思想有二:首先是重视历史中的人,但不是个别的人,也不是孤立的个人,而是要了解什么属于人,什么依赖人,什么是为人服务,什么可以表示人,人不是抽象的而是社会的。如何了解人?年鉴学派主张把人及生活的实际和时空放在一起理解;布劳代尔认为"历史创造了人,人承受了历史",历史的主体是以人和其他,甚至历史的主题由人转为其他,这里其它指的是土地、气候、生态变动等,因此可以说,年鉴学派至布劳代尔时已走向环境和生态历史。使得历史学与社会学搭起友谊的桥梁,影响史学迈向一个新方向。其次是突破过去以政治事件为主轴的历史思维,布劳代尔的《腓力二世与地中海世界》(Le Mediterranee et le monde mediterraneen a L'epoque de Philippe II)对此有精辟的解说,他一反过去以政治人物或政治事件

---

01 张广智、张广勇:《史学:文化中的文化》,上海,商务,2003年,第316页。

为主的历史写作,改以地中海为中心,从地中海的地理环境,来讨论该地区所形成的人口、商业、物价、运输等情形,以及在地中海活动的两大帝国:土耳其和西班牙的政治、社会状态。此书的特色改变了传统的历史叙述方式,不再以政治事件作为历史时间的演进方法,而易以社会、经济的变迁,作为历史时间的叙述手法。将历史的时段分为"短时段"、"中时段"、"长时段"三个期间。"短时段"的历史是指以重大事件为中心的历史观,包括政治史、军事史的研究。布劳代尔认为这类历史研究,瞬息万变,只是喧嚷一时的新闻而已,"事件虽发出了光亮,但这种光亮却不能穿透这深沉的黑夜"[01];"中时段"的历史是一种较宽广的时间度量,它超越了短时段事件,包含了更长的时间,特别表现在经济史与社会史的叙述中;"长时段"指的是结构,它对人类生活及行为有决定性的影响,如地理环境、生态结构对历史的影响、心理结构对人的影响。他认为唯有从"长时段"的认知中,才能找到历史真正变动的因素。对布劳代尔的"三时段论"就好像我们在海边看海,海水表面,波涛汹涌,起伏不已,但潜入水中,则波动较小,起伏不大,到了海底,一切静寂,井然有序。海水表面是短时段的历史,海里的水是中时段的历史,海床是长时段的历史。布劳代尔的史观重视长时段历史,借助长时段的历史观,深刻地把握和理解人类生活的全貌。

除了上述两者之外,年鉴学派对史学研究方法有相当贡献。由于该派学者重视文明的进展,而不再偏爱政治人物对历史的影响,因而在写作时必须利用大量的计量方式来说明社会结构和情势的变化,使得计量经济学、人口统计学、社会心理学等方法成为历史研究的重要辅助科学。此时的计量不再是简单的统计方法,而是利用各种现代数学、统计理论和手段,在研究意识上对传统史学模式革新,从数据的计量分析开始使历史丰富化、层次化和精确化。[02]它使得单独的史料不再具有意义,史料的意义只有在前后相关的系列中才可见到,导致必

01　张广智、张广勇:《史学:文化中的文化》,上海,商务,2003年,第320页。
02　姚孟:《法国当代史学主流:前年监学派到新史学》,第126页。

须对历史研究材料进行系统、集中地分析和统计处理，不仅是有关经济、社会阶层等易于统计的资料包括在内，还有诸如文化、传统习惯、心态等非数量化的数据都包括在内。

历史写作更具世界性，历史作品与"底层活动"结合[01]，这是年鉴学派最为人乐道之处。年鉴学派尽管为史学界带来风尚，并成为一股浪潮，但随着时间的演进，也出现许多疑虑，主要的批判在它把历史弄得支离破碎，"全面的历史"似乎变成了"万花筒"，而不是一个整体，各类历史现象之间少了些内在的有机联系，过分重视结构[02]，并仅作静态的分析，忽略了质的变化，使得历史丧失了历史学科的特质：人的主体性。年鉴学派以反对政治史著称，但完全不重视政治，将使得历史的人缺乏主动的意义与价值，也少了创造的精神，人将和动物相近，只是被动的存在，而非主动的存在。

近代史学以德国的斯宾格勒（Oswald Spengler，1880—1936）及英国的汤因比（Arnold J. Toynbee，1889—1975）所代表的比较史学为主。斯宾格勒大作《西方的没落》打破了以西欧为中心的世界史进步发展的观念，否定了世界历史是一个统一、进步的过程。他开创了一种新的宏观的世界史模式，将历史由一元带向多元发展。汤因比大作为《历史研究》，他试图对世界历史作整体的归纳，因而开拓了历史的视野，他将斯宾格勒的八种文化说扩大为二十几种文明，希望看到西方对世界其他地区的统治能回到平等相处的地位，世界历史不是欧洲史的扩大，还有许多其他文明，对人类一样有重大贡献。

后现代史学是基于后现代主义对历史的反思。后现代主义不承认任何事物是固定的和连续的。这批学者认为由于世俗化、民主化、计算机化和消费化的压力，知识的本质有了不同，过去的"中心"论不足以作为知识的基础。他们怀疑"后叙述"，认为各种中心主义是虚构的。现代所追求的自由主义魅力不再，起而代之的是怀疑主义、虚无主义。

01　姚孟：《法国当代史学主流：前年鉴学派到新史学》，第133页。
02　张芝联：《历史学与社会学》，北京，三联书店，1995年，第187页。

后现代主义造成了各种历史的繁生，各种历史题目，如儿童历史、女性历史、黑人历史等纷纷出现。它们研究的方法不是"是什么"而是"不是什么"。他们的历史是没有必然持久性、没有本质的表现。解读是偶然的，解释是流动的[01]。

后现代主义学者认为，过去只是一串有趣的风格、类型和表意法，放映再放映，合并再合并，历史存在的只是记号。尽管这种历史为人诟病，但却为历史研究提供了新的历史方法，了解到过去历史写作的推理方法，认识到被忽略的过去，因此它可以被称为"促进民主的知识"的批判方法。

此派学说的代表人物是法国的福科（Michel Foucault），他在20世纪的历史地位与18世纪伏尔泰的历史地位相近，伏尔泰攻击教会，不遗余力，福科批判理性也不假颜色，皆为历史人物。福科一生追求自由，喜爱沉默。他认为学院生活是不受外来威胁和政治影响的一个场合。知识的作用在保护个人生存和理解外部世界。其主要著作为《心理疾病与人格》（Mental Illness and Personality）、《癫狂与非理性》（Madness and Unreason）、《诊所的诞生》（The Birth of the Clinic）、《词与物》（Words and Things）、《知识考古学》（The Archeology of Knowledge）、《规训与惩罚》（Discipline and Punish）、《性欲史》（The History of Sexuality）、《权力与知识》（Power/Knowledge：Selected Interviews and Other Writings）、《政治、哲学与文化》（Politics，Philosophy，Culture：Interviews and Other Writings）等。

基本上说来，他采用的是反历史的思维方式，称为"知识考古学"或"系谱学"。在历史学的研究中，文献是基础，从解释文献所说的内容，重新构造过去，恢复说话主体与时代背景的原貌。"知识考古学"从文献自身讨论，组织文献，加以分类和排比。由于重视文献本身使得研究转向不连续与断裂。譬如在《癫狂与文明》中，他提出，古典理性使得癫狂被迫沉默了，他的好奇在于癫狂如何构成为知

---

[01] Keith Jenkins，*Re-thinking History*，贾士蘅译：《历史的再思考》，中国台北，麦田出版，1996年，第152页。

识的对象，他觉得癫狂的体验和关于它的知识并非同时构成，癫狂的观念和将癫狂视为一个对象亦非同时的。他认为人文科学是一种话语的自我体系，"知识考古学"所研究的是语言本身、语言分析。其最大的企图是找到"人如何成为一个研究的对象"（以前上帝才是被研究的对象）这种知识的基础为何？他认为人只是19世纪的一个创造物。"系谱学"是透过权力关系来解释话语的形成和变迁。同时透过知识与权力的关系，找出现代的社会问题，因为现代人的命运不是现在才形成，而是有其历史渊源。"系谱学"有三个轴心：知识、权力、伦理。他在对启蒙运动的反省中发现，理性只是历史的一个推论，由反对权威开始，建构了理性的权威，压制非理性的东西，而且制造了对理性的迷信。

第二节 历史变迁

了解史家对历史的认知态度之后，得更进一步由编年历史的途径看文化的变迁。它可以透过政治、社会、经济、文化活动来解读。

政治是人与人互动往来的行为模式，述说了人际关系的发展。从历史的变迁来看，政治有理论的一面，更有其实践的一面。不论是理论或实践，都刻划了人类智力的创造性与进步性。从古代的部落到城邦的法治、封建的分治、王室的统治、国家的民主与独裁治理等，都可以看到人类活动范围的扩增以及对权力、权利的参与和分享。人类早期的政治活动以血源家族为中心，氏族是第一个组织，由母系到父系。在历史传说中，"只知有母不知有父"以及"感应而生"、"野合而生"可以说明早期的社会与政治实况，母性是中心人物，扮演着领导角色。随着社会的发展，以母性为基础的政治结构进入胞系，男性为主的社会结构，因着环境的复杂，分工的需求，男人负起"在外"的重责大任，女人转入"在内"的工作。这种族群社会，以血缘为凝聚力，族老是政治的领导。当氏族力量不足以应付外来的压力，特别是面对外力入侵时，氏族结盟，形成了部落。在部落政治结构中，政策的决定，由族老或长老协议通过，他们决定部众的需要，拥有立法与司法权，将事务交由"酋长"执行，被视为代议民主的先驱。

　　游牧社会人类生活形态采逐水草而居方式进行，遗迹不见，对其解读，多出于推断。唯进入农业社会之后，土地作物成为生活的依据，"安土重迁"是生活的主要形式，聚落相继出现。从遗址的出土，可以认识到此时的政治已进入"城邦"阶段。"城邦"因地区的形势及周遭的环境而有不同的需求，有民主、寡头、君主等形式，雅典与斯巴达是"城邦"政治的典范。它为后来的政治行为提供了依据。但在了解两者的结构时不能以今人的眼光，将之理论化。事实上，公元前6世纪的民主或寡头与今日不同。当时是由部落社会进入城邦社会，部族的结构转变为行政区的结构。为了减少血缘的凝聚力，加强对行政领袖的服从，统治者莫不致力打破族群的区隔，改划行政区，从以色列、波斯、雅典、斯巴达、罗马的政治组织皆可看出此一趋势，统治者即在这种规划之下巩固其治权。至于政权的由来多半仍循传承、抢夺或天命方式取得，民主只是少数人的轮流统治。

　　西方政治的进展，至罗马后期有了转向。西罗马于衰亡前，信奉基督教为国教，使得基督教负起承先启后的重责大任，试图透过天上王国的理念来继续罗马对世俗政权的干预（神圣罗马帝国的成立可足证明）。日耳曼部族入主西欧之后，群雄并立，法兰克情势看好，查理曼大帝为了要领导群族，与教会妥协，接受教会加冕，从此教权与政权分合成为8世纪至16世纪欧洲政权行使的特色。政教冲突是此时政治的法源也是乱源，欧洲也在这种情势之下进入封建时代，各领地封侯各拥其主。15世纪以后罗马教会势力过于膨胀，涉世过深，引起质疑，引发改革要求，基督新教与罗马公教争权，地方世俗政权选边之际，也展开兼并，胜王败寇的现实导致王室政权地位抬头，三十年战争（1618—1648）结束了罗马教会独大的时代，基督教进入信仰多元化时代，欧洲政治王权时代确立。

　　欧洲王权早起于英法百年战争（1337—1453），后历经黑死病肆虐、人口迁徙冲击，海上航运发展，至16世纪成为政治主流形态。过去以地中海为中心的地区活动转为以大西洋为中心的海洋强权争霸，西班牙、荷兰、英国先后成为世界的中心,而海上强权与陆上强权发生冲突,影响了世局的安危。王权时期社会发展出现重大转变,过去的农业经济重要性为商业所取代。王权国势倚赖钱财多于土地,在王室的鼓励之下,以金钱致富的新兴中产阶级抬头,他们成为社会的主角,以阶级来划分地位的社会,改变了过去以身份作为地位区辨的社会。身份来自传承,阶级来自斗争;一者保守,一者进取,两个全然不同的价值观,导致了近代以来的社会冲突。新中产阶级得意之后,参政意愿提高,激励启蒙运动后的政治进入"革命的年代",美国革命及法国大革命开启了"宪政"治国的新页。尽管此时欧洲许多国家王权运作如昔,但历史的趋势已有不同,王权的地位旁落,民权观念提升。法国思想家引领新风气,讥讽神权。"革命"取代"继承"成为执政的手段,"百科全书"取代"圣经"成为生活的指南,"英明"替代了"神明","自由、平等、博爱"理念,成为人类努力的目标。虽然许多专制保守国家视法国大革命将法王路易十六送上断头台为洪水猛兽之举,更视群众为万恶之源,但对其所倡议的精神却不敢忽,从此民主精神、共和政体与专制立宪纷扰各国,开启了政权多样化的时代。其中最主要的代表国家为英国、法国及德国。13世纪以来世局为英法之争,19世纪以后新兴的德国与旧势力代表的法国斗争。法国自大革命之后中产阶级当道,德国则正迈向统一,两国处境、立场不同,且有领土上的争议。1871年德国在法国凡尔赛的镜宫宣布独立,法国视之为奇耻大辱,从此两国情势紧张,后引发第一次世界大战、第二次世界大战,全球国家或多或少都被牵涉影响。两次世界大战自1914年到1945年长达三十一年,其间虽有二十年的和平,但敌对双方却在羞辱与忍辱的天人交战、尔虞我诈中度过。第二次世界大战结束,欧洲国家在战争蹂躏之下,欲振乏力。德国、法国、英国纷纷自世界舞台上的主角先后退居为配角,英国并将其19世纪的霸业交托美国代行,美国及苏联成为世界的新主人,美国所标榜的民主主义与苏联所坚持的社会主义即成为政治的纷争焦点。双方冷战长达四十五年(1946—1990),在这段期间,全球性的大战不见,但地区性的恶斗却未见和缓。由欧亚交界的以埃、东欧、希土到亚洲的韩国、越南,皆有相当规模的战事，所幸主角均未上场，只是地方政权的战事。1990年苏联共产政权一夕变天，从此美国独大，民主政治也成为唯一合理甚至是合法的政治结构。在美国的全球化的促销之下，民主不再只是一种政治结构，不是"制衡"的机制，而是与道德合而为一，民主成为善良、合理的化身，任何不采用民主的国家就不道德，不合理。而与美国对立的国家也因此被扣上反民主的标签，并被判为恐怖主义。1990年后，阿富汗与伊拉克先后因反美，被视为恐怖主义国家，成为讨伐的对象。这两个国家信奉伊斯兰教，与民主国家的政治形态不一，部族的认同与美国的民主大异其趣。美国无视该国的历史存在，强求两地透过民主选举方式，接受美国化，迈向全球化。美国小布什总统更妄图借两地的民选政府，消除以色列、巴勒斯坦之间的歧见，建立世界的和平。这种意图不仅用于伊斯兰世界，更触及亚洲的朝鲜等地，造成21世纪的问题。

从社会经济方面来说，人类的活动由血缘近亲扩及非血缘社群，其进展涉及生活的方式与生活的态度。在血缘的网络中，人际的互动呈垂直的状态，"己所从出"的父子关系是伦理的准则，上至君臣，下及夫妻，皆以此为准。随着人口增加，活动接触频繁，血缘团体扩大至非血缘的结合，社会组织渐趋重要，成为人类生存与生活的重要场合。

社会的存在与其所处的时间与空间有关。从地理的分布状态而言，人类活动场所得依水源而行，可以分为河流、海、洋等三大区域。首先说河流区域，四大河川建构了早期人类四大文明区：两河流域（底格里斯河及幼发拉底河）的西亚（又称为近东）、印度河的印度、尼罗河的埃及、黄河的中国。受河流不稳定性以及河陆交错所形成的不定时泛滥成灾影响，这些地区的社会多倾向以拜神乞灵的方式维生，导致社会进展缓慢，不易出现开放的心灵。其次是海，地中海是早期欧洲国家的重心，历史学家布劳代尔（*Fernand Braudel*）在《腓力二世与地中海世界》一书即对此有相当的介绍。在地中海邻近的社会建构了希腊与罗马两个重要的古文明大国，也孕育了不同的社会组织，城邦与帝国的社会结构与生活方式。待西罗马政权衰亡之后，西欧社会进入封建时期，这是一种由下而上，寻求保护的社会结构。封建社会与庄园经济结合，在册封的仪式之下，维持着领主与封臣间的关系。但这两者都是统治阶层，只是分封与被分封权利与义务关系，社会的被统治者是一群从事劳动的农民或农奴。在这种社会中，重视个人"身份"，不得逾越。封建社会中，职业间也有严格的等级区隔，采用行会制度（guilds），任何工人都须加入工会，要成为师傅一定要从学徒开始。

封建社会在欧洲持续长达一千年之久，在黑死病肆虐、远洋海上活动增加，前往美洲的移民的刺激，宗教改革的影响之下，欧洲进入商业社会。这个社会的活动中心由地中海转往大西洋及太平洋。贸易成为生活的主要形式，至于在经济生活方面，商业行为随着航海活动增加，在科学的辅助之下，开始在人类历史舞台扮演重要的角色。商业改变了财富的观念，金银货币的动产地位日渐重要，进而取代土地的不动产地位，影响人类生活从追求安土重迁，发展为追逐财富而变动不居。这段时间欧洲之外的世界少有改变，除了西方列强继续其殖民开发工作，引发殖民的人民的抗争之外，各地区人民生活依循传统。19世纪经济活动转向工业生产，改变了生活形态：从此"命运"不再，"情欲"日重，"原罪"成了"原欲"，"偶然"成了"必然"，人从期待救赎转化为自救。工业革命最大的改变为生产力的转变，在农业或游猎时代，人力是主要的生产工具，人与人处于一种依赖状态。随着时代的更迭，人类从衣着开始，有了新意，原料由兽皮、树叶、改变为羊毛、棉花，方式由纺纱到织布，水力取代人力成为生产的工具。由于水力使用场合受限，水蒸气的使用将工厂带离河流两岸，火力成为主要生产工具。从此机械力量取代人力的使用价值，交易价值日见重要，马克思适时提出资本论主张，为工业革命作了重要的脚注。而资本主义社会也成为20世纪最重要的生活方式。资本主义是一种经集资而进行生产的行为，非个人能力所及，必须仰赖群力方得以实现。这种由工人及机器在工厂工作的生产方式，将工人聚集到新的场合，导致了都市的降临，造成了人与人之间的矛盾。在工业社会之前，人的居家与工作场合在一起，人与人来往多限于亲戚血缘团体，少有社会关系，彼此的身份呈现上下的伦理关系，相互之间的矛盾，可循伦理习俗处理；工业社会之后，人的居家与工作场所分离，人与人的交往多无血缘关系，彼此所呈现的是一种阶级互动，即马克思所强调的上层阶级与下层阶级之争。尽管马克思的见解造成重大的争议与纷扰，但不可讳言，马克思指出了社会关系的奥秘：在上下而非平等的互动，这种非奠基于血缘的关系，是可以经由斗争取得，并可取而代之。

二次大战期间，参战国为求胜战，无不尽其所能发展国防工业，产能量化。战后国防工业需求不再，将国防工业移往民间工业，成为一种趋势，它促进了民间工业的快速发展。随着大战的结束，计算机的普及，消费文化引领风骚，大众文化渐成气候，新个人主义盛行。它不同于传统的个人主义，不是在摆脱政治及经济的束缚，而是追求自我（self），不相信团体，标榜走出自我约束（self-control），重视自我实现（self-fulfillment），强调感觉的重要，否决理性的可能，主张"理性已经终结"，形成后现代零碎的文化观。

从文化的进展过程发现，它可以分为神学及科学两阶段，以17世纪为分水岭。神学时期，人对许多外界问题及现象无法解释，乃借由"神明"来"立命"，使得生命得以续往，大致可以分为三个阶段：神话、神权、神学。科学时期，人对外界问题及现象逐渐明白，借由"知识"来"安身"，使得生活更富裕，可以分为人文、人道、人权三个时期。"安身"与"立命"即是世界历史发展的诉求。大致说来可以分为巫文化、宗教文化、人文主义文化、启蒙理性文化、后理性文化（多元文化）。

首先讲巫文化，泛指宗教文化之前的文化。人们对巫的认知是在科学昌明之后，在此之前，巫是自然存在的。科学将巫解释为"伪科学"，其实巫是人用观解方式对自然诠释的文化，人类早期对自身以及其所寄居的环境疑惑，而寻求指点的一种心态。巫师相当现代的老师，巫术则相当近日的学术。巫师采用心灵投射方式安抚人心的焦虑。古人知识有限，解决问题能力不足，只能透过面对的方式来处理内心的焦虑与不安。巫有白巫与黑巫两种，以咒语与仪式两种方式来处理问题。巫文化又被视为原始宗教文化，代表一种族群的集体心灵投射，图腾所代表的就是这种投射的对象，包括动物与自然，由族老或巫师、祭司来行使。巫是在具象的认知中进行，属于个别性的行为，随着人类的活动范围扩大，集体活动日趋重要，具象转向抽象，巫文化走向宗教文化。

宗教是人类心灵的投射，以灵魂为诉求。人是肉身、心灵与灵魂的产物。当社会发展逐渐走向合并，大巫消灭小巫，建立巫统，为了配合大多数人的需求，巫文化进步为宗教文化，有基督、安拉等。宗教以原罪和救赎论奠定教会的独占性及威权地位，形构了神权政治。西方的宗教系以犹太信仰为其根源，开启了西方宗教的序幕。犹太教本为民族宗教，为希伯来人所信奉，帮助了希伯来人度过颠沛流离的岁月。希伯来的宗教理论建立在"契约"的基础之上，依据《旧约圣经》记载，摩西在带领以色列人离开埃及重返迦南地家园时，因担心众人不从，乃以"圣约"的"十诫"胁从，要求希伯来人信奉雅威唯一的真神（*Yahweh*），即耶和华，才能获救，否则将受严厉惩罚。以色列人从此以"圣约"作为生活的依据，以后则成为影响西方文化的主要精神"契约论"。希伯来人借此精神与两河流域与其他地区的国家争取领导地位，曾雄霸一时，特别是在萨洛蒙统治时，但不久即中衰，公元前922年希伯来分裂为二：北为以色列，南为犹大，先后被亚述人及新巴比伦人征服，公元前586年起犹太人开始流亡，一直到1948年才复国。

犹太尽管灭亡，但犹太宗教却奠定了西方的宗教文化基础。在罗马统治的犹太地区，基督教崛起。耶稣基督本为犹太信徒，但对犹太教局限于民族解救一途不以为然，因而与教友发生歧见，遭出卖而被罗马总督处死，被誉为基督（救世主）。耶稣之历史地位来自个人奉献生命，以及死而复活的理论。它孕育了基督教的精神，与犹太教不同的是，耶稣所象征的意义是对死亡的搏斗，信友们经由对他被钉死在十字架上所做的反应以及对复活的强烈信仰，对死亡与邪恶的胜利，感受到自己的复活和展望。基督教所以成为普世的宗教有其机缘，一是其两大弟子：彼得（*Peter*）与保罗（*Paul*）将之传布至意大利及地中海地区。其次是其教义承自犹太精神加上希腊的柏拉图形上学和罗马帝国的国威,而得在各地迅速传播。基督教本为受迫害者的信仰,在罗马统治时期被视为异端,但发展迅速,罗马后期皇帝戴克里先(*Diocletian*)及君士坦丁(*Constantine*)时接受了基督教,并奉之为国教后,基督教由被迫害的地位提升为指导的地位。公元476年西罗马政权被日耳曼民族推翻,基督教扮演了救亡图存的角色,使得宗教由神话进入神权时期,支配了西方人从4世纪至16世纪,近一千一百年左右的活动。这并不表示其他时候就没有影响力,只是说,这段时间它在政治上有决定的影响力,不仅操纵了统治者的权力,也影响社会及经济的活动。基督教的圣徒奥古斯丁以《上帝之城》(*City of God*)为基督教的理论奠定了基石。他在书中指出,人类的进展出现两类人,一种人住在情欲的巴比伦(*City of Babylon*),接受地狱之火考验;另一种人住在精神的上帝之城(*City of God*),沐浴喜悦之中。国家为必要之恶,基督徒在上帝之城追求和平、正义及秩序。世界历史是善恶斗争的历史,历史的过程不是人类的目的,而是上帝目的的实践,以上帝的意志为准,人世间的命运是上帝安排的,最后的胜利一定是上帝之城。

　　基督宗教神权在西罗马政权之后,即担负起振衰起弊的功能,对入主的日耳曼部族展开教化之责,成为日耳曼诸王加持的依据,并以此自重,作为统治的手段。公元8世纪法兰克国王查理曼(*Charlemagne*)获教皇加冕后,"政教冲突"即成为人类政治活动的重心,到底是世俗的王权大,还是教会的权力较大,引发一连串的冲突。教会也从此发展为另一形式的权力结构,教会出现许多世俗政权的弊害,特别是敛财行为所引发的争议。在今日德国地区,马丁·路德首先发难,对教会藉贩卖"赎罪券"敛财谴责,随之在欧洲地区出现不同的抗议活动,有瑞士地区的卡尔文,英国地区的国教徒,形成宗教大觉醒,俗称为"宗教改革时期"。从此基督教分为罗马公教及基督新教。新教的权力则依附在国家的基础之上,加速了近代国家主义的发展,也开启了神学争论的时代。教会地位松动,宗教信仰开始受到质疑,人逐渐取代神成为历史的主角,人文文化成为主流。

　　人的地位早在文艺复兴时期为贸易致富的新商业阶层所提出,这批有钱人为了提升自己的社会地位，与教士、贵族较劲，开始投资或从事文艺活动。学者由古典的希腊和罗马历史中找出处，他们提倡人文主义，致力方言文学，将人的思想由基督的教条中解放出来，促进17世纪的科学诞生。科学初起之际，并未完全反对神学。牛顿等人未曾质疑上帝创造万物的"第一因"，但他们认为上帝尽管创造了万物，但并未说明万物运行的方式，因此人必须自行去认识万物的运行。他们探讨"第二因"规避"第一因"的困窘，此由牛顿只问"苹果为什么会掉下来"而不问"苹果从哪里来"可以窥豹一斑。随着科学的诞生，启蒙运动开始发展。人可以透过自身努力改变命运的进步观念取代保守等待"得救"的观念，成为历史进展的动力。此后维系社会运作的宗教及教会，势力日衰，地位日微，新兴崛起的科学地位日隆，成为新社会的宠儿。从科学到科技的发展，显示了近代人类的新精神轨迹。西方文化更据此作为近代世界文化的主轴。

　　此一时期及其稍后的历史发展，可以"启蒙"、"理性"两词一以贯之，17世纪可视为前启蒙理性时期，18世纪为启蒙理性时期，19世纪为后启蒙理性时期、20世纪为反启蒙理性时期。启蒙理性是一种宏观的思维，主张通过"一"的建构可以为人类的发展找到一条通路，基本上说来，它是延续了神学中"一"的理路，为人类找到一条非宗教信仰，而以人的理性为中心的出路；这种宏观的历史认知到了19世纪浪漫主义发生变化。理性的"一"所象征的法国理念与精神，因着法国大革命所造成的暴行，而遭人质疑，尤其紧临的德国，接受法国的理念，却不愿重踏法国的动乱，乃另辟理路，以感官代理性，建构"人文科学观念"取代"自然科学理性"，以"多"取代"一"成为历史的通路。发展至20世纪后，大众文化诞生，消费文化当道，"富裕"而非"匮乏"成为生活的指标，后理性走进反理性，一切讲究感官的经验，杂多成为事物的衡量尺度，多元文化时代降临。

　　启蒙运动的影响除了政治方面外，亦改变了西方社会发展面向，拉大了东西文化的差距，在此之前各地文化尽管不同，但差异有限。自从科学进入西方人的生活领域之后，西方社会进步一日千里，对东方社会出现一种轻蔑的态度，视东方为其过去历史的遗存，更以文明与野蛮来区隔两者的差异，将东方等同野蛮，而自许为文明，辅以好生之德，遂起教化之心，履行帝国之实。这种进步的文明观至 20 世纪虽因东方国家独立，而易以为多元文化，但潜藏在西方人的意识形态依旧是文明的傲慢、救赎的信念。启蒙催生的理性态度加上批判的精神，激化人的内在潜力，也导致对当下的不满。

第2章
从宗教探讨文化

在西方文化研究课题中，宗教是极重要的一门，什么是宗教？宗教与教会有何不同？引人关切。自18世纪启蒙运动以来，宗教往往被置于科学的对立面，由对教会的不满进而对宗教产生诸多误解。其实宗教是人对自身生命的关切，探索生命的意义，追求真理的本质。真理是什么？这是人文教育争论的重心，学者多依个人所见，坚持不同的诠释，导致论战不息。从根本来说，真理指的是无法超越的，也无法经验的事物，凡是可以被超越的都不应是真理，而只能是道理，道理因人因地制宜，以争辩取胜。真理不然，四海同心，只有一个，就是对"死亡"的探索，由于死亡是无法经验的，也是无从超越的。因此对"死亡"进行诠释，就成为真理的基础，宗教以来生或永生为诉求，将人分为肉身、精神和灵魂三种层面，创造"灵魂不死"的论述，安顿肉身对今生"死亡"的焦虑与不安，试图经由"相信不死"建构真理的内容。宗教强调"信"是获得真理的"前提"。"信"有"迷信"与"坚信"两类。"迷信"系经由个人的感官认同而"相信"，"坚信"系经由理性的思辨而"相信"，两者之差别在个别性与普遍性。总之，宗教的真理在"信仰"，它不分国度，存在于东方人、西方人、野蛮人、文明人之中。

教会则不然，它是宗教的外在形式，随着不同的环境和条件而有差异，目的在引导人进入宗教国度。"引渡"是教会的任务，透过仪式或经文进行，助人由此岸到彼岸，让有限的生命获得无限的存在。每个地区的教会有其特色，方式不一，但并不妨碍其对真理的探索。一般人在论及宗教一词时，多将之等同于教会，认为不具特定教会形式的宗教就不是宗教信仰，这种偏见特别表现在国人赴外国填写数据域，宗教（Religion）一格时，所遭遇到的窘境，由于不隶属于任何教会，而被迫填写"无宗教信仰"的尴尬。

"信仰"是西方宗教文化的基调，如何培养"信念"，各教会布道的方式与手段不同。西方教会的犹太教与基督教即以此为立论基础，提出了"原罪"与"救赎"的信念，"原罪"不是"犯罪"，与法律无关，而与人的本性有关，指的是人的"不信任"。人由于对上帝的"不信任"，偷吃了禁果，而被驱离伊甸园，从此猜疑成为人的本性，从好的一面来说，这种理论激发了人的进步动力，发挥了人的潜能，但从坏的一面来说，构成了人际间的斗争与灾难。西方人由"原罪"来探讨人的潜能，并以追求"信任"来"赎罪"，确立了西方宗教文化的轴心。这可以由"告解"的仪式得证，告解是一种"诚信"行为，基于"信念"，得以说出内心的世界，因而解除了人内心世界的苦与痛。基督教来自犹太教，不同的是，它以"复活论"将犹太人的救赎，从种族的得救落实到人的生命中，创造了"永生"的生命价值，开启了"信仰"以及"因信得救"的人文文化观，为人类有限的生命带来了无限的发展空间。

西方人的宗教活动不仅涉及出世的一面，更干预到入世的生活，由政教合一到政教分离的历史过程中，可以察觉到宗教在西方社会的重要地位。尽管许多国家对宗教政治活动已有诸多设限，但上帝却活在西方人的心中及生活之中，左右了西方人的政治观、社会观与人生观。因此从历史的角度来看，欧洲分裂为多国，但却有统一的理念，即基督的思想，这与中国人有很大的差异。伊斯兰教尽管也具有西方教会的教义内涵，但西方人往往将之视为东方宗教的一支。因此本文讨论西方宗教并不涉及伊斯兰教。

第一节　犹太教

犹太教是希伯来人所信奉的宗教，希伯来人建立了以色列国，但于公元前 722 年及公元前 586 年分别为亚述及新巴比伦所灭，被驱逐出居所，流离失所，借赖信仰，得以团结，历经折磨至1948年得以复国，因此犹太教成为以色列民族复兴的精神支柱。希伯来人、以色列人、犹太人三者所指涉的对象为同一种人，不同的是，希伯来是族名，以色列是国名，犹太是宗教名称。

希伯来人由于命运坎坷，长期流离失所，渴望脱离苦海，进而意识自己是上帝的选民，相信一个绝对的上帝会解救他们，将自身的命运与上帝结合。希伯来坚信上帝按照自己的形象创造了世界，并按自己的形象创造了人，也是世界的创造者又是世界的指导者。依《旧约圣经》记载，希伯来人领袖摩西为领导族人逃离埃及，强化希伯来人离开埃及的信念，以及团结的必要，以希伯来人与上帝的神圣誓约来约束族人的行动，宣称"希伯来同意服从上帝及其不可战胜与不可思议的意志，上帝允诺实现他们未来的目标"。从此犹太人即以"信仰上帝的无上命令以及对上帝的恐惧"展开了犹太人的一生。犹太人接受神圣的召唤："天国要建立起来，正义的人要受到提拔，邪恶的人要受到惩罚。""上帝选民目前的苦难会带来一个新的时代，历史自身会发现它的胜利终点"作为认识上帝对世界的统治，帮助实现上帝的目的。

一、犹太教经典

犹太人的信念依据两本重要经典，除了《旧约圣经》之外，还有《塔木德》。

（一）《旧约圣经》

希伯来文称做《塔纳赫》(*Tanach*)。包含四个部分：《律法书》(*Torah*)[01]、《先知书》(*Prophets* 或 *Navim*)[02]、《历史书》(*History*)、《诗文

01　包含《创世记》、《出埃及记》、《利未记》、《民数记》、《申命记》。
02　分成前后先知书，即《约书亚记》、《士师记》、《撒母耳记》（上下卷）、《列王记》（上下卷）以及《以赛亚书》、《耶利米书》、《以西结书》，及合为一卷的十二小先知书。

集》(*Writings* 或 *Chetubim*)[01]。《律法书》记载上帝创造天地及万物和人类以及古代以色列人的传说、法典和教规,《历史书》十二卷叙述了以色列民族形成的历史,《先知书》十六卷是先知讲道的精华,有历史和预言,《诗文集》有六卷,以诗歌和小说为主,有《乔布记》、《诗篇》、《箴言》、《传道书》、《雅歌》、《杰里迈亚哀歌》。

根据现代学者研究,《旧约圣经》最早成书在公元前950年至800年间。记载了希伯来民族的发展历程,可以说是一部以色列建国史。由公元前1800年左右,亚摩利人(*Amorites*)迁入巴勒斯坦起,细述了希伯来人如何被俘往埃及,以及在摩西率领之下回到巴勒斯坦的经过。公元前1028年希伯来人在巴勒斯坦定居,经过三位贤君:扫罗(*Saul*)、戴维(*David*)、萨洛蒙(*Salomon*)的勤政,成为西亚地区的强国。公元前922年萨洛蒙辞世,希伯来人分裂,北方为以色列王国,南方为犹大王国,北方的以色列亡于亚述,南方的犹大被新巴比伦攻占,从此流亡外地。《旧约圣经》说明了犹太教的信仰依据,在犹太人的想象中,《圣经》是在揭示历史的神圣逻辑而不在重建历史纪录。

(二)《塔木德》

《塔木德》是犹太教口传律法的权威法典,由两部分组成的,第一部分称为《密西拿》,第二部分为《革马拉》。公元70年,罗马帝国烧毁耶路撒冷的圣殿,犹太人被赶离家乡,犹太教学者开始编辑《密西拿》(*Mishnah*)经典,作为犹太人团结的依据。《密西拿》有六卷,记载了犹太教的典章、诫命和习俗,随后又作了一些补充,收录了在以色列地和巴比伦时期的注释与讨论,以及犹太教师之间的辩论,编成

---

01 塔纳赫其余诸书总名为圣绿,也被称为《哈吉奥格拉法》,是一部有关礼拜仪式、世俗诗歌、智慧文学、历史著作的集大成,包括《诗篇》、《箴言》、《约伯记》、《雅歌》、《路得记》、《耶利米哀歌》、《传道书》、《以斯帖记》、《但以理书》、《以斯拉记》、《尼希米记》、《历代志》(上下卷)。

《革马拉》[01]（Gemara，解释）。这两本书集结为《塔木德》[02]（Talumd，犹太口传经文），确立了犹太人在学习信仰、思想、典章生活规范上的遵行准则。由于编纂成书的地点不同，分为《耶路撒冷塔木德》及《巴比伦塔木德》。《巴比伦塔木德》（Talmud Bavli）较《耶路撒冷塔木德》[03]（Talmud Yerushalmi）内容广泛，较受重视。两系《塔木德》都未包括全部《密西拿》，有些评注根本未写，有些评注可能已佚失。在早期的手稿和印本上，将《密西拿》的评注称为《塔木德》。在1578—1581年的巴塞尔（Basel）版中，天主教人士将《塔木德》一词改为《革马拉》（Gemara，阿拉米语意为"大全"）。

《塔木德》是犹太教的基本法典，包括民法、刑法、教法、规章条例、传统风俗、宗教礼仪、各种社会道德的讨论与辩论、著名犹太教学者的生平传略等。被视为是一部犹太教精神的百科全书，书中有脍炙人口的格言、民间故事、传说、逸事集、双关语、梦析，还有包括神学、伦理学、医药学、数学、天文学、历史学、地理学、植物学等方面的日常科学知识。对于犹太人以外的人们而言，《塔木德》像是一个装满了乱七八糟东西的柜子，一个没有索引的零散页的百科全书。对大多数人来说，《塔木德》是难以接近的，然而它却是犹太人智慧日

---

01 Gemara，希伯来语中为"补全、完成"之意，使用此词有比喻补充《密西拿》中缺乏部分，西元3世纪后以为密西拿有很大局限性，许多解释只属于巴勒斯坦的传统，不能完整表现巴比伦的实际情况，也没有完全包括已有的律法材料和补充的口传法规。于是他们又整理这些补充材料并加以诠释评注，编成了另外一部律法的释义汇编，称之为《革马拉》（Germara）。"革马拉"的含义是"补全"，表明它补全《密西拿》的遗漏部分。所以《革马拉》实际是《密西拿》的释义和补编，但它是用阿拉米文写成的，两部分在书页上左右并列。《密西拿》与《革马拉》合在一起，成为一部更大的巨著，称为《塔木德》（Talmud），在汉文译名亦作《塔尔本经》或《他尔目经》。

02 Talmud，希伯来语音译，意为"训诫"、"教导"，又称口传《托拉》，出自《中命记》第11章第9节："你们将用它来教导你们的孩子"。其权威性仅次於《圣经·旧约》。对犹太教而言，《圣经·旧约》是永恒的圣书，而《塔木德》则是犹太教徒生活实用的经书，旨在给犹太人提供宗教生活的准则与处世、处事、为人的道德规范。

03 关于耶路撒冷塔木德，另一称呼为巴勒斯坦塔木德。

积月累的贮藏所，阐述了很多有名有姓的犹太拉比（即教士）的观点。

《塔木德》基本上是一律法汇编，处理人生各个方面问题，若是出现观点不一致时，就根据拉比中多数的意见作出结论，对《旧约》中律法过于简洁和散乱之处，如关于安息日的律法，都作了详尽的解释。《塔木德》继承并发展了《托拉》的训诲和《先知书》的社会理想，反映出犹太教在适应时代时，是根据现实生活的经验，而不是凭法律条文的逻辑。在犹太的学院里，人们学习《塔木德》比学习《旧约圣经》更认真，长老必须通晓《塔木德》，借助评论，不断地阅读它，与人辩论，提出更新的解释。

二、犹太人生活习俗

犹太人之所以能团结是基于对神恩庇护的期待，以及生活习俗，他们每日早晚祷告时必须颂读："以色列啊，你要听！耶和华我们神是唯一的主"[01]。

犹太人遵行饮食诫命，包含奶与肉不可以同食，严禁吃血、吃猪肉、无鳞的鱼类及其他被禁止的食物，经由此培养自我控制、节制以及道德意识。禁止的食物包括水中、空中、陆地靠食腐物为生的动物。特别是无鳍、无鳞、无骨、有壳类水生动物，例如鳗鱼、虾、龙虾、蛤蚌等。犹太教规定，凡植物、禽类皆可食，但兽类限于羊、牛、鹿肉，而猪、兔、马、骆驼肉则被视为不洁。老、病死的牛、羊禽类不准宰杀出卖，非正常性死亡的牛、羊禽类也不可。不准吃生肉，不可同餐吃食牛羊肉、饮牛奶，不准吃带血的食物，不准吃牛羊腹膜下的脂油，不准吃牛羊的蹄筋。

犹太人的主食是用小麦面做的，也有用大麦面做的饼。犹太人爱吃豆子，经常食用蜂蜜、牛奶、羊奶、骆驼奶和奶酪。蔬菜有葱、蒜、韭菜和瓜类。水果种类不多，主要有葡萄、石榴、无花果和橄榄。

犹太人团聚在宗教仪礼中，宗教活动主要为祭祀、祈祷、读经，

---

01 《申命记》。此被称为"对来自天国约束的承认"。

祭祀的目的在使犹太人接近上帝。祭祀形式上，以酒祭、素祭及动物祭。祭祀形式及祭品则是根据献祭人目的、地位生活状况以及节期而定；所有节日中，则以赎罪日的献祭最为隆重。多数犹太人宗教活动，主要在家中进行，包括每天三次祈祷：早晨、下午及日落之后。会众的祷告通常在犹太会堂举行，犹太人在星期一、星期四、安息日及节日和至圣日（High Holy Days）会堂敬拜，读希伯来文的《托拉》，与先知书。会堂的敬拜由会众当中博学的成员主持，但大多数的会堂是由管会堂的司会（Cantor）或者教师（Rabbi）主持，这些专职的信仰教导者，接受过犹太教神学院（Yeshiva）训练，职责为指导会众每周及每日的学习单元，提供会众咨询，如人与人间的纷争。但是比较严肃的事，如脱离犹太教，则必交由当地宗教法庭处理。

　　犹太教的礼仪包括割礼、赎子礼、成年礼，另外其他礼仪活动如订婚、结婚、离婚、丧葬礼这些，都有一定仪式规范。首先说割礼，男婴出生后的第八天，家人必须要为他举行割礼仪式，称为"布瑞特·米拉赫"（Brit Milah）。也就是用石刀割损婴儿的阴茎包皮，作为立约的标志，表明他继承亚伯拉罕与上帝耶和华的契约，成为"上帝拣选的特殊子民"。割礼仪式结束后，男婴通过在犹太教会堂举行的命名仪式，接受了希伯来名字，这个名字将在他的成年礼、婚礼和墓碑上使用。若这婴儿体弱，可以根据医生的要求来延长割礼日，直到这个婴儿强壮的时候。其次是赎子礼，意为"头生子赎身仪式"，是迄今犹存的古礼。源自于上古以色列人出埃及时，耶和华为了迫使埃及法老允许以色列人离开埃及而采取的击杀埃及人畜头生子一事。为了感谢上帝，犹太人原打算将这些头生子奉献为上帝服务，去充当圣殿的祭司、音乐师或仆人，但后来利未人被上帝指定担当圣殿里的祭司等职务，因而其他人的头生子摆脱了此任。为此，犹太人家庭中，当头生男婴满月时，向代替他为上帝服务的祭司的男性后裔献上 5 舍克勒白银，以象征用钱赎回自己的儿子。如今，祭司的后裔常被邀请参加赎子礼仪式，在这仪式后，接受 5 舍克勒。通常会将这笔钱转交给一个犹太人慈善事业。第三是成年礼，犹太男孩、女孩，到了十三岁，就要参加成人仪式。男子的成年礼叫做"巴米茨瓦赫"（Bar-Mitzvah, Son of the Commandment），意为"诫命之子"；女孩成年礼叫做"巴特米茨瓦赫"（Bat-Mitzvah，Daughter of the Commandment），意为"诫命之女"。仪式当天，要在犹太教会堂内用希伯来语朗诵经文和祈祷文，并且宣誓以后履行作为犹太人的义务。为参加这个成人仪式，孩子们要在拉比或老师的指导下学习各种东西，做上半年甚至是一年的准备。孩子们的父母十分明白，如果娇生惯养，他们就不会有顽强的斗志去战胜未来路上的困难，所以，一到成人仪式结束，不管孩子们年龄尚小，就把他们当做成人来对待。这样，孩子们才能够经得起考验。根据传统，受礼孩子的父亲要在这一天赠送其子一条犹太祈祷巾——塔利特[01]（tallit）。第四是祭礼。献祭是由上帝主动发动的，献祭是上帝的旨意。平常的日子有晨祭和晚祭，还有为特殊目的举行的六种专门祭礼：燔祭、素祭、平安祭、赎罪祭、赎愆祭、摇祭。

献祭的地点在上帝所选的特殊地点举行，主要是在会幕和圣殿。献祭时民众透过大祭司与祭司来执行。献祭者要将手按在牲畜的头上，如同献上自己给上帝。接着上帝要把祭物的血洒在祭坛的四周，然后将尸骸切开，全部放在火焰中作为牺牲的祭。五个祭礼中前三个是馨

01　犹太人男子晨祷时所披的蒙头巾：下午礼拜的主领人也披此巾。根据犹太教规定，13岁以上的犹太男子在每日晨祷时必须披上四角的塔利特（Tallit，祈祷披巾），以时时提醒犹太人与上帝订立的契约和承担的义务。塔利特为白色亚麻布长方形披巾，长150厘米、宽115厘米，两边留有流苏，四角各有一个小孔，带结的绳穗穿孔而过，两端还横贯有若干蓝色或黑色条纹。流苏、绳穗和绳上的结代表犹太教的613条诫律（其中流苏代表600，四条绳穗代表8，绳上的结代表5），蓝色或黑色条纹象征犹太人对耶路撒冷圣殿被毁一事的哀悼，以色列国国旗由此演变而来。塔利特一度曾做成长袍或斗篷穿在身上。在大流散期间，为避免遭受异教迫害，犹太拉比决定犹太人只在犹太教会堂和家中举行宗教仪式时使用即可，不必整日披戴。一般犹太人在祝福时只将巾披在肩上，而正统派犹太教徒则把它顶在头上，用它同时覆盖头部、颈部和双肩。一般犹太人只是在举行宗教仪式时使用，正统派犹太教徒则整日披戴。祈祷披巾作为犹太教的重要礼仪用品，不仅是父亲在儿子举行成年礼时必送给他的礼物，也是新娘在结婚时给新郎的结婚礼物，而且是犹太人死后入殓的随葬品，与死者一同入土下葬。有时犹太教徒使用基本形状与塔利特相仿的小披巾（又称四角巾），长方形、白色基调、有蓝色或黑色纹贯穿其中，四角带穗。它的尺寸较小，并带有领口，可穿在外衣里。

香的火祭是自愿献的。希伯来人以献祭为中介，沟通了他们与上帝的联系，同时也表达他们对上帝的敬畏、热爱与崇拜。后两个是必须要献的，当有人犯了耶和华所吩咐不可行之事时，就必须献上赎罪祭与赎愆祭来除罪，而摇祭则是献祭时，要摇动祭物，以求上帝垂顾。

犹太人经常举行集体祈祷，公元 70 年罗马人焚毁耶路撒冷第二圣殿后，希伯来人的献祭活动和祭司制度随之中断，尔后，希伯来人经常聚在一起以向上帝说出代表心里话的祈祷词，来代替原有的祭礼。祈祷是在流亡时期的主要崇拜形式。此时犹太人则是一日三祈祷：早晨、下午与晚上，背诵"示玛"——也就是〈申命记〉中的这句话："以色列啊，你要听，耶和华我们的神是唯一的主"。在犹太教改革之前，所有的祈祷都是使用希伯来语进行的，近现代以来，除正统派之外的犹太教各派对传统的祈祷文作了修改增加了适应时代需求的内容，多数祷文用所在国的语言念诵。

三、犹太人的节日

节日凝聚了犹太人的向心力，首先说安息日[01]（*Sabbath*），这是具有特别意义的圣日，来自于阿卡德语，意思为"七"，在希伯来语中，意思是"停止工作、休息之日"。《圣经》对此有所说明，根据《创世记》，神赐福给第七日，在这一日，神歇了它一切创造的工。安息日是一个星期的第七天，是休息日。但它不是一般的休息日，而是犹太教的最主要的表征。安息日根源于《圣经》中上帝的教诲："你们要守安息日，把它看做神圣的一天。六天之内，你们要工作谋生，但到了第七天，你们就什么也不可做，要向上帝守安息日。至于你的亲人、奴仆婢女、牲畜和一切在你们当中侨居的外族人，都要同样遵守。遵守

---

01 安息日并不单纯是以色列民族的节日，而是用这一天来敬拜上帝。传统的安息日时段是从星期五日落至星期六日落为止。由于受古罗马帝国的影响，天主教将安息日更改到星期日。时至今日，大部分人认为星期天是安息日。为了纪念耶稣在星期天复活，所以在星期天从事崇拜活动。犹太人和一些基督教派主张在安息日从事崇拜活动，有的则认为不用遵守。

安息日是因为耶和华在六天之内造了天、地、海和其中所有的东西，第七天便安息了，所以，主赐福给这一天，把它定为安息日。"安息日既是工作后体力上的休息，更是一种精神上的净化和陶冶。犹太人的安息日不是星期天，而是从每个星期五的太阳落山开始，到次日的同一时刻截止。在这一天，犹太人不允许做任何工作，专心休息和学习经文。一般地，星期五傍晚，家庭主妇点燃蜡烛，诵读燃灯祷文，这标志着安息日的开始。然后全家人围坐在一起愉快地享用丰盛的晚餐。星期六上午多数教徒在自己所属的会堂做礼拜。这一天也是13岁的男孩或12岁的女孩举行成年礼的日子。守安息日是犹太教的重要组成部分，也是犹太人作为一个神圣民族而和别的民族相区别的重要标志。正因如此，著名犹太思想家阿哈德·哈阿姆才说："与其说犹太人遵守安息日，不如说安息日维系了犹太人。"

其次是逾越节（Pesach），这是犹太人为纪念历史上犹太人在摩西的领导下成功地逃离埃及的节日，又叫做自由节。逾越节从犹太历尼撒月（4月前后）14日黄昏开始，为期7至8天。据《圣经》（《出埃及记》第12章）记载：上帝耶和华为保护希伯来人逃出埃及，要杀死埃及人家中的长子与头生牲畜，因此命令他们在犹历正月14日（阳历3月）晚家家杀羊食肉，把羊血涂在门框上作为以色列家庭的标记。希伯来人杀羊食肉，将羊血涂在门框上作为标记，上帝一见到血印就会逾越过去，以避免误杀希伯来人。晚上，上帝越过了以色列家庭而把埃及人家中头生的孩子和牲畜全部杀死。上帝吩咐犹太人："这一天将是你们的纪念日，要当做上主的节日来庆祝；你们要世世代代过这日子，作为永久的法规。"逾越节之夜是犹太家庭把盏欢宴的时刻。在宴会中，犹太人讲述出埃及、获自由的故事，孩子提问一些有关逾越节缘由的问题。宴会上备有嫩芫荽，象征春天万物成长的希望；烤鸡蛋表示古代圣殿中的祭品，硬鸡蛋提醒人们超越死亡的人生，咸水象征犹太人为奴时的泪水，苦菜代表受奴役的苦楚，无酵饼则是当年犹太人在走向自由的路途中的食品。现在，正统派过两夜，改革派只庆祝一夜，第二天到会堂参加集体庆祝活动。无酵节（the Feast of Unleavened Bread），时间为犹太历正月15至21日（阳历4月），在逾越节随后一星期，他们会吃无酵饼（因此称无酵节）。第三是七七节（Shvuot），又名五旬节（Pentecost），或收割节，因是逾越节过后七周的那天（三月初六〔一天〕，正统派过两天），故名。早期这是一个农业收获节，以色列人在这一天把新收的小麦献给上帝。后来成了犹太人用以纪念上帝在西奈山授予十诫的日子。人们通常在这一天阅读包含十诫的《出埃及记》，举行成年礼或毕业典礼。

第四个重要的节日是新年（Rosh Hashanah）和赎罪日（Yom Kippur）。新年是犹太历七月的第一、二两天（古代为七月一日）。在《圣经》中，它被规定为新的一年的开始，新年的另一称呼为吹角节（Feast of Trumpets）。这一天不是个欢快的日子，人们只是默默地休息，并吹羊角号以示纪念，不只是报告新年的到来，还有发出战争的警报，使犹太人想起过去圣殿被毁，永远不忘记战争的伤痛。后来，拉比（Rabbi）在《密西拿》中又称之为"审判日"和"纪念日"，认为在这一天所有的人都要在上帝面前经过，并接受圣地的审判。《塔木德》把这种审判分成三种情况：最好的人当即被判决并被记入《生簿》，最坏的人则被载入《死簿》。其余的常人不定，而等到"赎罪日"时再作判决。这样，新年就成了犹太人根据犹太教的标准进行自我省察的日子。赎罪日（Yom Kippur）是犹太人一年中最重要的圣日，也是他们进行忏悔的圣日。在新年过后的第10天（犹太历提斯利月〔9—10月〕10日），这一天犹太人需彻底斋戒，停止所有工作，聚集在会堂内祈祷上帝赦免他们在过去的一年中所犯的罪过并洁净他们。在圣经时代，犹太人这一天在圣殿举行献祭仪式，将一头公山羊杀死祭奠上帝，把另一头山羊放逐旷野，让它带走犹太人的一切罪孽。这就是所谓"替罪羊"的来历。

第五是帐棚节（Sukkot），又译住棚节、结庐节，开始于赎罪日后第五天，即犹太历提斯利月十五日，整个节期持续7天（正统派过8天）。其最初意义是纪念农民在秋收时节住在野外的帐篷内以便及时收获成熟的庄稼，后来用以纪念以色列人在旷野漂泊40年中所住的帐篷，是一个喜庆欢乐节日。节日期间，有的犹太人吃住都在郊外的帐篷内，有的只是象征性地每天在其中住留一会儿，念诵有关的经文和祷文。

犹太教的会堂也建起帐篷，供会众使用。现今，这个节期具有依赖自然、回归自然和保护自然的意义。

犹太教的规定多如牛毛，生活各方面均有所规范，犹太教几可等于犹太人的生活，宗教生活在犹太人一生中占有相当的地位。那什么是犹太人呢？外邦人该如何才能成为犹太教徒？若是犹太男子和外国女人结婚的情况下，几乎都是女方皈依犹太教。女方如果要改变信仰，必须学习犹太教的基本教义和道统，透过拉比的口头测试，这种考试不仅是为了检验她对犹太教理解的程度，还是要检验她有多高的觉悟和诚意将自己转变为一个犹太人。因此，拉比经常会在考试开始的时候就出一些刁难的问题让应试者措手不及。但是，往往是在她们的第一胎出生两三个月以前就告知考试通过，正式承认她们已经皈依犹太教。这样诞生的家庭对犹太道统和教义十分虔诚，这也是犹太人保证自己种族的延续的关键。反过来说，如果犹太女人和外国男人结婚会怎么样呢？原则上，母亲是犹太人，其子女也会被承认为犹太人。从这种思维模式里，我们可以看到犹太人被迫害的历史。也就是说，作为一个小的种族，犹太人以前经常受到周遭异教徒的，特别是基督教徒的迫害。犹太人的妇女和女孩不断成为暴力和强奸的对象。这种情况下出生的"私生子"理所当然地，只能在犹太人社会中抚养。因为这个原因，父亲的种族和宗教就不被考虑，只要母亲是犹太人，她的孩子也就具有成为犹太人的资格。但是，资格只是资格，并不是说可以自动地成为犹太社会中的正式成员，因为他们必须在成长的过程中，在犹太社会中生活，学习犹太人的道统和生活模式。

第二节　基督教

基督教是西方文化中最重要的宗教，"复活"永生的思想深深影响西方人的思维与生活，基督教原为犹太教之一支，信众多为下层人士，后因罗马社会败坏，人民生计困难，广为接受，罗马后期奉为国教，罗马灭亡后，即以"天上王国"之名，进行"地上王国"之实的工作，开启基督教的历史。

　　基督教之发展来自耶稣门徒对他被钉死在十字架上所产生复活的强烈信仰，使徒们相信，在某种程度上，耶稣已经被上帝的力量完全恢复，光荣的与上帝重聚，在天国分享他的永恒生命。因此耶稣不仅是人，是一位伟大的先知，而且是救世主自己，上帝之子。他们的激情与死亡开创了对世界的拯救，新时代的诞生，救世主不是一个世俗的国王而是一个精神的国王，天国不是以色列的政治胜利，而是人的神圣赎罪，带来一个充满上帝的新生命。

　　基督教之所以成为世界宗教，所依赖的是希腊罗马的环境，尽管上帝化身基督的观念来自犹太教，但它的发展与希腊化世界与罗马帝国关系较密切。亚历山大与罗马帝国的存在使得普世的基督教才有可能，罗马帝国享有长期和平，为基督教信仰的宣传提供了不可或缺的传播自由。

一、源起

　　基督教原为犹太教一支，罗马统治期间犹太教分为四派：撒督该派（*Sadducess*）、法利赛派（*Pharisees*）、艾赛尼派（*Essenes*）、狂热派（*Zealots*）。分别代表上层贵族、中间人士、农民及牧民、下层穷人的信奉团体。基督教是从下层人士中所分出的一个小派。根据《圣经·新约》记载，耶稣大约于公元前 7 年至公元前 4 年之间，生于伯利恒的一个马槽中。以后四处传道，一面为人治病驱魔，一面宣扬其教义及政治主张，反对罗马及犹太上层人士。由于传教活动危及罗马的统治权，被罗马总督判处死刑，钉死十字架上，三天后复活，然后升天。耶稣死后，其门徒继续宣传其宗教理念，并将其神化，与犹太教教义发生冲突，遭驱离圣殿，转往巴勒斯坦、小亚细亚，发展为一独立的教派。

基督教是由加利利的拿撒勒[01]人耶稣于公元30年代在巴勒斯坦所创立。"基督"(*Christ*)一词来自希腊文，与希伯来的"弥赛亚"(*Mashiah*)同义，原意为"受膏者"[02]。初期信奉者多为犹太人，并以下层人士为主，由于强调只要信基督即得救，吸引了许多非犹太人接受信仰。至2世纪，罗马社会发生变化，不满现状人士增加，传统信仰无法纾解苦难，基督教的平等观唤起了希望，加上耶稣门徒保罗热心传教，部分社会上层人士参加了基督教会，扩大了基督教的力量。

保罗是希腊化的犹太人，罗马公民，早年曾反对基督教，公元37年皈依为基督徒，曾前往耶路撒冷、希腊和罗马传教二十年，被捕七次，公元67年遭处死。保罗传教引用了大量的希腊、罗马哲学，对早期的基督教义作了修正。由于其传教获得非犹太的中产阶级认同，势力逐渐扩大，其教义逐渐成为正统，并控制了各地的教会。保罗的传教改变了基督教的生态，教会组织成型，有了召集人、经费管理人，以后发展出主教，并有了教会的阶级制度。

二、教义

基督教的教义源自犹太教，相信"原罪"与"救赎"，以及临终"审判"。"原罪"一说，按《旧约·创世记》记载，是上帝在创世的第六天，按自己的形象创造了亚当与夏娃。他们住在伊甸园（即今日的伊拉克，古代的两河流域地区），过着无忧无虑的生活。以后夏娃偷吃了禁果，有了身孕，有了羞耻心，但也触怒了上帝，将她逐出伊甸园，降至人间，成为人的始祖，从此人就开始其"原罪"的一生。神学家奥斯汀据此创造了"原罪说"。由于人的原罪非人的本身所能赦免，上

---

[01] 根据圣经学者考证，拿撒勒（The Nazarenes）是坚守某些教义和教规的人，而非地理名称，所以拿撒勒可能是派别名称。

[02] 古代犹太人封立君王，按习俗，要举行涂油礼，宰杀一头羊，由祭司将油涂在君的前额、头发和胡子上，象征上帝对君王的承认，故称为受膏者。犹太亡国后，期待上帝派遣一位使者拯救他们，率领他们复国，弥赛亚即成为复国救主的专称。

帝派遣基督降临人间，为世人赎罪，以自己的血洗净世人的罪，进而强调，人们只有透过信仰，祈求耶稣才能得救。至于临终"审判"，则认为人的肉体短暂，只有灵魂才能常存，世界末日终将来临，人的灵魂将依据生前表现受到审判，善者升天，恶者下地狱。

基督教不同于犹太教在耶稣的复活，及由此所建构的"三位一体"说。犹太教信奉耶和华，视之为天父或上帝，基督教承续犹太教信仰，信奉耶和华，但将他与耶稣结合，构成三位一体的学说。三位一体系透过耶稣复活，说明了人的永生的观念，这是基督教的学说基础，任何对此提出质疑的皆被视为"异端"。"异端"是从生物的伦理学层面解释耶稣的"三位一体"，认为天父与圣子为两人而不是一人，耶稣是天父在人间的代表。对"三位一体"的解释可以从两方面说明，第一是从信仰的角度，按保罗的说法，耶稣不是普通的人，而是基督，上帝化身为耶稣，以拯救人类，基督使得世界与上帝一致，一切事物通过基督被创造出来，基督是上帝创造一切的原型，一切创造不过是模仿他而已，一切创造集中在他身上，从他复活中可以发现上帝创世的成功。因此"三位一体"是从天主"创造"宇宙及天主"化身"耶稣的角度认知，认为天主与耶稣是同体，与万物是异体。《尼西亚信经》有明确的指示"我信唯一的主，耶稣基督，天主的独生子，它在万世之前，由圣父所生"，"它是圣父所生，而非圣父所造，与圣父同性同体，万物是借着它而造成的"。第二种是从西方的逻辑层面来说，上帝是一种理性的存在，按亚里士多德的三段论法：大前提、小前提、结论是理性的基础，推理必须合乎这个原则，如"人是会死的，苏格拉底是人，所以苏格拉底是会死的"，基督教则根据三段论法提出"耶和华是永生的，耶稣是耶和华，所以耶稣是永生的"，将耶稣基督的永生合理化。

三位一体认为宇宙存在一种超自然和超社会的力量，即上帝，他是至高无上、全能全知、无所不在，创天地万物的唯一真神，是宇宙最高主宰。上帝有三个位格（*Person*）圣父在天，名为耶和华，圣子为耶稣基督，是上帝派遣降临人世，以自己的血来救世人的苦难，圣灵是上帝与人的中介。它们不是独立的三个神，而是同一本体。

基督教重视仪式，信徒必须奉行七件圣事：洗礼、圣餐、坚振礼、告解、授职礼、婚配礼及临终敷油。礼拜时要祈祷、唱圣歌，仪式结束齐声"阿门"，为"真诚"、"诚心所愿"之意。十字架是基督教的信物，来自耶稣替世人赎罪，被钉死在十字架上的象征物。

三、基督教传播

耶稣基督在世时曾遴选十二位门徒传道，其中以彼得和保罗最重要。彼得是基督教派第一位领袖，确立了基督教的地位。保罗积极弘扬基督教，走遍罗马世界，宣扬耶稣教理，说明耶稣为拯救人类而牺牲。基督教传播对象不分男女老幼、贫富贵贱，因此发展迅速。

基督教于罗马康斯坦蒂安大帝时，312年获得在罗马正式合法传教的地位，在此之前基督教由于它的排他性，一直被视为异端，并遭迫害。康斯坦蒂安接受基督教究竟是历史的客观形势还是个人的主观意愿，历史记载不一，但从此基督教开始获得官方认同，至戴克里先大帝时，公元380年将基督教定为国教，是罗马唯一官方信奉的宗教。

罗马"地上王国"灭亡之后，基督教成为捍卫罗马之"天上王国"。4世纪日耳曼民族入主欧洲，部落林立，各自据地称王。800年法兰克王国查里曼国王登基，争取教皇认同，前往罗马，被加冕为查里曼大帝，从此教会与皇帝之间，权力纠缠不清。究竟教皇权力高于世俗皇帝？或世俗权力大于教皇？演变成中古的"俗人受职"之争，即教会人员的职位，究竟是由皇帝还是教皇授予？1075年，教皇格列高利在罗马召开会议，公开宣布教会官员职位不应由俗人任命，任何教士接受俗人受职将被免职，而任何俗人授予教会职务，将被驱逐教会，引起教会与世俗政府之间的"政教问题"，双方冲突不断。

四、教会组织

基督宗教组织严密、体制完备，依教会性质而有不同，其中天主教与东正教的组织最严谨。天主教组织可分为教区与修道院两大体系。

教区是罗马教廷的"官方"组织，由上而下，视地区大小，由不同的教职人员负责，可分为教皇、主教、神父等，彼此之间并非臣属关系而是平行关系，听从于教廷。教皇原为罗马地区的主教，后来演变为教会领袖。教皇（popes）来自拉丁文"爸爸"之意，代表全体基督徒的言行，承续他的权势，是基督在世间的代表。主教分为四级，第一级为枢机主教，又称为红衣主教，目前全世界有一百四十五位，是教皇的咨询机构，也是选举教皇的选举人；主教则依教区与权限大小分为总主教、大主教与主教，负责教区的工作；神父为教堂的神职人员，负责堂区的教务与信徒的管理工作，总负责人称为本堂，副手为副堂；修士是入修道院而未晋升为司铎者，无神权。修女是入女修院者，无神权。

修道院是天主教的另一种组织，源起于公元3世纪左右。基督徒为逃避罗马统治当局迫害，及不满世俗生活，至荒郊野外苦修，最早盛行于埃及地区，后发展至叙利亚。基督教成为国教之后，许多教徒丧失了奋斗的目标，也加入修道行列，这段时期的修道士可以分为独修与隐修两种，独修是单独过着与世隔绝的生活，圣安东尼（*St. Anthony Abbot*）于3世纪将这种制度推到高点，他在底比斯独修，收了一些弟子，并拟定了四条清规：静默、工作、克己、祈祷，为独修生活奠定了基础。隐修是将个别的独修者组织起来，规定一套生活规则，其主要创始人为埃及的圣帕科米乌（*St.Pachomius*），他以达百纳（*Tabanna*）修道院为中心，创立了许多修道院，即隐修院，对后来西欧修会发展产生重要影响。至公元4世纪，修道活动经常批评基督教会引起社会反感，未得到罗马帝国及教皇的支持，但随着社会秩序动乱，人民生活失所，修道院获得进一步的发展，在西欧地区普遍建立起来。

修道院的发展可以分为三个阶段：第一个阶段由6世纪至12世纪，第二阶段由13世纪至16世纪，第三阶段由16世纪起。第一阶段主要有本笃会（*Benedict*）、克隆尼会（*Cluny*）、西妥修会（*Cistercians*）等。本笃会于529年创立于意大利，以《本笃会规》享誉教会，这项会规有七十二条准则，由本笃所创，强调"节制"、"清贫"，如不准发怒、不许贪吃贪睡等。此外并规定每天工作六至八小时，诵经四小时，修道院院长经选举产生，任期终身，宗教改革势起，本笃会势力开始减少。克隆尼会系法国公爵威廉三世（William the Pious）于910年在克隆尼创立，重视神学教育，提倡社会服务，强调神权地位，讲究祈祷，关心天主教在封建贵族中的影响力。克隆尼修会的修士希尔德布兰德（Hildebrand）被选为教皇后，称为格列高利（Gregory VII），鼓吹教皇权力至上，他与神圣罗马帝国皇帝亨利四世之间的斗争，开启了欧洲政教冲突。西妥修会于1095年成立，系对本笃会的精神日渐怠忽不满而设，强调清贫，修士深居简出，除每日劳动与祈祷之外，多从事写书与学术研究，有"苦修会"之称。第二阶段是随着城市发展而出现的托钵修会，主要的修会有方济会（Franciscan Order）与道明会（Dominican Order）。方济会由意大利圣方济所创，宣扬安贫、悔改、仁爱、贞节，重视布道活动与实践结合。道明会是西班牙人圣道明所创，重视布道活动，道明会在镇压异端方面深得教皇的赏识因而有"神犬"之名。第三阶段，针对当时的新教改革浪潮，天主教出现了一些新修会，主要代表为耶稣会（Society of Jesus），它是由西班牙人罗耀拉（Ignacio de Loyola）在法国巴黎所创。目的在培养教士狂热的信仰，绝对服从罗马教皇，鼓励会士深入社会各阶层，发挥影响力，着眼行动，以上级的意志为意志，因此扩展迅速。

东正教完全依附于所在的国家，其组织与天主教相近，没有统一的管理中心，有十五个独立的教会，分别是康斯坦蒂安堡教会、亚历山大（埃及）教会、安提阿教会（叙利亚和黎巴嫩）、耶路撒冷教会、俄罗斯东正教会、格鲁吉亚教会、塞尔维亚教会、罗马尼亚教会、保加利亚教会、塞浦路斯教会、埃拉多斯（希腊）教会、阿尔巴尼亚教会、波兰教会、捷克斯洛伐克教会、美国教会。各地区独立教会有其全权，地位平等，具有礼拜仪式上的自由。采用牧首制，没有教皇和枢机主教，康斯坦蒂安堡牧首被认为是首席，拥有"普世牧首"称号。独立教会之下，划分为若干主教辖区，由牧首任命高级主教负责。教会的基层单位是教区，设有教堂，由神职人员管理。东正教的教士除了主教外均可娶妻生子，可以在家执行宗教职务。

基督新教以圣公会及卡尔文教会为代表。圣公会的教牧分为主教、会长与会吏。主教又分为大主教与主教，会长相当于牧师，会吏相当于实习牧师。主教并非任命，而是由前任推荐，教区常委会通过。卡尔文教派采长老制，由信徒选出长老与牧师共同管理教会，一般为终身职，在长老之下负责事务的称为执事，非终身职。清教徒采用公理制，由信徒公众治理。各教堂独立自主，相互间只是联合性质，无上下隶属关系。各教堂由信徒组织管理，聘请专职牧师掌管教会事务。

五、教会之分裂

基督徒对教义看法分歧，加上政治力量干预，基督教会在其发展过程中历经二次重大分裂。第一次发生在1054年，东西罗马教会分裂为以康斯坦蒂安堡为中心的东正教以及西罗马的公教（又称天主教）。东正教为拜占庭帝国国教，待拜占庭被土耳其人攻陷之后，东正教转移至俄国，称为"第三罗马"。第二次分裂在1517年马丁·路德、卡尔文等人不满罗马教会权力过大，出卖赎罪券，及教士专断对圣经的解释，而出现天主教与新教（基督教）之分裂。

（一）东正教

东正教之发展是历史的必然而非偶然。基督教之萌芽，受亚历山大希腊化的影响甚深，罗马统一地中海时，希腊化达到鼎盛。《新约圣经》最早是用希腊文写的，思维方式也是希腊式。

康斯坦蒂安大帝时将罗马分为东西两个部分，公元395年东西罗马正式分立，东西教会也分别由两位皇帝管，随着日耳曼人入侵西罗马，及伊斯兰教在7世纪的崛起，东西愈加分裂，西方发展为拉丁化的教会，东方则为希腊化的教会。东西教会自西罗马灭亡之后，即陷入教皇与牧首的地位争夺中，争执的焦点是教会管辖范围，特别是南意大利的归属，南意大利名义上为东罗马拜占庭势力范围，但已被诺曼人占领，罗马教廷则和诺曼人及日耳曼人合作，任命西西里大主教，引起拜占庭不满，而发生冲突，双方各召开宗教会议将对方逐出教门。自1054年之后西方教会断绝一切与东方的往来。

（二）基督新教（Protestantism）

16世纪在德意志地区的教徒，因不满罗马教会对基督宗教的专断及腐败，而提出抗议的改革派教会。基督新教属于基督教一支，为了与罗马的基督教区隔，一般将罗马基督教称为"天主教"，将基督新教称为"基督教"。此两教派的主要差别在于，天主教强调教皇圣制，重视神职人员的地位，只有神父可以解释经文。基督教则反对教皇圣制，重视经文，信徒直接阅读经文接近上帝。基督教靠地方政权庇护得以发扬，派别林立，主要为马丁路德派、卡尔文派、英国国教派，17世纪后有更多的派别出现，较为人熟知的有公理会、浸信会、贵格会、韦斯利会、末日圣徒会。兹分别介绍如下：

路德派（Lutherism）：创始人为马丁·路德，强调"因信得救"。路德原为天主教神父，在威登堡大学教授神学，1515年兼任奥古斯丁修院区牧。任职期间利用德意志各界对罗马教廷的不满，于1517年10月在威登堡的教堂张贴《九十五条论纲》，公开批评罗马教廷出售赎罪券不当，掀起宗教改革运动。路德派的宗教改革在德意志地区演变为新旧教之间的诸侯国战争。由于神圣罗马帝国辖下的各王公侯国长久以来不服帝国的统治，趁势发难，假宗教之名，行夺权之实。新教诸侯组成"施马尔加登同盟"，维护教皇的组成"土瓦本联盟"，双方互不见让，或以外交，或以武力，进行斗争，1555年签订"奥古斯堡和约"，确立了路德传教的合法性。

路德派既以反教皇统治为出发点，其教义也是在这个基础上建立。主要信念为"唯信称义"。与天主教"圣礼得救"与"善功赎罪"的教义相反，强调只要信仰基督就可以无罪而得救，并获得永生。《圣经》是上帝的启示，信仰的最高原则，大家都活在基督的领导之下，教皇和主教都不是基督的代表，凡不以《圣经》为启示，只能算是意见，没有相信的必要。该派主张基督徒一律平等，实行选举制，任何信徒均可出任牧师一职，人人可以阅读、理解《圣经》，反对罗马繁琐的圣事，只保留洗礼和圣餐两项圣礼，重视现世生活，提倡改良教育及法律。

卡尔文教派（Calvinists）源起于瑞士日内瓦，由法国人卡尔文（Jean Calvin）于1541年所创，反对教皇独裁制，采长老制，由信徒推选长老与牧师共同治理教会，又称长老会。

日内瓦会走向改革路线，与其客观环境有关，日内瓦自13世纪之后即为萨伏依公国所统治，当地居民反对外国势力，1530年推翻了萨伏依统治，中产阶级为巩固政权，展开宗教改革运动。1536年卡尔文获邀至日内瓦进行宗教改革工作，他提出两项建议：整顿道德和整肃纪律，对违反者重罚，但引起反弹，1538年改革派获得议会多数，将卡尔文驱逐出境。1941年日内瓦支持改革派在议会重获胜利，卡尔文再度回日内瓦从事改革，此年即成为该派改革年。

卡尔文教派的主要机构为长老会，也称为"宗教法庭"，由长老十二人及牧师五人组成。长老会负责监督信徒的宗教生活和审理宗教案件，卡尔文担任长老会主席，全力建设日内瓦神权共和国。

卡尔文的教义依据卡尔文的《基督教原理》、《教会宪章》、《教义回答》，主要的教义有预定论和教会共和制。预定论认为人类是被创造的，命运各有不同，上帝以其最高意志拣选，被选中的是上帝的选民，未被选中的是弃民。至于谁是选民，谁是弃民？则是靠上帝的号召，体现出来，换言之，选民是透过外在的行为表现出来，如道德崇高、事业成功、服务社会等。这种理论解决了"得救者必然是信者"但"信者未必得救"的尴尬与困窘，也激励了选民向上奋发的意愿，影响后来信奉卡尔文教派国家发展为资本主义国家。教会采共和制，教会设有四种职等，长老、牧师、教师、执事。长老为世俗信徒的领袖，由议会选举产生，每年改选一次，连选连任；牧师负责教务工作；教师负责宣教工作、执事协助长老和牧师管理教会工作。卡尔文强调教会应监督国家、家庭和社会发扬上帝之道，使社会基督教化，以新教的思想改造社会。

圣公会（Anglicans，英国国教），该会被英国国王亨利八世定为国教而得名。英国国教之改革近因是亨利八世欲与信奉天主教的妻子离婚而起,但真正的原因是英国人不满教会在英国拥有三分之一的土地。改革经过三个阶段,由1529年到1571年。1534年英王成为英国教会最高领袖,宗教法庭改为国王法庭,国王有权召开宗教会议,英国教会改为英国国教。英国国教的改革表现在教义与礼仪方面是,用英语作礼拜,否认炼狱说,取消宗教迫害,禁止偶像崇拜,公布祈祷书,保留了天主教七大圣事中的洗礼和圣餐。神职人员分为三个阶层:主教(教区负责人)、会长(教堂负责人)、会吏(主持信徒的早祷与晚祷)。主教之上有大主教,分为坎特伯雷大主教区(又叫全英格兰大主教)、及约克大主教区(又叫英格兰大主教),前者地位在后者之上,可为英王行加冕礼,是英国教会最高的神职人员。英国国教共有四十三个主教区,坎特伯雷管辖二十九个,约克管辖十四个。

清教(Puritans)16世纪下半叶在英国出现,目的在改造英国国教,清除其罗马天主教的残余。清教徒思想深受卡尔文教派影响,初期无固定组织,坚守卡尔文主义与礼仪,特别是在衣饰方面,试图以长老制教会制度改造英国国教。由于反对主教制度及英王的宗教政策,遭到迫害,清教徒因而分裂为二:一派主张与英王妥协,另一派则倾向独立,出走荷兰再转往美国。赴美的清教徒(Separatists)发展出一些新教派,比较具代表性的有"公理派"(Congregationalists),主张由信徒治理教会,每一教堂均为独立自主的单位,各堂之间在教务行政之间无上下隶属关系,强调信徒的权利与责任。信徒有权决定本教堂的教义、礼仪、礼拜程序,并民选牧师。"浸信会"(Baptists)持正统卡尔文观点,反对婴儿受洗,实行公理制,但反对预定论,重视基督指示,强调个人可与上帝直接联系,不承认圣礼,神职人员和教会的中介作用。仪节虽很重要,但仅具有"功用性",而非"生命性",不影响人与上帝的直接关系。

19世纪美国,地大物博,风气自由,吸引了大批外国移民前来,宗教教派活动蓬勃发展,新的教会带来新的宗教气氛。重要的组织有贵格派(Quakerism),又称为"朋友会"或"教友会"。该派特色为没有成文的信经、教义,没有专职的牧师,也没有圣礼和节日,信徒的宗教生活和社会生活靠上帝的启示指导。贵格具有神秘主义色彩，致力社会福利事业，改良监狱、释放奴隶，主张信仰自由和男女平等、反对军国主义。由于强调"内心之光"，不承认任何外在的权威，没有固定的崇拜仪式和圣礼，破坏宗教正常运作秩序。此外还有摩门教（*Mormonism*）又称为"末日圣徒派"（*The Latter-Day Saints*），由史密斯（*Joseph Smith*）所创，除信奉《圣经》之外，有一本自创的《摩门经》，于1830年出版，内容说明经文的作者摩门是印第安人的先知，而这些印第安人来自希伯来的两个部落，他们灭绝后，摩门将其经典记录下来，埋在地下，史密斯将它挖掘出来。他们视《摩门经》为《圣经》的补篇，认为基督复临前，世界各地的犹太人将聚集美洲，上帝将在美国建立新耶路撒冷。

（三）基督教文化

基督教文化是古典文化与犹太教的会合。换言之，也就是利用古典逻辑的推理方式推论上帝存在的合理性。观乎人类早期宗教信仰活动，所强调的信念来自感情多于理性，但基督神学却摆脱这项缺失，用理性来证明上帝的存在。古典文化中的柏拉图主义与先验理念，强调共相先于殊相，观念早于事物本身存在，使得基督教有了理论依据。基督神学家透过柏拉图主义及先验理念，使得基督成为一种不证自明的存在，透过"创造"的过程，而有了万物，"创世记"即成为整个宗教文化的核心，基督是第一因，而被创造的都在第二因中活动，这种由大前提经小前提而获得结论的"三段论法"就是永恒真理——逻辑（*logic*）的基础。它以人的形式进入了世界历史，并以圣灵使其返回神圣的本质，使得动态的历史进入希腊的观念，在基督身上天地重新统一。

基督教思想强调信仰的重要性，他们的信仰指的是"灵魂主动"，拥护基督所揭示的真理，人的信仰与上帝的恩惠之间有一种相互作用。信仰是理解事物的基本手段，理性是次要的，奥古斯丁认为，从哲学上发展理智，只能增加对真理的可能性怀疑，理解必须靠信仰。基督教认为，人之堕落是由他从善恶智慧之树上偷盗果实引起，这是他走向理智与骄傲的自我依赖的第一步，但也是致命的一步。人在理智上实际是盲目的，只有通过上帝的天恩才能受到启蒙。希腊人的世俗理性对人的拯救，价值有限，无助于道德改进。

在基督教文化中，保罗是第一位重要的学者，保罗是希腊化的犹太人，以工匠为业，由于父亲有功于罗马，出生即拥有罗马公民权。早年曾反对基督教，37年皈依为基督徒，后赴小亚细亚、希腊、罗马传教二十年，曾代表外邦人与彼得讨论教义问题，未获共识。保罗传教被捕七次，67年遭处死，死后弟子继续传教，信徒多为非犹太的中产阶级，将希腊罗马哲学溶入基督思想中，对基督教义进行改造，与彼得的教义发生冲突。保罗派指责彼得派迁就犹太信徒，彼得派则指责保罗派忘了穷人，双方争论结果，保罗派成为正统，其教义与组织逐渐控制了各地的教会。

第二位是奥古斯丁，强调"信念"的重要，奠定了宗教"信仰"的道德神学。奥古斯丁出身迦太基的异教家庭，是一位私生子，内心的冲突大于常人，加上所处的时代正值罗马衰亡之际，使他对现世生活感到气馁，直觉历史的现实在不停的退化之中，唯有精神可以进步，进而提出有名的"两个城市"理论，即"上帝之城"与"世俗之城"。个人的现实生活不能同灵魂所挣得的永恒命运相比，历史与现世只能作为演出的舞台，从现世逃到来世，从自我逃向上帝，从肉体逃向精神。因此一切真正的进步都是精神的，它超越现世，对人而言，重要的不是世俗帝国而是天主教会。奥古斯丁的神学理论是，可以怀疑一切事情，但是不能怀疑灵魂自身的怀疑经验，以及了解、想望与存在的经验。肯定人的自我在灵魂中的某种存在，也肯定人的自我是绝对地视上帝而定，没有上帝它不能存在，更不用说认知与实现的能力了。只有上帝能解放人，上帝在任何时候是无所不知的，根据人们对它的不同反应，它知道谁是它的选民，谁该下地狱。

第三位重要的神学家是阿奎那（*Thomas Aquinas*），生于1225年，死于1274年，意大利人、多明修会会士，做过罗马教皇顾问，并在巴黎大学教过书，由于处于时代变迁之历史转折点中，因此持调合的立场，将对自然的理性知识用于对上帝创造力解释之中，换言之，透过理性说明上帝的存在。在论及人与上帝的关系时，他认为，人是自由的，不受到自然规律也不受到人与上帝关系的威胁，而是建立在上帝创造的秩序结构之内，上帝创造了宇宙自然，让人发展出理性的科学，但并不妨碍上帝的崇高地位，而是要将人的心灵引向上帝。人在自然领域与精神领域中居中心地位，拥有自然价值，但并不侵犯上帝的至高无上价值。自然同人一样有价值，是造物主的创造物，这不表示它与上帝分离，只是表示与上帝的一种关系。神恩并不损害自然，而是使自然完美。有限世界绝对依赖一个无限的提供存在者而定，人的理性不可能获得先验理念，得经由感觉来唤醒。每一种生物都是本质与存在的复合物，唯有上帝不是复合物，他的本质是存在，上帝是自然存在的基础，上帝将他的本质传达给天地万物，一切创造物都分享上帝的自然。阿基纳融合了古代哲学与基督神学，提出综合的理论，将纯粹的存在者与纯粹的知识视为上帝的表现，有限的存在者分享上帝的绝对性质。通过万物的存在，心灵获得有关上帝的知识，因此人的求知具有深刻的宗教意义，为中古的基督神学带来了活力，创造了新的价值。

　　基督教的神学理论在这三位神学家的努力之下奠定了耶稣"造物主"的地位，创造的概念构成宇宙第一因哲学，成为西方文化的主基石，以后启蒙文化不过是将造物者由上帝改为人，并未否定"第一因"的概念。

第3章
从哲学探讨文化

　　哲学是观念系统的表达,探讨的主题基本上与我有关,我看(还包括其他的感官)、我想、我说。看到了什么?想到了什么?又说了什么?看是具体的,想是抽象的,说是将看与想结合起来。看是生物的本能,想是历史的学习,说是存在的表现。西方哲学探讨的主题可以分为三大类,分别是宇宙论、知识论、伦理学。在宇宙论方面,从古希腊人对宇宙生成的好奇,探讨宇宙的物质成因,进而寻求宇宙不变的道理,而产生"理念"与"感官"的认知差异。柏拉图代表原型"理念",亚里士多德则代表经验的思考。这种宇宙观至基督教兴起后,成为形上学的基础:人不再局限于对物质的崇拜,而更崇拜物质的制造者。天体不是神圣的,只有天体的创造者才是神圣的。[01] 占星学是古代宇宙论的思考中心,占星学将天文与社会心理结合,并对国家的政治及军事行动提供指引,到科学革命后。天文学摆脱占星学,成为一门独立的学问。知识论是西方哲学中最傲人的一部分,由苏格拉底的诡辩到近代笛卡儿的怀疑论所建立的哲学体系,可以发觉到西方知识怀疑论所产生的"进步"学说。在这种基础之上,对人伦所建立的伦理学也有其特殊之处,强调个人的自由与自觉价值。究其进展可分为神学与科学两大阶段,神学以神为主,科学以人为主。科学思考是建立在透过可证实的理性经验,作为普遍的真理,创造另一种类型的信

01　Richard Tarnas, *The Passion of the Western Mind*, 王又如译:《西方心灵》,中国台北,正中书局,1995年,第131页。

仰体系，即世俗科学的中立性和经验可证实性。

　　文化建构在人的思考之上，是人所创造之物，因此在探讨文化时对人的思考及思想法则就不能不先予讨论。哲学是将个别的思想系统化，化约为普遍的认知。尽管哲学派别林立，但其所追求的不过是为普遍所接受的"真理"而已。在西方的哲学途径中，真理是透过"信仰"及"认知"而获得，而"知识"是西方哲学通往"真理"的管道。知识如何发生？如何进行？真理又是什么？可否经由知识获得？这一切促成了西方思想的论战。西方哲学探讨问题的基本核心由本体开展、经主体、客体的对立，进入个体之建立，其间所议尽管偏重不一，但其共同的目的皆在探索"整体"的可能性及其普遍的价值与意义。试图经由"逻辑"的通路，透过"知识"管道，探索真理。西方哲学的整体是指"一"的可能性。就生命的形构来说，人有五官，提供了人与外界的互动；人又有理性，提供了人与过去的连系。在感官与理性的交错之下，人存在于"多与一"的纠缠之中。每一个人都是一，但是否可能形成包括一切的"一"？它是观念的，还是实践的？形上学提供了"一"的起点，柏拉图的"观念论"确立了"一"的论述，将万有纳入一个体系之下，上帝的地位也因此而告稳固，从此形上学成为西方的哲学的基础，而"一"也成为整个哲学的关键。18世纪理性主义尽管否定了基督的地位，但"一"的认知并未受损，只是以"理性"取代了基督的角色。一直到晚近时期才对"一"有所疑虑，一般认为，后现代的学者要建立"多"的理念，其实不然，后现代思潮是要提醒人们注意在建立"一"时被忽略的成分，其最终的意图还是"一"。

　　在西方哲学中，可以看到一条从"我思"、"我在"到"我说"的理路。"我思"分为"先验"与"经验"两途，以柏拉图及亚里士多德为起点，基督神学继之，探讨思考的对象是超验的还是经验的，是观念还是实体。由于两者之间歧见难以消除，思维乃由对象转为主体，进入"我在"的哲学，换言之，不是探讨对象，而是探讨"我"是什么？也就是我如何"意识"到对象，"意识"是什么？如何产生，尼采将意识视为意志，海德格将意识视为一种意向，以未来做现在的基础，萨特更从未来的终极即死亡，将存在视为一种虚无。继"我在"之后，思维由主体转为"言说"，"我"不再是主体，"语言"取代了人成为"主体"，海德格、维根斯坦等学者强调语言与语意的重要性，开启了后现代哲学新途径。

第一节 哲学方法

了解了西方哲学的特性之后就必须探究其发展，这可以从分两个面向入手，一为"方法"，再为"对象"。"方法"就是逻辑。在西方哲学史的进展中可以看到三次重大转变，分别是：亚里士多德的三段论法、培根的归纳法、黑格尔的辩证法。"对象"有"有形"与"无形"两类，"有形"取自感官，"无形"来自理念，两者如何结合。此外对人作为"主体"的探究者，却也成为被探究的对象，其间的矛盾该如何处理成为哲学的难题。哲学家们希望经由辩解，发掘人的真实面，得出"真理"，寻获社会"整体"的可能，先从方法论方面具影响力的学者谈起：

首先是亚里士多德（*Aristotle*，384—322 B. C.），生于马其顿的吉拉城，享年六十三岁，一生两度前往雅典论学（367 B. C. 及 335 B. C.），第一次住了二十年，第二次十三年。一生学术在莱森（*Lyceum*）学院完成。其学术理路始于观解，由观看动物交配，以及植物的成长产生好奇，进而探求原因，追求真理。其学说承自柏拉图，但却有所不同，特别是在观念论方面，出现反论，因此他说"吾爱吾师，吾更爱真理"，以今天的说法就是"老师，你错了"。其学术的渐进是由知识论、形上学、伦理学到艺术境界。依大陆学者苗力田所编《亚里士多德全集》得知，其书写的过程依序是范畴篇、解释篇、分析篇；物理、天文；灵魂；自然；动物；声音；形上学；伦理学；政治学。

亚里士多德哲学由尊重经验起，跟随现象，最后归于理智和思维。理智在灵魂最高点，通过分享思想对象而思想自身。他认为思想与被思想的东西是同一的，思想就是对被思想者的接受。哲学是一种想知道个别事物为什么而做的科学，不以实用为目的。哲学起源于好奇，进而感到无知，再追求知识，它是作为存在的存在的科学，以未经划分，不受任何规定的存在为对象，以作为存在的存在为对象，是一门普遍的科学。他认为，除非一个人能将自己的知识传给别人，则不能称自己懂了一门科学。

亚里士多德的思想与柏拉图不同，柏拉图用理性征服经验世界并发现先验秩序，亚里士多德则用理性发现经验世界自身内部的固有秩序。他以范畴论取代柏拉图的理念论，展开对实体的探讨。他认为真实不存在先验之中，而存在实体内，实体不是物质的统一，而是物质与形式的特殊组合。形式指的是由理性所认识的结构，赋予物质发展的动力，实体是体现物质的结构形式。因此任何东西都是经由形式冲动而运动，一切运动则是从潜在性向形式的实现推进。在亚里士多德的逻辑是，形式不能独立存在，存在物则必须通过形式而存在，他提出三段论法（*syllogism*）对物质原因、形式原因、终极原因进行分析，奠定经验主义的理路。他不将真实摆在先验的理念中，而放在十个范畴中，包括实体、量、质、关系、位置、时间、处境、状态、行动与影响。他认为真实世界是个别实体组成的，共同性是经由理智认识感性事物中的共相，共相不能独立存在，必需依赖具体的实体。普遍的东西是个别东西的衍生物。

亚里士多德的观念大致可以归纳如下：（1）分类的观念：人天生能够组织所有的感官印象，并将他们加以整理和分类。（2）形式：每一件事物的形式乃是它的特征。（3）质料：事物组成的材料，形式和质料的分别可以用下列的方式：看到两匹马时，相似之处就是马的形式，而马的不同之处就是它的质料。（4）范畴：事物都有名称；语言的表达（有复合的和简单的）。（5）目的论：目的不只是出现在技术层面，更可能出现在自然状态。我们必须藉助目的因，来说明自然的现象。目的和"必然性相对照"。他从观察动物发现"任何一样东西都有其目的"。在亚里士多德所著《尼高马各伦理学》（*Nicomachean Ethics*）一文中可以看到，人有一种目的："善"的目的，从人的潜能中获得，它是美德，靠理性开发，故人是理性动物。这就是文化。（6）逻辑：三段论法。他的推理是建立在对象以及名词之间的相互关系上。(7) 自然的层级：将自然现象分为几类，以对象的特征为标准分为无生物；生物，植物与动物；人；神。

第二位是弗朗西斯·培根（Bacon, Francis, 1561—1626），英国人，家世良好，父亲为掌玺大臣，母亲受过良好教育。其主要著作有：《学问的增进》（The Advancement of Learning, 1605），《新工具》（Novum Organum, 1620）。

培根生存年代恰值欧洲探险家发现美洲之际，社会价值观面临转型，各界期盼新精神日殷，对旧的思维方式、传统的偏见、主观的曲解有所疑虑。他顺应潮流，迎合时代需求，一反过去只重视观念，改将感官经验视做真实知识的基础，主张透过经验主义，通过合作方式，仔细观察自然，并利用各种实验，找出理解自然、控制自然的定律，让人可以控制自然。为建立其学理，他放弃了过去将知识视为美德的观念，进而将知识等同力量，改变整个自然科学的研究方法为志事，强调科学的目的是要帮助我们建立新的功利主义和理想。人经由训练自己的心灵，从错误中获释，摆脱长期偏见，建立正确的自然观。

培根的主要观念为科学的分类，将知识归类，开启以后学问研究的大门；《新工具》一书耗费了他十二年的光景，讨论自然知识和获得自然知识的方法。培根的学说将学问分为三种：争辩的学问、娴雅的学问、空想的学问，并加以批评。他认为知识是累积的、实用的，科学必须是相互批评的。一个正确的实验或观察，经得起重复考验，即使是无数次，其结果亦不改变。他提出归纳法，采用删除法，而非列举法，建立新的逻辑学。他认为亚里士多德的三段论方法不足于获得新知识，坚信真正知识不是从抽象定义和文字区别开始，再进行演绎推论，让现象合于事先安排的秩序，而是要从无偏见地对具体材料分析开始，再进行谨慎的归纳推理，以达到普遍的，由经验依据支持的结论。他认为以前人的概念与措词以及对真理的"必然"与"终极"必须抛弃，人心灵在从事经验工作之前，必须去除这种内部障碍，以及过去的旧习惯。他称此为偶像论，认为这是人心容易出错的地方。包括种族的偶像（人性）、洞穴的偶像（学养）、市场的偶像（语言）、剧院的偶像（哲学）。哲学是要通过对实验的灵敏运用，检验感觉证据，揭示隐藏在自然中的真理。让人的心灵与自然宇宙之间的密切结合。培根的归纳法为近代科学思维奠定了基础。

第三位是黑格尔，生于乱世，当时德意志（尚未统一）在法国大革命及拿破仑的向外扩张迫害之下，如何强大以及免于法国威胁是主要的思潮。黑格尔的思想受理性主义教育及当代思潮的冲击。他认为，想充分了解整体意义的人，必须以情感去活化理性，以意识去活化它，以热情去活化理论。在反思这个问题的过程中，他体认到只有摆脱过去的普遍性才可能获得自由，任何采用"原因"的法则是无法获得事物真相，只有通过"原理论"才可能获得真理。至于什么是原理？他认为是不证自明的"如是"，他引用希腊哲学家柏拉图的论点，认为这是一种观念，不是具体的物质，经由逻辑的推论，可获得绝对的知识，进而达到绝对的精神。黑格尔的学说系经由三个阶段建成：逻辑、自然、精神。逻辑是一切的基础，辩证是其方法。辩证的原理很简单，由了解自己开始。我怎么可能了解我？当我要了解我时，一定要将被了解的我放在客体的地位，如此我与被了解的我就不同了，中间出现"差别"，这种差别就是一个"否定的我"，由正面的我看到否定的我，就出现一个进步的我。所以黑格尔的辩证是一种"正反合"的推论。

1818年起他至柏林大学担任教职至1831年，在这段期间他提倡国家主义学说，受到重视，使他成为年轻人的导师。为了要完成普鲁士的建国大业，他致力绘出国家的蓝图，由国家到民族，而非由民族到国家。但国家是一个非常空洞的观念，不如民族那般容易获得接受，因此只能由观念着手。为了要说明国家的理念，他提出"凡存在即是合理"，来说明德意志存在的合理性。他更主张，真理是主观的，理性之外是没有任何真理存在的。世间没有永恒的真理，没有永恒的理性，哲学只能由历史中获得。历史像一条流动的河，河里任何一处河水的流动都受到上游河水的涨落与漩涡的影响，思考方式也受到河水向前推进的影响，永远无法宣称任何一种思想永远是对的，历史是一长串思维的规则，每一种新思想都是以前人的旧思想为基础。每一种新思想都是以前人的旧思想为基础，一旦有一种新思想出现，马上就有一种和它抵触的思想产生，两种对立的思想间就会衍生出一种紧张状态，在此状态之下，就会有人提出融合的思想来。

黑格尔是19世纪以来对西方影响最大的一位哲学家，要了解黑格尔必须对德国的历史处境加以说明。德国近代思想的发展主要来自1517年马丁路德的新教改革之冲击，在此之前德国思想于西方的历史地位微不足道，神圣罗马帝国统治时，德意志处于分崩离析之中，并接受教会的治理。马丁路德发起宗教改革之后，德意志人面对的是如何摆脱罗马公教教会的制度与仪式束缚，但又保有基督的宗教精神，黑格尔因缘际会，致力于这方面的突破，为德国思想找一出路。

黑格尔首先由希腊的宗教找线索，他发现，希腊宗教可以弥补基督教会之不足，这是一种全民的宗教，精神是美、是团结，与大自然友善地共存，有泛神论倾向。其次，受到康德哲学影响，特别是康德的理性，道德的理性。康德的伦理学重视道德律的理念和"绝对"的超越性，表现出一种专一性的有神论。黑格尔接受了康德的绝对真理学说，批判康德哲学的二分法，特别是人作为自己的主宰。他认为这将使得人变得不自由，因而希望调和两者，由耶稣的内心境界与宏愿之中着手，他称此为"道德的美"，是探索真理的基础。黑格尔主要的旨趣在寻找最后的真理，他认为，通往最深邃的事物，不是诗意，而是宗教。真理是有生命的，寻找最后真理（ultimate truth）所依赖的不是情意性的直觉，而是精神性的直觉，思辨玄想的标准不在艺术的外观美，而是心灵的内在美。在基督教的神学中，最后真理是上帝，而黑格尔则将最后真理视为生命，透过逻辑思考去接触终极真理是不可能的，而是将逻辑当做真理。从精神上以亲身体验建立生命的统一性，而不再接受概念所捏造出来的统一性。黑格尔的逻辑是一种新的理性主义，专注精神与心灵层面，借此建立"普遍的心灵哲学"，以逻辑取代其他哲学家的形上学，有系统地超越并战胜一般形上学中思辨的对立，他的逻辑是一切存在和存有的基本原则之学，是有生命的哲学。传统的逻辑是将思考分为概念、命题、论证等，他的逻辑是将思考转化为自我实现化的过程，这种思维过程是有生命的。"概念"不是一些对象物，"概念"是构成人思维的行为。当我们想象任何概念时，要把其客观对象性转化为主体性，等于是将一切概念转出其反面。自我一方面是正在思维的主体，同时又是被思维的对象，要肯定自我，就先要对自我否定。所谓肯定自我，其实就是由自我对其自身的否定，然后再将否定消融。

黑格尔的逻辑学是一项不断变化、不断滋长的发展，以一种辩证（交谈或对话）的方式展开。它是一种"精神的逻辑"，是一种"理性的逻辑"，将自我分裂再将自我统一。这种逻辑也是一种"直觉逻辑"，统一自我与被思考自我。

黑格尔尽管提出了为后人争议的辩证哲学体系，但他的哲学立论是建立在德国人的观念论上。试图透过对"自由"的新诠释：不是个人的选择，也不是个人的自主性，而是在做任何事时，快活地做。自由是对别无选择的现实存在所产生的深切热爱和理解。西班牙哲学家桑塔亚纳（George Santayana，1863—1952）批评他尖酸刻薄，善用另一个观点来驳斥、嘲讽这个观点，杀戮另一个生命来讥讽这个生命，有撒旦的狡黠智慧、铁石心肠。他认为黑格尔鄙视有限，认为有限是软弱的。唯有无休无止的变化之流，即精神胜利才能征服一切。他的哲学给人的印象是：深刻、广博与盖棺论定，站在进步的哲学方位上，为经验的视觉带来了统一性，提供了一本绝对全面和方便的教科书，但不是真理，而是在为他的观点写辩词。喜欢似是而非地理解和想象事物，并将之注入自己的哲学建构中。他严厉地指出黑格尔哲学最大的错误是扼杀了生命，它给人模糊暧昧的印象，也许能给那些倦怠厌世的人一点慰藉，但却让人度过虚妄的人生。[01]

第二节 哲学对象

哲学思维以整体为基础，对象包括本体、客体与主体、个体，要寻求一个建立在本体、主体或客体，甚至是个体的整体，也就是一的

---

01 George Santayana, *Soliloquies in England and Later Solioquies*，邱艺鸿译：《英伦独语》，北京，三联书店，2003年，第261页。

统一性。换言之,个体是独立的,个体如何形成一个整体是整个哲学的命题。本体是西方哲学的起点,主体是"思考者",也是"被思考者",同时兼具了"主体"与"客体"的身份,而如何了解主体就成为哲学的难题,关系真理的确定,成为争议的焦点。主体的地位被质疑之后,个体成为思维的主题,而个体与整体的关系影响社会的运作。西方哲学家对这个问题的处理可以分为:英国的经验哲学、法国的理性哲学、德国的心灵哲学、美国的实用哲学。传统介绍这些哲学多依据文本,往往陷入哲学家的语汇之中,但由历史国别发展来看他们彼此间的差异,更能把握其哲学的精神。英国为一岛国,依海生活,对问题的认知以经验为准;法国为宗教冲突地区,理性的讨论,证明上帝的存在是文化的重心;德国要求统一,观念论也就成为理所当然;美国为移民所建立国家,实用主义是促进融合的最好方式。

近代哲学可以法国的哲学家笛卡儿(Descarter,Rene,1596—1650)为起点。他被誉为现代哲学之父,相信只有透过理性才能获得确实的知识,至于古籍的记载及感官的知觉都不可靠,并循此建立了一套哲学体系。他关心的论题有二:绝对的知识是否存在?这种知识如何获得?首先他认为有绝对知识存在。理由是,当我们看到一个事物,或许认为它是完美的,或许认为它是不完美的,而不论完美或不完美,一定得存有一个完美的观念,而这个观念不是对象的实物,但一定是个实体,这个实体就是上帝。上帝是完美的实体,它让我们有了完美的观念。其次是如何获得这个观念,他采用数学的方法进行哲学性的思考,用证明数学定理的方式来证明哲学上的真理。换言之,用理性来解决哲学上的问题,相信唯有理性才能使我们得到确实的知识,在建构自己的哲学体系之前,必须先挣脱前人的理论。他认为有一件事是真实的,就是怀疑。怀疑的时候一定在思考,就成为思考者,这就成了他的名言:"我思故我在"。为了要获得真正的知识,他将世界万物分为两类,一类可以用量化来看,另一类则必须从质来看。据此他提出了二元论,将宇宙分为一个外在的真实世界(又称为扩延),及思想(灵魂)的真实世界。人是一种二元的存在,人既有灵魂,也有一个扩延的身体。人的身体是一部机器,人的灵魂存在身体之中,与身体互动，但灵魂也可以独立运作，不受身体影响。身体会衰老，但人的理智不会老化，因为理智所思考的并不一定发生在身体内，所以灵魂不受扩延的真实世界左右。

笛卡儿的思想是西方知识的分水岭。在此之前，西方哲学思考是以上帝为对象，证明上帝的存在，这种存在不是经由"我思"所获得，而是在"坚信"中感受。任何对上帝的质疑均将面对宗教裁判所的审讯。宗教改革之后，教会地位松动，"人"的地位提升，"上帝"并未因此消失，"上帝创造"的学说犹存，但人理解上帝的创造成为新的思潮："第一因"被置于存而不论的地位，对"第二因"的探讨成为显学。牛顿的万有引力学说开启了新的理路，他舍去对"苹果从哪里来"的疑问，转而探索"苹果为什么会掉下来"，即不追求事物的第一因，转而探究事物的第二因，奠定了理性思路的思绪。

"我思"是不是"我在"，在西方哲学的论述中出现重大的争议，也可以视为法、德两国哲学思维的不同所在。德国哲学家自谢林以下经费希特、康德、黑格尔皆对"我思"提出质疑，他们认为"我思"系受外在因素影响而产生，在因果的推论之下，"我思"才能完成，因此"我思"只是部分的我，正确的观念是"我思和我在"。他们采用"超越"的概念来突破"我思"的局限及不足。康德的三大批判理论是最佳的脚注。以后尼采放弃了"我思"，转向"我在"，开创存在先于本质的"存在主义"哲学，为后现代主义铺下了路基。

继笛卡儿建立其哲学之际，基督宗教哲学也面临调整。基督教自从被罗马帝国接受作为国教之后，支配了西方人的思维活动。荷兰哲学家斯宾诺莎（*Baruch Spinoza*，1632—1677）是第一位对《圣经》提出历史性批判的人，认为由耶稣的教诲中可以发现基督教与犹太教不同。耶稣宣扬的是"理性的宗教"，用永恒的观点探讨真理，认为上帝就是一切，而大自然就是上帝，因此他可以被视为是位自然命定论者。主要著作为《几何伦理学》（*Ethics Geometrically Demonstrated*），用几何方式证明伦理学，用伦理学来显示人类的生命是遵守大自然的普遍法则，让人挣脱自我的感觉与冲动的束缚。

与笛卡儿不同的是斯宾诺莎主张宇宙只有一个实体，而不是二元的。他将上帝与大自然视为一体,而所谓天性就是自然法则。他认为,人的行动不是纯然自由的,而是受自然法则或上帝的影响。譬如痛是一种自然的现象,与事后想到痛是不一样的。痛没有自主意志,而想到痛才是自主的。斯宾诺莎认为世间只有一种存在是完全自由,且可以充分自由行动的就是上帝。人可以争取自由,但永远不能获得自由意志。因为人无法控制身体内每一件事。人无法得到真正的幸福是内心的冲动,如果能体认到每一件事都有其必然性,换言之,可以经由直觉理解大自然,觉察每一件事都有关连,每一件事都是一体的,并以一种整体的观点来理解事物,才有可能获得真正的幸福。

英国哲学不同于欧陆的哲学,重视经验的认知,主要代表人物为洛克(John Locke)、伯克利、大卫·休谟,皆为英国人。洛克被誉为经验主义大师,所谓经验就是指由感官的经验获取一切关于世界知识的人,他们主张,在我们看到这个世界之前,对世界是没有任何固有的概念或观念,如果有一个观念或概念,必然和我们所经验的事实完全无关,而且一定是虚假的观念。他们要将空洞不实的观念淘汰,仔细检视人类所有的观念,以确定它们是否根据实际的经验而来。洛克着有:《论人类理解》(*Essay concerning Human Understanding*)、《论宽容》(*Essay Concerning Toleration*)、《政府次论》(*Two Treatises on Government*)。《论人类理解》分为四卷,1690年出版。其主要论述是,我们的心灵在感官接触任何事物之前是空白的,感官让我们闻到、尝到、听到、看到、摸到外面的世界,但这只是"单一感官概念",心灵在处理这些感官概念时,同时也进行思考、推理、相信、怀疑,因而出现了"思维"。感觉与思维不同,心灵将所有不断传进来的感觉加以分类、经由感官经验、理性反省、概念推理或判断来处理观念。所以由感官获得的是单一概念,由思维所获得的是复合概念。感官分为主要与次要两种,主要指重量、运动、数量,是共同的;次要如颜色、气息、味道,则因人而异。至于概念从哪里来,并不明确,他将之解释为存在人的理性之内。洛克学说最为后人谈论的是他提出的白纸理论,坚持感官具核心地位,将文化视为一种经验。

大卫·休谟(*David Hume*,1711—1776),苏格兰人,曾游历欧

洲各国，是一位重要的经验主义学者。主张以日常生活作为起点来讨论哲学，他认为没有一位哲学家能带我们体验日常生活，只有在我们对日常生活加以省思后，才可能领悟。大卫·休谟希望人们回到孩提时代对世界的印象。他主要的作品有《人性论》(The Treatise of Human Nature)、《人类理解研究》(An Enquiry Concerning Human Understanding)。

大卫·休谟被认为是一位怀疑论者，强调人类只有从经验，才能得到关于世界的知识，除此之外再没有任何关于世界的知识。经验包括感觉和反省，反省经由心灵而展开。人有两种知觉，一种是印象，一种是观念，印象是对外界实在的直接感受，观念指的是对印象的回忆；感受是原创的，观念只不过是模仿物。譬如被开水烫到，在烫到那一刻就是印象，事后想起来就是观念。事实上，没有一件事物是由心灵创造的，心灵只是把不同的事物放在一起，创造一个观念。他认为印象与观念可能是单一的，也可能是复合的。他希望审查每一个观念，看看观念是从哪一个印象而来的，或是由哪些观念复合而成的。大卫·休谟只接受用感官所认知的事物，只要是无法回溯到特定感官认知经验的思想与观念，都不能接受。在大卫·休谟的影响下，信仰与知识分开了。

另一位学者是伯克利(George Berkeley，1658—1753)，英国哲学家，爱尔兰天主教主教，对当时基督教会是否能抗拒唯物主义的挑战感到忧心，他接受经验主义，承认我们对世界的知识只能由感官的认识而得到，但他认为我们所感知的并非事物，而是意识。他对洛克所说的，我们不能说苹果是甜的或是酸的，只能说我们感觉它是甜的还是酸的，但却必须承认它的重量提出质疑。他认为，无法察知我们所感受的事物是否存在，我们自然无法得知在它们之下是否有实体存在。在回答如果没有物体怎么会有感觉时？伯克利则表示，我们所有的观念都有一个我们意识不到的成因，它不是物质的，而是精神的，是"灵"，它是"万物中的万物"的成因，也是所有万物存在之处。他称之为"上帝"。天主存在于我们的意识中，造成那些我们不断体会到的丰富概念和感官体验，我们周遭的世界与我们的生命全都存在天主之中。

此外值得一提的还有边沁（*Jeremy Bentham*，1748—1832），这位社会科学家主要思想为人性论，作品有《政府论偶拾》（*A Fragment on Government*）、《道德与法律原则导论》（*An Introduction to the Principles of Morals and Legislation*）。功利主义是他的格言，他为个人意志提供了一个善意的道德基础，希望借由"理性与法律"打造幸福的架构。他认为，人的行为是在快乐与痛苦之间选择，追求最大快乐和最少的痛苦。社会可分为自然和政治两类，人民服从法律是因为服从所带来可能产生的害处比不服从少。功利主义（*Utilitarianism*）思想于18至19世纪在英国流行，影响后来研究者重视人性。

欧陆方面，德国的学说因受国家的特殊命运影响而与英国不同，德国哲学的发展多依据两个基点，一是对基督神学的反省，二是对法国理性主义的批判。两者尽管不同，但皆为对万物起源的探讨，对形上学的质疑，对试图取代形上学地位的"理性主义"的怀疑。主要的代表人物如维柯（*Giovanni Battista Vico*），应用培根所提倡研究自然世界的方法，来研究人类历史。代表作为《新科学》（*New Science*，1744），描写现代社会学及人类学的心灵，文中他提出"事物的本质指的正是事物在某一时间以某一特定方式所形成的样子"，"社会环境是人类的创作，人类的智力决定社会原则"。他认为"认识与理解"不同，人可以观察自然，利用自然，却不能理解自然，但可以理解人的感情、思想与观念。上帝主宰人类生活，赋予人自由意志。人类历史是人的群体，即团体的历史，不是个人的历史。他是第一位确立文化概念的学者。他认为文化是一种"存在的模式"，是透过人类本身的象征性创造物来探究人的存在，是社会理论的先驱。"当人类不了解事物产生的自然原因时，就会用自己的本性加以解释"。维柯探讨从"自然"到"文化"之间的象征性转化，人类文化及文明的历史，证实了人类本质，具有天生的优势，人类创造了符码，使得人不再爬行，并与野兽不同。

另一位划时代的关键人物是康德（*Immanuel Kant*，1724—1804），出身新教徒家庭，生活严谨，口才出众，是一位哲学家，也是一名哲学老师，一生追求真理，对知识有一股不息的热情，将知识视为人的荣耀所在。早先他看不起一般无知的人，但受到卢梭的影响，开始尊重人性，认为人性可以使所有的人具有生命价值，确立作为人的权利。主要代表作有《纯粹理性批判》（*Critique of Pure Reason*）、《实践理性批判》（*Critique of Practical Reason*）、《判断力的批判》（*Critical of Judgment*）

　　康德生活严谨，以守时著称，起居按时规定，井然有序，有如钟摆。在规律与方法的原则之下，他生活的整体与细节充满了生机，由具体走向形式。每一事他都在订下"规则"之后严谨执行。遭遇困难，发现对立时，不会感到受阻，反会更深入穿透理性的结构，掌握它的建构与秩序。他相信理性的内在逻辑，可以导引经验中的每一步。其学说可以用"数学"与"牛顿"两个词来说明。从牛顿的物理学，开始研究，积极扩充、完成牛顿的观念，并将之普遍化。从数学的方式中，说明自然的理论。在《自然科学的形上学导论》（*Metaphysische Anfangsgrande der Naturwissenschaft*）一文中他说到，任何关于自然的学说，所包含的真正科学，必然不会超过数学所触及的范围。在他的学说体系中，分析与综合是两大支柱，是生活行为中两种不可分的事实，就好像人呼吸，越合作，越能生存，科学与相关科目也是一样。理念与实际经验不是相对立的东西，理念不是在经验之外，又超乎经验的东西，而是它的一部分，是过程的一个片断。理念不是孤立、独立的存在，而是一种规范性的原理，与经验相辅相成。经验不是一堆感觉印象，而是一个系统，以客观有效的原理为基础。他提到"经验之所以可能，必定是在诸种感觉之间有必然的关连"。"概念而无内容就是空的"[01]，概念只有同直觉发生关系，才能产生意涵，直觉与概念是一切知识的元素，概念无直觉相应，或直觉无概念相应，都不可能带来知识。悟性的纯粹概念本身只是我们作判断的逻辑程序，这些程序必须用直觉将概念变成知识。他并将理论理性与实践理性，教条的

01　Ernst Cassirer，孟祥森译：《卢梭康德与歌德》，中国台北，麦田，1978年，第102页。

确定性和道德的确定性之间，作了严格的区分。他的"批判"不由自然来论证上帝，否定了"宇宙论"及"物理—神学"对神存在的论证，不由因果关系推论神的存在，不将神视为"第一因"和"初动者"，也由此推出自然界有一个最高智慧者。

康德文化理想的目标是人性的自由，他认为，文明并不能为人类带来快乐与幸福，它不是快乐之源，无法使人得到知性的满足。文明是一种环境，让人可以在其中试验和证明他是自由的，形式与自由不是互不相让的仇敌，而是相辅相成的两面。思想家最幸福的是探讨可知的事，对不可知的事保持沉默。超感觉的"智慧"不在理论的理性，而在实践的理性，我们无法了解"无上命令"的实践和无条件的必然性，但却可以了解它的不可了解性。他将当时流行的两大哲学，莱布尼兹的"理性主义"与大卫·休谟的"经验主义"加以整合，建构了"批判哲学"，并将批判建立在"二律背反"的矛盾冲突间。

康德认为，世界的存在是一种"无条件"的知识，无法经由"透视观点"获得，而我们的认知是在"有条件之情况下，才拥有真实性"，理性引导我们寻求"无条件"世界的前提，就出现了根源的假象，这就是形上学的谬误，也就是他对纯粹理性所提出的"二律背反"。他认为，要了解整体性就必须在没有条件的情形下，一旦有了条件就无法获得整体性。科学将我们导向"二律背反"，迫使我们面临自然的界限，但如果我们无法超越这些界限，又如何认识它们呢？他的问题是，我如何可以观照这个世界的整体性，如果我不能，又如何解释这个不能，如果无法解释万事万物的存在，如何解释个别事物的存在？如果局限在个人的透视观点，又如何能够透视自然的奥秘？理性要摆脱作为假象的根源，知识是在引导我们去观照这个世界所有的关联，它不是显示对象物如何被建构，而是寻找出经验对象物之间的关联与组成。

康德的第一个批判是《纯粹理性批判》，在此书中，他指出经验或理性都不能单独提供我们知识，经验提供了内容，理性提供了形式，但都不能满足知识的需求，唯有综合，同时能包括理性与经验，知识才有可能。我们无法透视世界的原貌，只能靠概念去认识。概念即判断力，经由知性而获得，知性来自人的心智，包括信仰、感觉、经验。而知性如何出现？是否有知性所无法理解的问题？这些都构成康德的思想基础。他的问题在：我们的思想决定着这个世界的先验本质？还是这个世界决定我们该如何去思考它？他认为，人类的世界观念受两种因素影响，一个是我们必须透过感官才能知道外在的情形，这可以称之为知识的原料；另一个是人的内在情况，发生在时空之中，而且合乎因果律，称为知识的形式，它建构了人的理性观念。人所能知道的事情是有限的，一旦知识超出人的理解范围之外，只能靠信仰来处理，如上帝的存在。他并以"无上命令"的"实践理性"来处理伦理学问题，作为每一个人都有辨别是非的智慧。

康德的纯粹理性批判是从"自我意识"产生。他质疑事物究竟是像我们所看到的样子，还是它就是那个样子？他认为不具内容的思考是空虚的，没有概念的直观是盲目的，要获得知识就必须了解，知性的先验概念已预先确立了判断的基本形式，任何可以理解的世界必须受到思想形式（范畴）的左右。唯有将理性主义与经验主义调合才有判断可能，这就是他所谓的先验。他表示，经验已经包含着概念，感觉或直观都不包括概念，不可能提供基础给任何的判断，所有的感觉不具有"知性的结构"，因此无法替信仰奠定基础，唯有经过心智变化才有可能。康德的先验是知性与感性的吻合，世界所指的是时空中的对象物。我们依赖"辨别经验"，辨别对象物的连续性，以及个人的连续性。通过连续性，辨认我自己的感官觉识。从"实体"与"因果关系"的认知中，认识连续性事物的存在，才可能找到原因。透过因果关联必然性的知识后，才可能获得真理。

康德最大的创举是提出"物自身"的概念。他认为"事物本身"和"我眼中的事物"是不一样的。任何概念的形成需要经由对表象及物自身两者才能获得。他将世界中的存在项目分为表象、现象与经验的对象等。表象是指可视察的事物，或其效应可被察觉的存在物，它们存在时空之中。现象是科学探究的对象物。表象或现象可以由经验理解，但物自身属于"睿智界"（*noumena*），不可能被理解，没有任何事物只经由思想本身而被理解。"物自身"不是一个实体，只是一个概念名词,用来代替那永不能实现,"无个人透视观点的知识"的理想。无论是现象界还是睿智界(物自身)都可能受到因果律的影响,摆脱因果的存在就是"超越",因此在康德的学说中有许多超越,如"超越的统觉"、"超越的演绎"、"超越的自由"。

康德认为,世界的存在是一种"无条件"的知识,无法经由"透视观点"获得,而我们的认知是在"有条件之情况下,才拥有真实性",理性引导我们寻求"无条件"世界的前提,就出现了根源的假象,这就是形上学的谬误。这就是他对纯粹理性所提出的"二律背反"。他认为,要了解整体性就必须在没有条件的情形下,一旦有了条件就无法获得整体性。科学将我们导向"二律背反",迫使我们面临自然的界限,但如果我们无法超越这些界限,又如何认识它们呢?他的问题是,我如何可以观照这个世界的整体性,如果我不能,又如何解释这个不能,如果无法解释万事万物的存在,如何解释个别事物的存在?如果局限在个人的透视观点,又如何能够透视自然的奥秘?理性要摆脱作为假象的根源,知识是在引导我们去观照这个世界所有的关联,它不是显示对象物如何被建构,而是寻找出经验对象物之间的关联与组成。

他的第二个批判是《实践理性批判》。在《实践理性批判》中,他根据"自由"的二律背反进行探讨。他认为,自然界的事物是依因果律而进行,人的行为是自由的,不受因果律束缚,人的行为就应该不可能发生。它的矛盾是"在实践理性的要求下我们是自由的,但在知性上我们却是不自由"。在面对这个难题时他提出的解答是:因果律只适用于自然界,自由不属于自然界,只存在"智思的"(*intelligible*)或"超绝的"领域中,因此我不应受因果律束缚,只能受到实践理性的法则束缚。自由是一种超绝的观念,不在经验的世界里运作,而是在实践中,经过自由的运作,认识自我。自由是为我自己去欲求行动的一个目标的力量。行为来自意向,或个人的意志,因此对这类问题的探讨不是在"原因"而是"理由"(了解)。理性不在于它能产生判断,而在于它能产生命令,一项命令并不描述世界,而是诉求自身是一行动者。他将命令分为两种,一种是假设性的命令,另一种是无上命令。假设性命令是要达到目的的手段；无上命令是一种理性命令，它是真正的、无条件的。无上命令如何可能？透过理性自身，以先验为基础，将对待他人视之为一目的而不是一种手段。无上命令是经由反省自主性推演出来的。

康德的第三个批判是《判断力批判》。他借用美学的认知来说明判断力的缺失。美感不应只是官能的察觉，更应是哲学的课题，从对自然的美感经验中，掌握了自己的官能与这个世界两者之间的关系。从"二律背反"的认知上建立了他的美学理论。他认为美感判断是一种矛盾，即无法同时是美感的，又是判断的。美感品鉴必须有"我"在场，少了我就不可能有美感。但美的判断往往又是一种概念，如此就出现矛盾。康德提出"品鉴之二律背反"，说明品鉴判断力不基于概念，而是愉悦。美的愉悦与饮食不同，它须通过观解活动的感觉而产生。观解过程中，观赏者的欲望、目标与野心均排除在外，对象物的利益也被排除，如此美感判断就为所有理性共同存有。但什么是美的理性呢？它指的是想象力的自由自在活动，让我们把概念和经验相互关联起来。愉悦分为感官的和观解的两种，一种自由的美，一种依赖的美。自由之美不藉助概念，依赖之美则需将对象物概念化。

美的判断包含着"应然"，要求其他人和我有相同的感觉，它是美感愉悦的基本前提，但它的地位不是分析的，而是综合先验的。这种综合先验的判断如何可能？康德认为，美感的统一性表现出"无目的的目的性"，美感让我们意识到大自然的目的性。目的性的概念是超感觉性的。美的概念是由艺术和自然表现给我们的。

康德为了处理理性与感觉的融合，提出"超越"，也就是超感觉的存在。他认为，我们无法透过概念思考它，用概念思考必然会带来矛盾，理性概念如上帝、自由，一面存在行动命令之中，一面透过自由想象变成感性与美的形式之中。我们无法抛弃这些观念，否则个人观点就成为这世界的一切。实践理性和美提醒我们，世界是一个整体，不是个有限的透视观点建构而成的整体，不是我们所能理解的。美的经验与实践理性是道德的两个面向，只有透过道德，才能意识到上帝的超越性。康德的成就在于他点出了知识是经由心智透过自身的活动而获得。心智与超越的自我同一，超越的自我是一种普遍之精神。康德哲学造就了后来的费希特、谢林与黑格尔，也促成了德国的唯心或观念哲学的发展。

为了反对启蒙时期强调理性的做法，从18世纪末开始，一直持续到19世纪中期，德国哲学家们推展出浪漫运动。他们接受康德对物自身的解释，强调自我的作用对知识的重要性，发展出"自我崇拜"，推崇艺术天才。艺术家可以随心所欲的运用他的认知力，艺术家的创作活动就像是运用他的认知活动，"创造宇宙的想象力""人世变成一场梦，而梦也成为现实"。其中最大的特征是向往大自然和大自然的神秘。浪漫主义主要盛行在都市地区，最典型的浪漫主义者都是年轻人，通常是一些不很认真念书的年轻人。事实上，浪漫主义运动可视为欧洲第一个学生运动。浪漫主义的主要特征之一是向往大自然和大自然的神秘，对启蒙时期哲学家眼中机械化宇宙的反动，主要的代表哲学家是谢林（Schelling）主张将心灵与物质合而为一。大自然是一种绝对的存在，大自然被视为一个有机体，也就是一个发展潜能的一个整体。赫德（Herder）提出历史是一种连续、进化的设计，他是一种动态观，启蒙时代的历史观是静态的。他认为每一个历史纪元各有其价值，问题在于我们是否能认同。浪漫主义可以分为两种：普世的与民族的，将"世界灵魂"看成是一个自我，而这个自我在梦境中创造了世界的一切。

在"我思"与"我在"的辩证中，康德的学说无法有效解决争辩，西方哲学走入"我在"。在"我在"的思路建构过程中，有三位重要的学者，分别是尼采、海德格、萨特。尼采将存在由理性的思维过渡到意志的彰显，海德格透过"存在与时间"，将存在由意志引入意识层面，并以"时间"作为意识的基础，将存在由当下的时间进入未来的时间，换言之，人的意识系由"未来"的时间决定。萨特从未来的终极是"死亡"，提出"存在"即"虚无"的主张，确定了存在主义的反理性思维。

尼采是西方哲学的奇葩，为西方的非理性哲学打开了窗口。在56年（1844—1900）的短暂生命岁月中，致力探索人生的终极原理，以生命力之强弱作为新道德重估之标准，界定人生与社会的正当秩序。尼采的生命哲学与个人际遇有关，尽管他生长在一个高贵的家庭，但5岁丧父，6岁弟弟去世，以及个人长期身体的病痛，让他对死亡产生高度的敏感。由于天资聪慧，加上个人努力向学，25岁即成为瑞士巴塞尔大学（Basel University）古典文学教授，至35岁即因不堪疾病所苦而辞去教授工作，期间曾完成《悲剧的诞生》（die Geburt der Tragodie, aus dem Geiste der Musik），35至45岁写了不少作品，其中最具代表性的是《查拉图斯特拉如是说》（Also Sparch Zarathustra）。45岁那年因病昏倒，被检查罹患"脑软化症"，此后即生活在与病魔的搏斗中，至1900年56岁时不起。

尼采（F. W. Nietzsche）被誉为"悲剧哲学家"，受叔本华与瓦格纳影响甚多，尤其是叔本华的厌世哲学及《意志与表象的世界》中所表现出知识分子内心漂泊的不安与无奈。从叔本华处，他学得诚恳的思考态度与对自我内在生命要求。至于瓦格纳，尼采比他小31岁，早期对他抗拒俗流的艺术良心备为赞誉，但到后来发现瓦格纳沉溺于众人的喝彩，成为一位投合群众所好的堕落艺术家后即不再与他来往。《悲剧的诞生》从古典文学理论的角度探索生命的意义。在对希腊诗及神话的研究中，他发现希腊神话故事中的两位主角太阳神阿波罗及酒神狄俄尼索斯（Dionysus）分别代表了生命的理性面与非理性面。阿波罗建构了生命的秩序，狄俄尼索斯则表现出生命的意志力。他认为酒神的发现与创造表现出希腊民族的伟大，它是欧洲及全人类文化的永久核心，他将狄俄尼索斯放在生命的源头，重新把握人类文化的价值。《查拉图斯特拉如是说》是一部象征性的哲学诗[01]，摆脱哲学写作理路及逻辑思考方式，用散文诗体例写成，共分四个部分，均由短篇的警句组成，向以基督教神学为基础的世俗道德挑战，指责基督教造成了弱势的道德，谦卑与同情的劣性，也形成了复仇的恶习。并提倡"超人"，要从群体抹煞的状态下提升出来，成为孤独的存在。以自我为立足点，力求创建，在创建中不断的提升自我。为了重建人的地位，他

01　陈鼓应：《悲剧哲学家尼采》，中国台北，商务，1994年，第30页。

宣布"上帝已死"[01]，否定了本体的思路，肯定了个体的意义与价值，开启了西方思想的新道路。由内心发现生存的阴影，体验极端和无法传达的意识状态，希望由内心领悟的狂喜，探测人灵魂的深度，意识到无意识，了解无限的存在。他认为最高的真理是通过意志的自我创造力量从人中间产生出来，人的伟大在于他是一座桥梁而不是一个目标，真理不是人可以证明的或驳斥的某种东西，它是人创造的。真理依附着生命而存在，一切价值与真理都是相对性的，都是以生命主体为中心，以生命主体所依据的生存观点为中心，只有与生命主体之展开有关时，意义才能固定。世界观念不是按照抽象理论或事实的证明来加以判断。从此西方哲学思路有了不同的发展，自然界的真理不再是独立与客观的存在，而是在人的行动中显示。他为西方学术思考提供了创造性活动的意志力，被认为是存在主义的启蒙者。

另一个影响存在主义诞生的是现象学。什么是现象学？基本上说来，人与动物之不同在于人有认知能力，而认知的面向有二：一为对象，一为现象。对象是人以外的事物，透过人的感官以及感觉，就可以明白，属于经验的范畴之内；现象无法经由感官获得，得由直觉，循精神层面发觉，属于意识的层面。换言之，对意识的探讨促使"精神现象学"诞生。意识无法由对象获得，只能由现象中摸索，因此不是个别性的，而是普遍性，精神现象指的是意识的普遍性。学者好奇的是，意识怎么可能被发掘？19世纪以来人文科学家一直在探究其可能性。意识在哪里？意识的内容为何？胡塞尔认为意识是事物本身，是现象本身，是"经验一般"[02]。意识的内容有三：数字概念、综合事物的概念以及反省的概念，它怎么出现在人的认知中？又如何影响人的认知力？胡塞尔强调"现象"不是客观事物存在物的表象，也不是主观的心理经验，不是个别经验，不是具体的经验事实，而是事实体现的"本质"：称为"现象本质"或"纯粹经验"。现象学的任务是"回到事

---

01 尼采宣告上帝已死并非出于理性的观点，而是本能的观点。他的论点是，如果有了神，人类的惰性便会扩大，进而逃避自我的责任。他要彻底破除幻灭，呼吁人类回归自己，重视自己，由自我开始创建一个新的价值世界。

02 李幼蒸：《结构与意义》，中国台北，联经，1994年，第21页。

物本身",不是回到经验事实,而是回到现象本质。

胡塞尔(*Edmund Husserl*,1859—1938),犹太人被视为现象学的创始者(尽管不是最早使用此一词汇的人)。幼年喜好数学,后转向人生真理的探讨。受纳托普(*Paul Natorp*)的影响,认为真理不存在于客观世界,也不存在于先验的主观世界,而可能存在于具体的、可以明证的直接经验之中。这种直接的经验就是意识。主体的对象必须是心理上存在的事物。他要在逻辑与伦理之间建立机械性的、简单化的联系,从内省心理学的角度寻找数学的逻辑。他关心真理胜于关心伦理,认为哲学家要服从真理,不能因实用曲解真理。

胡塞尔的现象学主张,意识并非来自经验性,而是根据"意向"。现象指的是心理事实的本质,是不变的,这与柏拉图的本质相近,真理不是经由对象的比较而得到,而是通过对特殊事例进行某种细察或直观获得。由于人的意识不能直接控制自身,它必须靠"意向"(*intentionality*),包括概念、观念、幻想、渴望,只有分析这些意向才能发现意识本身。现象的意义既然是由意向的结构来决定的,意向关系就成为意识界的中枢机制,管辖一切现象。现象学阻止了人与过去的因果关系,让人不是由过去,而是从未来找到现在。主体不再是一种理智活动,而是指一个具有想象与情绪的具体的人。现象学也从此扩大到了历史、文学、艺术领域。胡塞尔现象学属于先验唯心主义的学说,他把自己的主观唯心主义的哲学看做是避免主观主义与客观主义分裂的唯一哲学,由于过分自信,导致出现许多谬误。

继胡塞尔之后,对意识的探讨由现象学转往存在主义,主要代表人物为海德格及萨特。海德格将意识视为一种存在,一种结构性的存在,他提出"人的存在是世界的存有"说明人创造了历史,但历史也影响了人,他以为人是由走向未来(死亡)来建构现在,说明意识是一种虚无。萨特则将意识视为人的存在,由否定的情意之中肯定存在的空无。

海德格(*Martin Heidegger*,1889—1976)被誉为20世纪最深刻、最有影响力的思想家之一,他认为笛卡儿的"我思故我在"强调"我思",但忽略了"我在"的基础,因此他致力探讨"在"的意义,特别是当下的存在。他认为存在有三个条件，第一个条件是有个存在者，第二个条件是有个存在论，第三个条件是所有存在必须包括非存在的存在。首先是存在者，以人为例，人的存在是在人作为存在者的条件之上；其次，人的存在必须是历史存在论之下的存在，也就是人的存在是一连串历史的结果；第三是存在不只是理性的一面，还有非理性的一面，也就是"无声"所展示的一面。海德格认为人是生活在"对'是'的理解"中，人能够行动、感觉、意愿、思考，特别是挂念，往往是先于哲学的。海德格指出人的两种情绪：害怕与忧虑，害怕有对象，比较容易理解，忧虑没有一定的对象，会突然出现，人在忧虑中面对的是空无，它显现一切存在物与所有的努力之空无性。

1927年出版《存在与时间》（Being and Time），探讨人类生存的问题，包括个体生存的非理性方面：忧虑、畏惧、死亡的情绪等，人类历史走向，人类艺术、语言、思想的历史发展问题，它们的本质是什么，与宇宙的存在有何关系？海德格对存在的探讨系以"关切"为中心，"关切"是海德格的"本体论意义"，他认为自我不是一个实体，也不是一个主体，而是一种"关切"，也就是他指的"时间性"：未来、过去、现在。他认为未来不是一个尚未到来的现在，而是存在"人之存在"之上，对自己的潜能活动上，使"人之存在"可信的，成为有"未来"之存在；过去不是一个曾经有过的过去，过去存在人"有罪"的自觉上，这种有罪感意味着人的过去；至于现在则藏在未来与过去之中。"存在"触及"人的存在"（在世界中的存有）、"可信的存在"两个命题。"人的存在"透过"被发现"、"语言"、"理解"而获得。人的存在作为一个整体认知必须透过死亡才能理解。这不是肉身的死亡，而是趋向死亡的存有，死亡是由我之存在所确定。死亡是人存在的终极，但它只能是"我自己的存在"，因为死者是不能被取代的。至于"可信的存在"则包括良心、罪恶、决意。存在包括在世的能动性（选择性）和社会历史的制约性。世界是透过生存的可能性而成为世界的，存在是处于历史已经形成的特定历史之中，无法随便改变的，受到社会历史条件制约。

在海德格学说中另一个被讨论的问题是"真理"，什么是真理，他认为是一种"对应"的符合，一个陈述与一个给予东西间的符合。但陈述使某一东西成为对象一定要有一个起头，然后再由开头的基础上探讨。这个开头，海德格将它归为"自由"，就构成了他的名言"真理的本性是自由"，让"如此存有的东西如此存有"（如其所然）。海德格探讨的存在是一种意识问题，他认为只是对意识活动的分析是不够的，应研究意识背后的基本结构。通过结构就有了解意识及先验自我的可能性，因此他提出存在者的"存在"思维，开创了存在主义的现象学，影响萨特的存在与虚无的学说。

另一位存在主义学者萨特（Jean-Paul Sartre，1905—1980），法国人，引导存在主义脱离哲学的领域，走入文学的道路。1905年出生，二战时曾遭德国俘虏一年，后加入法国的反抗军，战争的悲惨伤痛让他对人生有所启悟，而写出自己的哲学，其代表作为《存有与空无》（Being and Nothing）。

萨特的思考所关切的是德国人对法国的肆虐残暴，以及德国的特权，他提出自由与荒谬两个重要的观念。首先是自由，他认为自由不是与必然对立，而是与强迫对立。自由就是不受强迫，在一个强迫的环境下，才能体验到自由。人在孤独的深处，能保护别人，就会有自由。每一个人在面对压迫者站起来，自由而不动摇地为他自己而活，在自由中为自己选择，也为所有的人选择自由；其次是荒谬，能对压迫者说"不"，才能体验到反抗中的自由，因此"实在"是在"不"之下出现，这就是"荒谬"。萨特透过三个概念来说明他的论点：否定、自由与情境，其中以否定最重要。他认为，"不"是对存有的一种自觉，空无永远不断来到存有中。他举了一个例子来说明情境与空无的关系，"小明"要来冰店，但小明没有来，虽然是一种否定，但却又改变了冰店的"实有"。在这里，萨特所讲的有，指的是"情意感受之有"，建构了以情意为中心的哲学"对人存在之万有，永远通过情意而呈现"。"人作为在世界中之存有，是他自己的无，而且通过人，无就进入世界"。萨特认为，意识不应包括内在性的内容或本质，而是"虚无"。虚无的意识使本质先于人，其先验的条件是存在，存在也就先于本质。

"我思"与"我在"的困惑促使西方人的主流思绪转向"我说",这种来自西方哲学中怀疑主义的认识论,产生了"语言分析"的后现代思想。索绪尔的语言学,认为语言与对象、符号与被意指者之间的关系是任意的,开启了语言学的大门,随后维根斯坦(*Ludwig Wittgenstein*)的语言结构分析,海德格对形上学的语言批判强化了语言在哲学思想的地位。维根斯坦被尊为分析哲学的代表人物,其主要作品《逻辑哲学论》和《哲学研究》。他认为,世界是事实的总和,而不是事物的总和。事实是语言的展示,是思想逻辑的图式,经由命题而展开语言与现实的关系。只有从这种逻辑的角度认识世界,才能获得普遍性、必然性和总和性。维根斯坦的思想早期与后期不同,可分别由其两部著作中得之。《逻辑哲学论》强调语言和世界具有一种严格的逻辑结构。语言和世界的对应关系是建立在逻辑分析的最高层次之上,语言的本质只是在语言和事物的对应关系,唯有透过语言和逻辑概念,才能了解这种结构。《哲学研究》则不再用逻辑推论深刻的道理,改用常规的语言来表达,分析常规语言的意义,用描述日常语言用法说明词语的意义、感觉、语言与现实之间的关系。为了消除传统哲学对语言的误解,他提出了"语言—游戏"的理论,将语言比做游戏,以显示语言的多样性、伸缩性、变动性和实践性。他认为,在语言游戏中,双方应就定义的对象达成默契,如果定义对象限定在事物的名称范围之内,所指的就是这件事的全部,如果只是某一部分,则与其他部分就没有什么关系。"语言—游戏"将语言当做一种活动,一种生活方式,不将语言当做本质,而日常生活之中,我们所指证的不应是对象的本质,而只是形形色色与语言游戏中的一种,比较熟悉的一种而已。

海德格从批判传统形上学的语言观,提出他的语言哲学。他认为,传统将语言视为一种精神的劳作,人的一种行为,是人的思想和情感的表达是不够的,因为这样没有展示语言的本质,语言为语言的活动方式,也没有说明语言的本质。他表示,人的语言并不是由人自己决定的,而是由存在决定的,并提出"语言是存在的家"的说法。这句话的意思是,语言是由存在来产生,并由存在来装配,存在是源,语言是流。是有误的语言理论时，一切人类思想受到语言形式产生与限制。人的经验是由语言事先构成的，语言是一种牢笼，无法精确的表明自己，也无法决定意义，文本之后所展现的是不一致的意义，因此一切意义是无法确定的。"正确的"意义是不存在的，文本只涉及到其他文本，语言以外的东西没有可靠的基础，人不能逃脱符号的游戏，不能按同一标准衡量真理的多样性。

第4章
从社会学探讨文化

  从社会学的角度来看文化是在社会研究成为一门独立的学科之后。社会是什么，关系着对社会的探讨。严格说来，社会是一个看不见、摸不着、却又存在，影响个人的一种意识结构。譬如我们常常说到的回家，家被视为一种社会，但深入探讨，可以发现，它往往与房子混淆。事实上回家是追求一种关系，房子只是一个工具，因此回家，不是回到房子去，而是回家的感觉。社会也是一样，它是认同的感觉而不只是认同的形式。

  社会学家对社会学争论的重点在社会是外在于人的一种结构和形式，还是由人聚合而成的一种团体。从结构面来说，它强调传统与学习的重要，将人视为传统的延续，从人本身的角度来看则强调人的本能与自主性。中国人谈社会多以人为中心，从伦理学的立场，依行为的结果来看待社会，将社会视为家庭的扩大，社会规范建构在家庭伦理之上，强调行为的善恶、好坏。西方人不然，从知识论的立场解读社会，重视行动的过程。在西方社会学的讨论中，社会不只是存在的客体，更是主观认知的一部分。社会所指的是社会事实，但不是物质的形式，而是生活的过程，呈现为流动状态。对社会的探讨主要在寻求社会变动之后不变的成分，或者说失序之后的秩序，透过结构社会学与功能两种解说，寻求答案。从动机与目的两方面进行探讨社会学的意义与价值。

  在西方历史发展过程中，社会学崛起于自然科学发展之后，早先附属于哲学的研究范围之内，以后才开始以"实证哲学"（*positive philosophy*）的名目与哲学分家，跨入科学研究领域，将社会视为一个整体，并外在于人。至于社会学是不是科学，迄今仍争议不决，将它视为科学是它采用了科学的方法：观察、证实、重复，但不同的是，社会学提供一套"价值系统"、"价值取向"、"信仰模式"与"意识形态"。社会学的世界包罗万象，社会学家因着个人的经验对社会行动的复杂现象有不同的见解，导致社会学的研究丰富多样[01]。

近代社会学被认为是在1839年孔德（Auguste Comte，1798—1857）出版《实证哲学教程》（*Cours de Philosophie Positive*）后开启，并发展为独立的学科。究其源起，受法国大革命冲击甚大。法国大革命推翻了传统以来"君权神授"的统治思想，而易之以"天赋人权"，影响社会既有的层级体制，以及固有的社会规范及伦理道德。值此社会转型之际，新旧社会的延续及变革成为学者关心的问题，特别是新社会的去从，以及如何建立新道德观？新社会最大的特色是个人主义的出现，它不见容于旧社会的伦理，被视为洪水猛兽，而世俗共和体制也成为社会学者论述的重点。究其发展，可以分为三个阶段：二次世界大战之前（1939年）、二次世界大战后至80年代、80年代迄今。在第一阶段长达百年过程中确立了社会学的研究范围以及研究方法。第二阶段社会学流派林立，百家争鸣，主要有功能派与冲突派，宏观的社会学与微观的社会学之争。第三阶段为多元的综合时代。

第一节 实证社会学、诠释社会学

实证社会学主张社会现象必须加以详细考察才能真正了解，不能只以一般性原理为主。考察所获得的证据，要得出规律，透过观察、分析、解释、检验，确定一套可行的社会学实证研究法。主要代表人物有孔德（Auguste Comte）、史宾塞（Hebert Spencer）、涂尔干（Emile Durkin）。

---

01 Christopher Pierson，*Conversations with Anthony Giddens-Making Sense of Modernity*，尹弘毅译：《现代性——吉登斯访谈录》，中国台北，联经，2002年，第vi页。

(1)孔德

孔德法国实证主义哲学家、社会学家。主要著作有：《实证哲学教程》、《实证政治体系》（4卷，1851—1854）、《主观的综合》等。1839年他在《实证哲学教程》一书中提出社会学这个名词，将社会视为自然的一部分，认为社会与自然之间有统一性。主张以科学的方法来研究社会，强调研究对象的可观察性和研究结果的可证实性或重复性，包括观察、实验、比较等。

孔德从秩序、进步的原则出发提出他的社会学构想。受18世纪法国启蒙思想影响，他认为一切进步的基础或前提是秩序，主张渐进的改良主义。他认为，18世纪启蒙思想家包括空想社会主义者在内的形而上学是一种"否定的学说"，目的在于破坏旧世代，却没有告诉人们在破坏之余如何建立新的秩序。社会学的目的是要建立新的，以建设"积极的"亦即"肯定的"新学说为目的，这就是他的"实证主义"，反对一切空想的、批判的学说，最终以建立一种普遍人性的新宗教视为他的社会学任务。

孔德认为，在整个世界发展中，群体、社会、科学，甚至个人思想，都经历了三个发展阶段：神学阶段（约1300年以前），又名虚构阶段。在这个时期中，超自然力量和神的信仰是一切事物存在的依据，社会和自然界都被看成是神创的；形而上学阶段（约1300—1800年），又名抽象阶段，崇拜抽象力并以抽象的本质如"自然界"为现存事物的终极原因，而不以人格化的神来解释现实事物；科学阶段（1800年以后），又名实证阶段，以科学信仰为其特征，致力于观察现象和探讨支配自然和社会的规律。孔德认为，他所处的时代，神学思想已属过去，支配现代人的将是科学思想。他认为与人类理智发展的神学、形而上学和实证科学三阶段相对应的社会组织形式，分别是军事社会、法律社会和工业社会，相应的政权组织是神权政体、王权政体和共和政体。孔德据此将人类社会历史归结为人类的理智发展史，人类历史既是一部人类理智的发展史，也是人性自身的成长史。孔德认为，不认真研究方法，难以求得真理。研究社会现象须以实证方法为基础，提出了四种方法：观察法、实验法、比较法和历史法，将研究自然界的方法贯彻到研究社会中去。此一观念为后来的实证主义社会学奠定了方法论基础。

孔德按物理学的分类方法，把社会学分为社会动力学和社会静力学。认为社会动力学，是从社会变迁的连续阶段和相互关系的过程，来研究社会发展和进步的规律。社会静力学在研究社会各个不同部分的结构关系，以及彼此间持久不断的相互作用和反作用，也就是研究个人生活、家庭生活和社会生活几个不同层次的结构和相互关系的各个方面。社会起源于人的社会本能，而社会本能和个人本能可以在家庭中相互调节。孔德主张把社会静力学和社会动力学看成是密切联系的和相互补充的科学，进步如果不同秩序结合一起，进步就不能持久；秩序如果不与进步共存，真正的秩序也无法建立。

尽管孔德的实证科学理想已不合潮流，引起诸多批评，但他把社会学变成一门"科学"的努力，使得社会学这门学科获得重大进展，成为当代社会科学知识体系中不可或缺的部分。

(2)斯宾塞

斯宾塞（*Hebert Spencer*，1820—1903），英国学者，承续了孔德的观念，对自然与社会的统合作了进一步的解说。他认为，社会先创造了"他"，然后"他"才能改变社会[01]，因为"他"若没有承继之前的物质和精神的累积，没有同时代的人民、性格、智慧和社会安排，是没有力量的。[02] 其主要代表作有：《社会学原理》（*The Principles of Sociology*）、《第一原理》（*The First Principles*）、《心理学原理》（*The Principles of Psychology*）、《生物学原理》、《社会学研究》、《伦理学原理》。斯宾塞的社会学研究是采用模拟的方式，将社会与自然生物之间做模拟。他认为自然与社会之间存有许多相似之处，可以用分析生物

---

[01] Herbert Spencer, *Study of Sociology*, 张宏辉译：《社会学研究》，上海，华夏出版社，2001年，第28页。

[02] 见前书，28页。

有机体的方式来分析人类社会，将自然科学原理、方法推广于社会领域。将生存竞争、自然选择的原则移植到社会理论之中，将社会的进化过程视同生物进化过程一样，也是优胜劣败、适者生存，使得生物界生存竞争的原则在社会里也起着支配作用。他的学说是先构思一种适用于一切的原理，再演绎出一般社会学理论。进化是一种自然过程，应循其自身的规律，而不应为人所干预。他反对国家计划和社会福利，也反对社会改良和社会革命。综观其学说，仍未摆脱对过去宗教学术对"第一原理"探索的执着。

(3)涂尔干

法国社会学家涂尔干（Emile Durkin，1858—1917）之后，社会学研究方向有了重大改变。涂尔干的思维来自对所处时代的反省。他生于法国第三共和时代，恰值社会变迁之际，试图为传统与当代社会的矛盾找一出路，为法国共和找一出处。他注意到新社会的特色为个人主义的崛起，也注意到个人主义与不平等之间的问题，以及社会凝聚力的问题意识。他认为解决这项问题的办法是建立世俗共和国家，透过提倡道德个人主义维持社会秩序。

涂尔干的社会学包含实证主义及功能主义，他认为新社会的基础是分工，以前的社会是机械团结，个人之间没有分化，现代的社会是有机团结，容许个人的差异发展，个人的差异造成合作，促进社会进步。在社会学方法研究中，解释社会必须从因果及功能两方面着手，社会问题的原因来自社会，必须从社会环境中找答案。检验社会最好的方式是比较法：历史比较法、民族比较法、社会内部比较法。他想以一种有条不紊和严谨的方式来处理人的社会生活，他不仅注意到社会事实，更注意到人的意识、道德与精神。主要著作有：《社会分工论》（The Division of Labor in Society, 1893）、《社会学方法的规则》（The Rules of Sociological Method, 1895）、《自杀论》（Suicide, 1897）、《宗教生活的基本形式》（Elementary Forms of Religious Life, 1912）等。他认为："社会学是一门研究各种组织及其起源和功能的科学"，"社会学是研究社会聚合和社会秩序，让个人进入运行的社会整体并与之结合为一整体的方式"。社会学所解释的是集体因素，不是个人因素，是研究"社会事实"的客观现实的科学，社会事实不是通过精神活动，而是通过观察和实验而建立的认识对象。一个社会事实是一种集体的，在家庭、宗教具有普通知觉所察觉不到的潜在秩序或结构，社会是若干人之间的交互作用。因此他的社会事实是外在于个人的社会事实，具有一种强制力。个人行为受到外来束缚，经由了解这些束缚，个人的行为也可以获得解释。他采自然科学的方法，将社会事实当成事物一样的存在，用社会象征来解释社会事实[01]。社会现象不能用主观去理解，只能用社会的客观事实去解释。涂尔干提出"社会现象（事实）"的概念，不是包罗万象，而是一种确定的团体现象，普遍存在于团体之中，存在于个人身体以外的行为方式、思维方式和感觉方式，同时通过一种强制力，施予每个人，不仅有它独立于个人固有存在性，而且作用于个人，使个人感受到的现象，叫做社会现象。对于社会现象只能通过客观的社会去解释。

诠释社会学派否认社会过程与自然过程一致的看法，主张两者之间有别，自然是无意识的，是被动的存在，社会的主体是有意识的个人，个人的行动是有意义的，他是根据意义来行动。韦伯是主要代表人物，他认为，社会学家要了解的是个人的行动及其主观意义。对于社会行动，只能用诠释社会学中"列解"的方法去把握，而不能用研究自然科学从外部的观察与分析进行了解。

韦伯（Max Weber，1864—1920），德国社会学家和政治经济学家。个性孤僻、害羞，一生多病，四岁得脑膜炎，婚姻不协调（据说是性生活），促使他长期专注于工作，34岁那年发生精神衰退现象，39岁时奇迹式的复原。做过律师，担任过海德堡大学教授，1917年后热衷政治活动，但多限于写作。1920年因流感引发肺炎，于6月14日病逝，只活了56岁。一生维护真理，为真理与正义而奋斗。他

01　Patrice Bonnewitz, *Premieres lecons sur La sociologie de Pierre Bourdieu*，孙智铭译：《布尔迪厄社会学的第一课》，中国台北，麦田出版，2002年，第35页。

认为伟大的目标只有通过强权政治才能实现，因此特别重视行动的重要性。著作丰富，有十三卷，文体复杂，代表作为《经济与社会》（Economy and Society）、《新教伦理与资本主义精神》（The Protestant Ethic and the Spirit of Capitalism），为德国走向现代资本主义提出合理化的说明，将近代资本社会合理化的过程分为目的的合理与价值的合理。

韦伯思想受德国唯心主义、历史主义、尼采、马克思思想影响。唯心主义主张，人类与动物有别，人有形体与个体两面，从形体（肉体）来说，它是一种客体，从个体来说，它是精神，而不是肉体，存在意识之中，显现出人的自由主体性。唯心主义认为，自然科学与人文科学的研究方法不同，不能用研究自然的分析和概括的方法来研究历史和文化。由于人的头脑和思维并不遵循自然法则，因此研究人文科学必须特殊化，用体谅的方式揣摩行动者的动机，由直觉把握文化整体，通过历史状况的具体个性了解事物。唯心主义学者中对韦伯影响较大的为狄尔泰（他认为，只有通过内在过程，体验和理解，才可能认识到人，属于一种综合和描述的心理学，经由体谅式的理解，把握主体经验的总体）。韦伯认为，人文科学与自然科学的差别在于研究意图不同，不在于方法和概念不适合。区别两者的差别不是研究方法，而是兴趣和目的。自然科学与社会科学都是从现实的各方面进行抽象取样，但自然科学重视自然事件中的抽象法则，社会科学家则对人类行为进行规律的抽象概括。人文科学的难题是，应该选择哪些问题研究？韦伯的答案是：与价值有关的。对自然科学的认识通常来自外部，由对外部的观察，记录其中不变的部分；至于人类的行动，不仅是记录事件的过程，还要通过解释人的行动和言论来探寻其动机。通过探索行动者赋予自己的行动和他人的行动的主观目的理解人类的行动，从对社会行动作出解释性理解之中，找得行动的原因、进程和结果的解释。其次是历史主义，历史学派的主要方法是用非理论的观点从事研究，单纯的搜集资料，韦伯同意历史学派主张由社会和制度的背景之下进行研究，认为社会科学中的一般性的理论像自然科学研究一样重要。至于马克思、马克思的影响方面，韦伯赞扬马克思是位冷静、实事求是的学者。受到马克思的影响，他在思考问题时不用文化、精神等抽象字眼，将注意力放在人类行动上。他同意马克思的看法，将意识视为公众利益的表现，阶级斗争的武器。此外，他也重视尼采对心理机制的分析。

韦伯的文化观建立在"差异"与"价值"的基础上，他认为，文化因人的意图而获得意涵，经由我们跟世界的关系，产生特定的感觉与印象，再透过思想或观念，赋予文化新的形式。他从"理念"的角度诠释文化，强调通则形式的陈述，这种思考图像不是历史的真实，也可能不是"真实的"真实，而是行动者依据心中的一个或一些准则，开始思想与行动。韦伯要从夸大而非真实性，还原到目的，关注理解、转型的行动，从经验事实中摘要归纳出原则，作为对文化的启发。简单地说，韦伯的治学态度，兼具"系统化"与"历史化"，以"社会行动"作为学说中心思想，主张在特定的社会历史背景之下，探讨人们在相互作用的过程采取行动的主观目的。

韦伯对文化的解释是建立在因果与直觉的互相关连之中，他认为将直觉放在因果解释系统中，直觉才可以受到检验。一个陈述的真与假，在价值与逻辑上，并不一样。价值重视题目的选择，而不是对象的解释。价值取向不会影响科学性，也不会影响研究的结论。韦伯从"或然"性探讨"因果"论，不关心抽象的议论，重视多种因果性的环节。他认为在一定的背景下，人多半会按正常预期行动，这种说法并不确定。韦伯认为，历史的因果论与社会学的因果论不一样，历史因果论在确定一个事件产生的特殊环境；社会学因果论要找到两个现象之间的规律关系。因果的关系不在于"甲决定乙"，而在于"甲或多或少有利于乙"。他从"理想类型"的角度展开研究工作，而这种理想类型不是道德理想，而是行动过程。理想类型不是个人的行动，而是总体的行动，建立在行动者从事预期行动的可能性上，是现实的某些因素所构成的逻辑上连贯的整体。

韦伯将社会的统治行为分为三类：法理统治、传统统治、个人魅力统治。现代社会属于法理统治，以"合理化"作为运作的关键。他采用"地位群体"，依据"消费模式"分类的方式来说明现代社会的阶级意识。他认为，阶级可以是社会群体，也可以不是，而地位群体一定是社会群体，由共同的生活方式观念和所受到的社会评价而聚集在一起。从经验来说，阶级与地位有相当密切关系，但有时，拥有不同财产的人可能处于同一个社会地位。现代社会是多元的，不是二元的。"经济权力可能来自非经济权力"，"权力不一定由经济来决定，往往是由权力所带来的荣誉决定的"。官僚制是现代社会的特色，它构成了非人性化的社会、合理化的社会，但也进一步摧毁了人性。

韦伯的社会学是一门探讨社会行动的综合性科学，重视以个人为主的社会行动，探讨个体对其行为赋予主观意义，与他人行为间的意义关联，以理解为目的，重视人的行动及社会关系、社会组织的出现、规律的社会行动（风俗及习俗），对行动的主观意义作直接观察的理解，以及解释性的理解，获得因果关联的建构，透过理想型的概念，掌握现实与理想的差距，进而认识现实，被视为是一种诠释社会学或称为理解社会学。他将社会关系分为共同关系（情感）和结合体关系（理性计算），依据四种方式进行：传统式的行动（习惯）、情感式的行动（主观）、价值理性式行动（诫命）、目的理性式行动（目的）。行动的理念有四：目标合理、价值合理、情感合理、传统习俗合理。

在社会学研究过程中，韦伯注意到经济行动的演变，从传统的理性到现代的目的理性所带来的重大影响。现代经济依赖市场功能、市场制度的调节，重视"理性化"功能，将一切交易行为量化、形式化。一旦市场行动受到非理性因素影响时，就得依靠法律与政治干预。他将现代资本主义经济解释为一种理性的经济行动，通过借助现代簿记和编制资产负债表进行计算，控制营利性的生产企业，实现人类需求，所以资本主义是市场经济与计划经济。韦伯由宗教社会层面探讨资本主义的原动力，将资本主义与基督教结合，进行深层分析。他认为宗教的功能为救赎，并将救赎分为仪式主义的救赎（巫术）及业绩主义的救赎（基督教）。东方为范畴型预言（一个合理有秩序的世界）、神秘主义，西方为伦理型的预言（服从神是一种伦理义务）、禁欲主义。东方为仪式主义的救赎，西方为业绩主义的救赎，把个人的宗教命运系于日常生活中的种种功德中，开启世俗生活的理性化。他认为，现代资本主义是经济活动的一种形式，由符合其本质特殊心态引导，发展出资本主义文化。资本主义"精神"强调动机与目的，无形不可触知，无法化约成可以明确指出的一组结构条件。资本主义精神不是一个可描绘出未来命运的经济体系，不是一组市场关系的合法基础，反而提供了一种兼顾理性与道德的生存之道。资本主义精神也就是现代性的心态，以法律与支配为路基，是西方市民阶层的伦理宗教观所催生。

第二节　多元时期

这个时期有"结构功能学派"、"功能学派"、"冲突理论"、"符号互动"、"本土方法论"、"交换理论"、"批判理论"等。大致可以概分为微观社会学、宏观社会学与调合这两派的社会实践论。所谓的微观社会学是指个人行动与个人间面对面的社会互动。宏观社会学是指社会制度、社会结构和社会变迁。宏观社会学认为个人的心理状态，并非社会学的研究对象，社会学的主要工作是分析社会整合、社会趋势、社会潮流，只能以一些社会事实来解释一个社会事实的出现，心理因素不可能是社会事实产生的原因。微观社会学是对宏观社会学的反动，盛行于20世纪60年代，一群交换理论学者、符号互动论者、现象学社会学者们认为，社会成员的诠释和他们对行动、事件等所赋予的意义，才是社会的基础。宏观与微观社会学之间的争议催生了社会行动理论。实践学派是以社会行动作为探讨的主轴。

社会行动的学理可以由舒茨（*Alfred Schutz*）说起。这位奥地利学者于1899年出生，后移居美国，1959年去世，共活了六十岁，代表作为《社会界的现象学》（*The Phenomenology of the Social World*）。他从行为及行动的意义、行动的动机、主观的意义与客观的意义三个面向，建立其社会学观点。他首先区别了行为与行动的不同，行动是过程，行为是结果，社会学探讨的是行动，是行为发生的过程。至于行动的意义必须从时间的概念来讨论，人是生存在意识流之中，没有意义，只是不断由现在过渡到另一个现在的一种永无止境的过程。在纯粹的意识流中,时间是不可逆转的,不能察觉到自己成长,但在回忆与反省中却找到自己,借由反省注意到自己的经验,因此在回顾时,有了个别的经验,这种完成的经验就是意义的经验,经验的同时不可能有意义。舒茨讨论行动的意义时,由行为的动机入手,他认为,每一个行为都是有计划的行动,行动者的动机即行动者的期待,以未来完成式进行计划,称为"目的动机"。这与"原因动机"不同,原因动机是以行动者的过去经验来说明计划。一旦行动者的动机和计划有关,就属于目的动机,而不是原因动机。因此要了解行动的真实原因,就必须探讨计划的起源,而不能由原因动机入手,因为原因动机是以过去完成式来了解,不受预想或预期的限制。它只是单纯的记忆,有自己的观点、注意和方向。

意义可以分为主观与客观两种。舒茨认为,意义来自现象学还原,自我的意向从客体的世界转向内在意识流时,才会有主、客观意义问题。"客观意义"是从自己或他人赋予的意识构成过程中抽取出来的,是隐匿的。"主观意义"是检视外在指标,并深入意识的构成过程。舒茨认为,诠释者的主观意义最多只能获得趋近记号使用者的意向意义,绝对不可掌握到意义的本身,因为每一个人对别人的观点认识必然是有限的。一位使用记号表达自己的人,永远无法正确被了解,但可以通过记号,或对他人的生命体验,对他人的主观意义进行想象。这种想象力来自意义脉络,而客观意义只形成于诠释者心中的意义脉络内。

社会科学的知识是间接的,它要我们认识前人世界或同时代的人,但无法得到直接的社会真实世界的知识,社会科学之所以成为社会科学,就是绝不接触到真实的人,而只是处理个人理想型。个人的理想虽然有隐匿性,但可以借由文化产物获得心中的想法。诠释社会学即在探究这些文化客体,并利用所获得的诠释,了解它们的意义。世界结构分为四个领域:直接经验的世界、间接经验的世界(同时代的人)、前人的世界、未来的世界。直接经验的世界是面对面的世界,是"你取向"的概念,是感官的认同,彼此察觉到对方的意识流;间接经验的世界是概念的世界，是理想的世界，是"他取向"的世界，在这里所接触的是"类型"的他人，而不是具体的他人，是他人的"理想型"。前人的世界是我自己单向的他人取向，可以透过别人讲述前人的遗迹来认识前人的世界，这也就是我们常谈到的"历史"。至于未来的世界，是假设我们会的东西。

第二位是帕森斯[01]（Talcott Parsons，1902—1979），美国社会学家，结构功能主义的主要代表人物。主要著作有：《社会行动的结构》（The Structure of Social Action，1937）、《社会系统》（The Social System，1951）、《关于一般行动理论》（Towards a General Theory of Action，1951）、《经济与社会》（Economy and Society，与斯梅尔塞，N. J. 合著，1956）等。帕森斯认为，社会行动最基本的单位是单元行动，由目的、手段、条件、规范等要素构成。主观目的是构成行动中意志自主的因素，手段与条件是意志自主的状态，规范则对行动者产生调节作用。帕森斯认为，单元行动中这些性质相互关联，构成了行动科学的体系，规范使行动与社会秩序结合起来。

帕森斯从40年代开始构思其结构—功能分析理论。他在《社会系统》一书及《价值、动机与行动系统》一文中，对结构—功能分析理论作了系统阐述。他认为，结构是一种价值观和规范，是制度化了的身份与角色的复合体。不同的集体中可以出现同一种制度，同一集体也可存在几种不同类型的制度，结构所形成的关系模式具有社会整合意义。

社会系统有四种功能：适应、目标达成、整合、维系潜在模式。为了满足这些功能，由经济系统、政治系统、社会共同体系统和文化

---

01 1902年12月13日生于美国科罗拉多州的斯普林斯。1920年入美国阿默斯特学院学习，1924年获文学士学位。后赴欧洲，先在英国伦敦经济学院学习，曾受业于人类学家马林诺夫斯基，B. K. 门下；复又转往德国海德堡大学研究经济学与社会学，1927年获博士学位。回国后，一直在哈佛大学从事教学与理论研究工作。先任哈佛大学经济系讲师，从1931年开始在社会学系讲授社会学，1944年成为社会学教授，1946年出任新成立的社会关系系主任，1973年退休。他曾于1949年被推选为美国社会学会主席。1979年5月8日病逝于德国。

意义上的模式托管系统分别执行。行为有机体系统、人格系统、社会系统和文化系统。帕森斯并认为,社会行动是一个庞大的系统,由四个子系统,即行为有机体系统、人格系统、社会系统和文化系统组成。行为有机体系统与行动者生物本能有关。人格系统关系行动者的各种需要、要求和行动抉择。社会系统将个人或群体置于相互关系形式之中。文化系统由规范、价值观、信仰及其他一些观念构成,具有符号性质意义。这四种系统都有自己的维持和生存之道,但又相互依存、相互作用。社会系统是行动者互动过程的系统,行动者之间的关系结构就是社会系统基本结构。社会系统中的行动者通过社会身份和社会角色与社会发生联系。身份就是社会地位,角色是与地位相应的规范行为。集体是由一系列互动角色组成的系统。在社会系统与其他系统之间,社会系统的各子系统之间,存在着多种多样的输入、输出交换关系,形成社会系统的过程。在比较复杂的系统里,需要交换媒介,金钱、权力、影响、义务就是一些交换媒介。通过交换,社会秩序得以结构化。社会变迁是从原始阶段经中间阶段过渡到现代阶段,在转变过程中,文字和法律具有重大作用,发展的趋势是从注重先天性与特殊性转变为注重成就性和普遍性。

　　行动结构把行动者分为自我(ego)与本我(self)。行动者(主体)不但是指有意识的主体,还包括了规范、价值等社会因素,是社会化了的主体,人的主观意志服从规则和价值体系。帕森斯认为,正是由于社会的规范因素,使得社会总体上处于相对和谐的状态,而不是战争的状态。每一种行动都涉及主观目的,构成行动中的意志自主,以期解决社会秩序、社会系统、行动等问题。规范作为主观因素对行动者有调节作用。

　　帕森斯认为,行动可以被看做是一个系统。行动者面对的对象有三:社会的、物理的、文化的。行动系统包含个性系统、文化系统和社会系统三部分。社会系统包括"结构"和"功能"两个方面。结构将零碎的连贯起来,功能则展现动态的过程。社会系统的整合包括了角色的制度和分配调节制度的模式化与制度化。人的一生都在社会化过程中,其中以儿童时期最重要,在这个阶段,自我被整合进与他者角色互补关系中,一般价值内化到自我的个性中。这个内化过程是通过"认同"完成,如此,基本的个性结构就形成了。由于基因与环境的原因,社会系统的角色造成了个体结构的多样化。早期内化的价值是一般性的,成年人则经由一系列学习(学校)来完成转化。

社会行动可以分为两种:遵从与越轨。所谓的越轨就是自我对他者的期待没有实现,造成自我的压力。舒解压力的方法有三:1.再构造需要的系统,2.移情到新的客体,3.否定或重新界定他者不再遵从的价值模式。在帕森斯的越轨研究中,他提到医生与病人的关系。医生的价值标准是自治、普遍主义、功能特化、情感中立与职业角色。病人没有能力独立控制病情,社会联系中断,面临内在的紧张。所有医疗在某种程度上是心理的,是一个处理病人在社会关系中面临紧张与焦虑的过程,所以医疗是社会结构的一个特殊类型。

帕森斯将社会现象与社会事实作了区隔。事实是"用概念体系来表达现象,它是可以被经验证实的陈述"。事实是对现象的命题,不可能完全被了解。科学的事实不是全真或全否的命题,而是对事物的不断的接近。至于概念,属于理论系统,系统的理论使经验世界变得可知。他认为理论首要是对社会现象进行精密的分类,使其范畴化。帕森斯的方法可称之为"分析的现实主义",目标在使经验事实在普遍的规律下变得可以理解。他以行动为主题建立他的社会学理论。他认为,人是文化中的人,不是反应机敏的动物,是有意识的代理者,不是活动的物体,人受遗传和环境的影响,但具有意志行动和计划目标的能力,因此研究人的行动要注意到人的态度、价值观念和符号,以及行动的主体、目的、方式和反应。他将手段目的视为行动的主体。认为一个行动的产生必须具有以下几个条件:1.当事人,2.目的,3.情境,4.规范尺度。特别是规范尺度。规范尺度是什么?它是否忽略了社会中普遍存在着冲突的事实?帕森斯由"单元行动与系统行动"的关系,来探讨这个问题。他认为单元行动是无法产生系统行动,单元行动是由一个总的系统中抽离出来的。行动不是孤立发生的,而是一个复杂链,因此一个行动一方面看来是一个目的,另一方面看来则是一个手段。他将这个手段目的区分为三个环节:技术的、经济的、政治的。

技术因素透过选择和应用来实现目的，当有限的手段实现不同的目的时，便出现了经济因素。政治因素是关心手段与目的之间的关系，它构成了"系统行动的结构"，而社会共同价值整体就是行动最终目的的结构，这才是社会学的工作。

此外他并将经济学拉入他的宏观理论框架中，认为经济学与社会学在逻辑上有一致性。理由是，每一个具体的行动，有行为的一面，也有约束的一面。他反对将经济动因归于人的心理，所谓天性，只是系统内部各子系统相互调节而形成的价值观，所以经济学的基础是建立在社会学的基础之上。他利用实证的方式把家庭的消费分析为一个社会系统，引导出一个功能函数。经济体制的变化，不是经济过程，也不是经济问题，而是一种价值模式和社会整合现象。

帕森斯的社会学对古典社会学进行重建，他的社会行动理论和结构—功能分析学说不仅在国际社会学界有着巨大影响，对其他社会科学如人类学、政治学、社会心理学、管理学等也有广泛影响。他的理论激起正反两面强烈回响，当代西方社会学的主要流派，诸如冲突理论、交换理论（见社会交换论）、符号互动论等，在不同程度上是建立在对他的批判或补充中产生的。

第三节　综合时期

此阶段所呈现的是一种"多元综合"，称为"新功能主义"，坚持在传统功能主义的理路上，广泛吸取冲突思想、互动论、现象学、交换论、批判论等学派的观点，建立一个"多维性质"的综合体。代表人物有英国学者吉登斯、美国学者科尔曼（James S. Coleman）等。

吉登斯是二次世界大战后英国主要的社会学家之一，对社会学理论和实践有精辟的见解，被誉为划时代的社会理论家。他认为，社会学是一门特殊的学科，与自然科学不同，社会学家所要探究的世界是已经被世人所了解的世界，研究的对象是人们言说和行为、信仰与欲望、机构与制度，以及互动方式。由于社会学家在研究对象时，不可避免受到所处社会的影响，因此他们必须参照人们对自己社会存在的一般解释。社会的特征是相互竞争，相互矛盾，社会学家争论的是在社会行动出现矛盾时，个人所提出的不同见解。他们要了解人们的意图和目的与他们在社会中的角色之间的关系。

吉登斯的社会学论述采用"结构化理论"。这套理论是针对涂尔干的实证主义理论（强调客观的结构）以及胡塞尔哲学现象论（主观意识）而提出，试图调解两者的对立。他提出"结构与行动间的二元性"（duality of structure and agency）观念，从社会实践（social practices ordered across time and space）的角度进行研究，换言之，摆脱了行动与结构的二元划分，强调行动与结构的互动。这种反复出现的特性，不是机械的，而是创造的再创造，解释行动者与结构的互动关系。

吉登斯认为结构的内容包括规则加上资源，行动的内容是对社会意义的掌控与沟通。社会的行动受限于制裁，资源的支配等。根据他的论点，结构不是外在，必须透过行动在时空展现出来，在行动者进行行动时，同时产生了结构，反过来说，行动必须依赖结构作媒介，结构需要透过行动，才能表现在时空之中，因此结构是行动的结果，也是它的成果，是行动者在行动时一个他不知道的行动条件，也是在行动所产生的一个不是他所意图的结果，因此行动与结果是相互依存的。简言之，吉登斯认为，社会生活川流不息，它不是"社会"产物，也不是"个人"产物，而是一系列持续不断的活动和实践，复制着机构和制度。社会结构所指的是人们行动的惯常性质，是社会的再生常规。它影响人们的行为、感觉和思考方式。社会通过人们所持的态度和观点而产生作用。

吉登斯用这套理论对现代人的生活进行探讨，以"时空的分隔"、"社会系统之抽离"、"不断经历反身而重组的社会系统"来说明现代人的生活。他认为现代人受科技影响，改变了空间与人的关系，人与人的互动不再必然"在场"，"不在场之存在"成为一种常态，譬如用电话与人沟通，出现了"抽离"的概念，这种抽离概念透过象征记号与专家系统运作。金钱是现代社会最典型的象征记号，它使得人与人的交易不再关心是否彼此相识。至于专家系统是指我们的生活受专业知识介入影响,而我们却对它一无所知,或半知半解。由不断经历反身而重组社会关系,从观察与实际经历中,得到新体验,获得行动的模式,一个互为影响的空间,因为如此,现代人出现了信心与信任危机。他认为,现代社会是由资本主义、工业主义、军备力量与监视四个层面构成。资本主义是一个以商品生产为主导,依赖市场及由投资者、生产者和消费者之需求与供应作价格指针。工业主义是指利用非生命的物质力量去生产商品,并在生产过程中配合机械的生产方式运作,民族国家为资本主义与工业主义提供了运作的环境。军备力量和工业发展带来了战争工业化,催生了全球化的出现。吉登斯的论述使我们了解到,现代人要过一个不影响别人,而又不被人影响的生活实在不容易,时间、空间、制度性转变让人们不能与外界隔绝。没有人可以肯定未来是什么,每个人最大的敌人是他自己。

另一位社会学者科尔曼(James Coleman,1926—1995)为社会学的发展带来了新的观念,确立了新的研究方向。科尔曼是美国当代颇富盛名的社会学家,主要代表作为《社会理论的基础》,于1990年出版,被誉为当前社会学和社会理论方面最重要的著作之一,确立了社会学新的研究方向。此书指出了现今社会发生的重大变革,其中最大的改变是原有的森林和原野为柏油路和摩天大楼所取代法人社会取代了原始社会,法人社会组织取代原有的各种原始社会组织,新的微观结构代替了传统的社会结构,前工业化的社会理论不能帮助我们理解我们的方向,因此他要为新社会结构建立一种新的社会理论。

科尔曼认为,社会不是由个人堆积,社会行动不等于个人行动的总和,因此社会科学的任务在解释社会现象,解释社会行动系统,而不是解释个人行为。他采用比较法进行研究,对社会系统进行横向(跨空间的)或纵向(跨时间的)比较,对系统行为进行内部分析。科尔曼认为,个人行动受社会变迁与工业化影响,由宏观到微观,再由微观到宏观。他以韦伯的《新教伦理与资本主义》关系为例说明他的观点,新教教义影响价值观念再产生经济行动而形成资本主义。

科尔曼学说重要性在其"理性选择"理论,与吉登斯的"结构化理论"具有相近的地位。这项理论是将个人选择的微观互动与宏观市场模式的社会结构相结合。他认为，如果社会理论要解释支持行动的社会组织活动，便要找出隐藏在行动内部的各种动机，从行动者的角度来理解他们的行动，换言之，只是衡量行动者的行动合不合理或非理性，并不能反映行动者的本意，改用行动者的眼光去衡量，才能了解他们的行动是否合理。因为行动的原则是以目的为主，从受益最大的理性来考虑。理性选择是建立在经济交易的社会互动之上，个人的行动是为了满足个人利益，控制社会资源。虽然实际生活进行的是有形事物的交换，但是社会交换理论关注的是行动的权利，权利的分配方式，而不是有形的事物。

科尔曼的理论不是空泛的学理，而是对现代社会的探索。他认为，现代社会与早期社会有一个重大差别，过去社会的家庭、民族、种族集团和小区，已逐渐被新的、有目的的法人行动者与社会关系所取代。劳动的分工加剧使得新的社会组织出现，这种新的社会组织以法人为基本元素，在功能上替代自然人，使得自然人脱离了固定等级，并据以行动。法人由职位构成，成为新社会元素，使得社会结构得以持续稳定。这是一种新的探索，调和过去功能主义与结构主义的分歧，将行动理论建立在目的性与义务性上，代表了美国社会学发展的新趋势，但过分强调经济的功能，并将复杂的社会学约化，有其危险性。

第5章
从人类学探讨文化

　　人类学之出现系在人的独立地位获得肯定,特别是在西方人向海外殖民活动展开之后。自新航路通行,新大陆获探勘,西方人开始接触到许多同时代,信仰不同,生活程度不同之人。他们在接触过程中,为了要了解这些与西方不同的人类,将之视为自己的"过去",并以"拯救"的心态来看待这些人。他们视人类的表现为一种社会现象、一种历史现象。人类为了适应自然,创造文化,并遵循客观规律,营造环境。在他们的认知中,人类不仅创造了文化,也创造了人,因此人类学所谈的是被创造的"人",借此了解人的不同由来。

　　人类学的理论是建立在神学地位松动,传统的"创造"说及其所衍生的"退化"学理论已无法满足需求所致。按"退化"学说,上帝创造万物,众生平等,万物之不平等来自于堕落,它说明人与人的不平等由来。一旦上帝的地位不再,人与动物的关系以及人与关系必须有新的学说,进化论受到重视,人类学逐渐抬头,由人与动物的不同,进展至人与人的不同;由人与古人的不同到人与同时代人的不同。研究方法从生物学的角度,到社会学的立场再到文化学的探索,特别是对不同族群与人群的分类,在西方文化研究中具有重要的地位。根据大陆学者王铭铭的看法,人类学这个名词在1501年即告出现,作为生理解剖的学名,19世纪后成为西方对非西方文化研究的"科学研究对象"。先后由"圣经"[01]、"自然"[02]、"社会"面向讨论，从"生物进化论"到"社会环境"、"文化制约"的角度解释，产生"进步"和"宽容"两种认知。就人类学的研究过程来看，大略可以一次世界大战为界，作一区隔，一次大战之前的人类学基本上根据"进步"的"历时"理论，一次大战后则多根据"平等"的"共时"理论。

所谓"历时"，是西方面对落后的殖民社会，所产生的"进步"心态，可以从时间与空间两个面向来探讨。从时间面向来说，美国学者摩根（Lewis Henry Morgan，1818—1881）在《古代社会》（Ancient Society）一书中，将其分为蒙昧、野蛮、文明，三个时期，肯定西方社会的进步，英国的泰勒（Edward Tylor，1832—1917），将人类发展史视为是自然史的一部分，由较低级的状态朝较高级的状态发展；斯宾塞（Herbert Spencer，1820—1903），将一切社会现象视为社会进化过程的一部分。从空间面向来说，有"传播"（diffusion）学派，德国学者雷兹（Friedrich Ratzel，1844—1904）将人类文化史归结为文化移动、接触、冲突和借用，文化的共同性并非来自人的相同智力，而是文化的传播与接触，可以分为多元文化中心或一元文化中心。据此得之，进化论的论点不考虑生态及地理因素，只强调人的心智。

至于"共时"是指人类学家在一次大战后，受西方国家冲突以及非西方国家的反殖民活动影响，对过去"进步"学说产生怀疑，进而改变了研究态度。他们不再以整体为考虑，改从社会和文化的内部分析建构理论，承认非西方文化的价值，否定西方文化的高低比较。大约有四个时期不同的说法：19世纪到一次世界大战为第一期，一次世界大战到二次世界大战为第二期，二次世界大战后到60年代为第三期，

01　19世纪以前，西方知识分子将异族视为失落的一群，认为这些部落的祖先受到撒旦的影响，丧失了关于上帝的知识，也不知道得救的途径，一代一代的堕落下去，更据此提出"堕落论"（degenerationism）。

02　包括地质学与生物学，以单线进化论来说明人类生活在进化过程中，都要经过相同过程，世界各地人民生活之所以不同，是由于他们处于不同的阶段，美国学者摩根将之分为七个阶段：低级蒙昧社会、中级蒙昧社会、高级蒙昧社会、低级野蛮社会、中级野蛮社会、高级野蛮社会、文明社会。

60年代之后为第四期，以下就这四个时期加以说明：

第一节　古典进化论

第一个时期的人类学被称为古典进化论，又称为单线进化论，强调人类社会文化由低级向高级发展。这派学说源于14世纪至18世纪西方社会开始与非西方接触，刺激西方人士对非西方地区的好奇。早期的认知只限于传教士、商人与殖民地的官员，至19世纪开始因殖民活动增加，将非西方作为"研究的对象"。古典进化论是从时间及空间不同角度说明人类文化的进展。随着康德的星云假设说、莱尔的地质学、达尔文的生物学，赫胥黎的解剖学等提出，进化论进入科学史舞台，学者采用进化的观点，将"进步"视为社会的动力，透过对"文明与野蛮"的对比，对同时代的"野蛮"人作出解释，将之视为自己的"过去"，认为自己也是由野蛮进入文明。学者由宗教活动的变迁来探讨这个历程，由自然崇拜到多神、一神的信仰过程，论证所有文化源于同一地区，所有社会都经过同一演化过程，他们想从少数几个古代文化区，找出文化丛结（cultural complexes）及文化特质（cultural traits），也就是从文化的复杂现象回归到文化的源起。从现在的角度来看，这种论述对早期人类学的发展提供了一个研究方向，运用科学的方法与思维，探讨主宰人类发展的规律，但完全以西方理性主义作为建构基础所建构的中心论，抹杀了非西方文化的价值，并不符合后代的需求，也引起质疑。文化进化论的主要代表人物有：斯宾塞、泰勒、摩根、弗雷泽等。

一、斯宾塞，英国哲学家、社会学家，服膺古典进化论，主张一切社会现象都是社会进化的一部分。主要代表作有《社会静力学》（*Social Statics*）、《心理学原理》（*The Principles of Psychology*）、《社会学原理》（*Principles of Sociology*）等。他在达尔文之前就提出适者生存的进化思想，认为任何物种要适应生存条件，就要发生变化，从同种到异种。社会的发展也一样，人类社会与动物社会一样，是一种有机体组织，工人、资本家、商人各有其职责。社会可以分为集中与分化两类，古代社会讲究集中，近代社会强调分工。他将哲学、自然科学、心理学、社会学和人类学集中在一个架构之下，想要用一个统一的原理来综合所有的知识，这个原理就是演化，一个由简入繁、从同质到异质的变迁过程。这种演化过程可以由太阳系、地球、生物得证。斯宾塞相信他分离出那个统一所有知识的一切现象之后的原理，就是一切事物背后的人计划。

他试图由吃来说明社会里非常睿智的人与不聪明的人、富裕与不富裕的不同，他发现高度文明的人吃东西较挑剔，只咽下包括可组织（可变成有机物）的物质，具有一种优越的心情，而原始人就不挑剔。此外他还分辨了这两种人的"智力"差别，一个原始人十分清楚从甲到乙以及从乙到丙的路，但完全想不出从甲直接到丙的快捷方式，脑海里没有地图，只有无尽的局部细节。他以实证的方式建立他的学说。

二、泰勒，英国人类学家，被视为古典进化论学者，一生潜心搜集和研究中美洲的文化，考察原始民族的文化现象，以及其发展过程和阶段，开创了文化学科的先河，主要代表著作有《人类早期史的文明发展的研究》（*Researches into the Early History of Mankind and the Development of Civilization*）、《原始文化》（*Primitive Culture*）等。

泰勒将人类发展视为自然史的一部分，认为各种文化现象有广泛的共同性，可以经由普遍的原理去探讨，并得出共同的现象。每一阶段的文化都是上一阶段的产物，西方或东方都是朝进步的方向发展，只是西方较早达到文明的阶段。他采用比较研究法，将落后部落的文化与先进民族的文化对照，强调"文化遗留"的重要性。他认为，遗留物不管多微不足道，但必然有助于了解历史发展的进程。受达尔文进化论影响，他主张，人类社会的发展是从蒙昧状态走向文明状态，由初级文化逐渐发展或传播为高级文化。据此，他将宗教的起源和发展解释为由低级向高级发展，并将之分为三阶段：万物有灵、多神、一神。由宗教思想进化的过程说明人如何从经验中建立正确的思想。在《原始文化》一书中，他对万物有灵及神话理论有详尽的解说。其主要论述在阐述神话的基础是日常生活经验，而非只是语言建构而已。

他断定，日常经验的事实变为神话的主要原因是对万物有灵论的信仰，这种信仰使得自然拟人化[01]。他将神话从本体的研究转往认识人类思想的历史和发展的手段。

泰勒对文化学最大的贡献是他1871年在《原始文化》一书中为文化所下的定义，文化"包括知识、信仰、艺术、道德、法律、风俗，和人作为社会成员所获其他能力与习惯的复杂整体"[02]。在他的解说下，文化让人们脱离自然，成为自然的主宰。为英国建立了文化科学的科学体系基本轮廓，被后世称为文化学的奠基人。泰勒的学说尽管对学界造成轰动，并使他声名大噪，被选为英国皇家学会会员，担任英国牛津大学民族学博物馆第一任馆长，1912年受封为爵士，但他的研究仍有其缺点及不足之处，主要的批评是他将文化现象发展归于文化现象内部由简至繁的过程，注意到量的变化，却没有留意到质变，也忽略了文化间各因素的制约性，例如物质生产的影响。

三、摩根[03]，美国杰出社会学家，毕生专心致力科学研究，为人类文化作出伟大贡献。主要代表作有《易洛魁联盟》（*Iroquois*）、《人类家庭的血亲与姻亲制度》（*Systems of Consanguinity and Affinity of the Human Family*）、《古代社会》（*Ancient Society*）等。他在大学时参加由激进学生组织的文学社，后来转变为一个研究印地安人的学会，奠定了对印地安人研究的兴趣。他由探讨印地安人的来源，注意到亲属称谓的问题，在一系列的问卷中，发现不同方言的部落有一种基本类似的亲属制度，更从此得出人类早期社会组织原则及其发展有普遍的规律，并据此完成《古代社会》一书，为历史学与社会学的研究带来重大的挑战。

摩根的学说系统化说明了人类社会文化进行的具体步骤。他认为人类的起源只有一个，所以经历基本相同，各个社会制度因与人类的

01　Edward Tylor, *Primitive Culture*, 连树声译：《原始文化》，上海，上海文艺出版社，1992年，第285页。

02　同上书，第1页。

03　1818年11月21日生于美国纽约，毕业于高等学校，专研法律，获有律师资格，长期患有严重神经衰弱症，1881年12月17日病逝。

永恒需要密切相关，从少数原始思想的幼苗发展出来，成为进步的标志，从人类的共同需要中，可以看出在相似的社会状态中人类所拥有的同样心理作用。摩根认为，人类的各种主要制度皆起源于蒙昧社会、发展于野蛮社会，而成熟于文明社会。从氏族、胞族和部落的组织，可以知道人类思想中的政治观念。他更因此论证，人类的起源相同、经验相同、进步相同。

摩根强调人类进步的过程，他认为人类进步的事实表现有四：制度、发明与发现；人类建构的氏族、胞族及部落组织；家族成员间的亲属关系；支配家族欲望的财产制度。他以科学的方法对人类原始社会的发展规律进行论断，对社会学的发展有重大的影响。

四、弗雷泽，英国人，早先专注古典文学，19世纪80年代起开始对民族学发生浓厚兴趣。受泰勒影响很深，勤于著作，主要代表作为《图腾制》(Totemism and Exogamy)、《金枝》(The Golden Bough)，尤其是对《金枝》投入的心血最多，流传广泛。在这本书中，他运用历史比较法，对世界各民族的原始宗教信仰观念包括自然崇拜、神的死而复生，巫术、禁忌等数据，进行系统的梳理，建构一套严整的体系。此书共有四个版本，第一版本在1890年，第四版本在1922年，受到英国和其他许多国家学术界和读者的重视。这部著作是关于世界各民族原始信仰，特别是关于巫术和禁忌的研究成果。他专注原始宗教、巫术、仪式、原始心理，将自然崇拜等一直未能彻底解决的问题，从一个统一的角度串连起来，并提出巫术—宗教—科学的公式。按照他的论点，人类思想呈逐渐进化状态，在巫术时代，巫术观念居统治地位，人们借用推理方式想出办法来控制自然，进入宗教时代，人们将超自然的力量转化为神灵，来消灾解厄，祈福平安，最后则进入科学时代。弗雷泽的思想被归为实证主义者，但也引起许多疑虑，尤其是他简化了人类进步的法则，忽略了原始社会时期的经济因素等。

这个时期另一派学说强调空间（传播）的重要性，试图把人类文化史归结为文化移动、接触、冲突。这派学者认为，人类文化的一致性是由于文化传播所致，代表人士有里弗斯(William Halse Rivers, 1864—1922)，他主张，文化表现在地理上的变迁，文化的特质从一地流传到另一地。此外,有关这方面的论述还有,德奥学者如施密特(*Wilhelm Schmidt*,1868—1954),寻找历史上各民族相互接触、文化交流的线索,英国学者如佩里(*William Perry*),把人类文化丰富多彩的现象,归结为一个古代文化中心向外扩散、流传的结果。

第二节 功能学派、心理学派、社会学派

此一时期的人类学以英国功能学派、美国历史主义和心理学派、法国社会学派为主。尽管三者所强调不同,但皆对上个时期西方主流思潮进化论和传播论提出质疑,转而开始承认非西方文化的价值,并创造了新的人类学文化观。以下就这时期的人类学文化观加以介绍。

英国功能学派认为文化的功能在满足人的基本需要,或者满足有机体需要的行动,具有现实和现代的作用,可以从生理心理和结构功能两方面探讨。这个学派对人类文化学的主要贡献在他们承认不同文化间的平等空间,以及非西方文化的合理性,更指出了与以欧洲文化为中心的不同文化形态的重要性,不能被贬低为次等文化。生理心理功能学派以马林诺斯基(*Branislaw Malinowski*,1884—1942)为代表,他是波裔英籍人,其学说以"需要与功能"为主,强调人类的任何社会现象、任何文化现象,都是为满足人类的生理和心理的需要而存在的,文化制度是以现实为基础,人类的任何社会现象、任何文化现象,都是为了满足某种社会现实需要。包括营养的需要、繁衍的需要、防御侵害的需要、保持身体健康的需要。他重视田野调查,反对把非西方文化看成是没有现实作用的历史余存。要了解一定人群的社会文化特质,应当从作用和功能上去解释,也就是掌握文化特质对社会整体利益或个人利益的作用。因此文化的功能,是文化的现实和现代的作用,不能从各文化的过去了解现在,不能只重视历史根源,而是要直接地考察一个文化系统目前的运作,以及各个要素是怎样发挥功能的。不能像过去研究所强调的,分割文化现象,重视主观排列,而应对文化进行整体考察,探讨文化的运作和功能。结构功能学派以布朗(*A.*

R. Radcliff-Brown，1881—1955）为代表，他认为社会文化系统中各部分的功能，像人体器官一样，是为了维持整个社会的机体运作，因此个人与群体的关系必须正常有秩序。结构功能强调文化的整体性，整个系统的重要性，强调人类学思想中"全景"的观点，但也因此忽视了对文化系统变革的说明。

在美国历史主义与心理学派（文化相对论）中，历史主义以博厄斯（*Franz Boas*，1858—1942）为代表，这是以一种文化独立论与文化相对论为基础的文化区域研究，严厉批评单线演化论，否认任何单一的、决定性的起源问题或世界文化同源等理论，认为文化是由文化来决定，每一种文化的形成都有生物的、地理的、历史的和经济的因素影响，但都不能作为唯一的决定因素。文化相对论认为各民族文化的价值是平等的，不可以高低加以划分，与历史主义发展出文化区域研究的理论不同，文化心理学采用经验理论，研究人格与所处文化环境的关系，开展出"文化与人格"的研究，以鲁思·潘乃德（*Ruth Benedict*，1887—1948）与米德（*Margaret Mead*，1901—1978）为代表。

潘乃德是在博厄斯的指导之下进入人类学的殿堂，博厄斯鼓励采用比较法，寻找每个文化的特质与主题，潘乃德受影响，将文化视为一整体，注重文化的精神面貌的研究，特别是形貌（*Configuration*）方面，提出形貌论（*Configurationalism*）。所谓形貌是指形状、外貌、轮廓。与结构功能论不同的是，结构功能论检查一部机器，会追究机器内部的各个零件，零件与零件的关系，零件与整体的关系，零件在维持机器运作扮演的角色，产生什么作用？形貌论则注意这是一部什么机器，机器内部统合好不好，这部机器形貌与别的机器有哪些不同，它运作的动力是什么？二次世界大战期间她接受政府委托，对泰国、日本、东欧国家进行种族及政治方面研究，从形貌方面进行探讨，最具代表性的作品为《菊花与剑》（*The Chrysanthemum and the Sword*）。她被视为"文化与人格"理论研究的创始人之一，自始至终均运用心灵去了解原始文化，以体会艺术的心情而非以科学的方式进行研究。她的形貌论不采用心理理论或心理学方法，不重说明或解释，也不作比较，而是以一种非生物、非进化、非比较的"文化整合"观念来了解人类行为，但也因为如此，被人批评太主观、太夸大[01]。不过也有人认为，"文化与人格"的研究开启了无限的想象，引起了学者甚至外行人的兴趣，使人类往专业的路上更进一步。

米德为潘乃德的弟子，小她15岁，但两人有相当友好的关系，并经常保持联络，为潘乃德立传，著书《潘乃德》，详述其一生，文情并茂。米德于取得人类学博士学位之后即投入田野调查工作，先选择前往南太平洋群岛研究玻里尼西亚（Polynesia）文化，后因该地区危险性太高，改往萨摩亚（Samoa）群岛研究。1928年出版了《萨摩亚人的成年人》（Growing up in New Guinea）一书，探讨萨摩亚少女的性和家庭风俗，并将之与美国青少年相比，批评美国对待青少年的方式不妥。此书一经出版，一时洛阳纸贵。之后她又出版的《三个原始部落的性别与气质》（Sex and Temperament in Three Primitive Societies）对西方社会的"性别"观产生重大的冲击。

法国社会学派以涂尔干为代表，他从生物学与人类学的模拟之上建构社会整体观。论点是生物细胞由原子构成，原子构成细胞之后就成为一个新的组织，社会亦然。他提出"集体意识"，对人类产生重大影响。

第三节　功能派、新进化论、结构人类学

此一时期人类学理论基本上承续了上一时期的见解，但因受第二次大战的影响，非西方国家的地位提高，影响力日增，思路有所不同。此期学说分为英国功能学派人类学、美国的新进化论、法国结构人类学。英国的人类学从马林诺斯基以后，逐渐走出进化论而走向功能主义，随着二次世界大战的结束，功能主义也开始面对修正。过去功能学派强调社会文化的整体性，文化功能和个人需求的合理性，忽略了社会中个人情感和情绪的差异。继此之后英国功能学派的人类学

01　Margaret Mead、Ruth Benedict，张列译：《露丝·潘乃德》，中国台北，稻香出版社，1992年，第13页。

家有贝特森（Gregory Bateson，1904—1980）关注于个人非理性在文化中的地位；普理查德德（Evans Pritchard，1902—1973）认为思维是文化对自然和社会环境现象的适应；格卢克曼（Max Gluckman，1911—1975）则认为社会中往往存在着个人之间、群体之间的冲突，而文化仪式是解决冲突的途径，这就是功能；利奇（Edmund Leach，1910—1989）认为理想模式与现实模式之间是有差别的，现实有利益考虑的。

功能主义的贡献主要在它提供了人类学的田野调查与描述方法。其次他们采用参与观察方式，走进非西方社会，接近他们文化不断冲击的对象，形成一种跨文化，反映出世界政治经济体系与文化接触的变迁。第三，利用人类学知识批判西方文化的弱点，进而对西方产生一种新的看法。功能主义尽管对文化平等精神有重大帮助，但也有不少引人诟病之处，如忽视社会中的个人角色，没有注意思维和文化的独立性，未考虑社会冲突，忽视历史变迁及文化差异。

美国的新进化论是于1940年代美国学者提出，包括两种新的进化论：普遍进化论（general evolution）和特殊进化论（special evolution）。普遍进化论以怀特（Leslie White，1900—1975）为代表，特殊进化论则以斯特沃特（Julian Steward，1902—1972）为代表。他们两人强调技术进步导致生活方式、家庭结构、经济组织和政治制度发生变化。所不同的是前者主张人类学应当对全人类生活的总发展有个整体的概念，后者则除了技术之外，环境对生活也有重要的影响，故主张采调适的方式，使不同的文化可以处于一起。这种多线性的新进化论，将更多的自然科学概念与方法引进了人类学的领域，用比较客观的态度讨论变迁的问题。

结构人类学认为结构主义是一种方法论的联系，认为人们所认识的社会现象是杂乱的，没有秩序，唯有掌握现象的结构才可能认识秩序，所以结构是先验的，是人类心灵无意识能力所投射于文化现象的，可分为表层结构及深层结构，表层结构是现象的外部关系的联系，深层结构是现象的内部关系联系。结构主义与结构功能学派的结构意义不同，结构功能中的结构是指经验中的个人与团体的关系，指的是人们头脑中的思维结构，让人在不自觉中得到观念，相信多样性只是表象，而表象后的共同思维才是真实的。结构人类学中的"结构"不是社会中社会观念的总和，而是指在社会经验实体之下存在的一种模式。也就是说，结构是从不同社会的丰富文化现象总结归纳出来的，能够用于解释任何社会。结构分析的方法有二：结构模式的划分、结构层次的转换。人类所有的行为都可以从隐藏在行为背后的层次中去寻找根源，这个要找的层次就是结构。简言之，结构人类学是注重抽象的思维方式分析，把多样化的文化归结为二元思维语言结构。结构主义与语言学的发展有密切关系。

结构主义是20世纪60年代人类学的重要研究方法，重视思维，将思维当做第一体系讨论，而不是社会规则的反映。其先驱为瑞士语言学者索绪尔（Ferdinand de Saussure, 1857—1913），认为语言是一种先验的结构，与人们日常讲的言语是不同的，索绪尔将语言区分为代码（code）和信息（message），信息的传递不再是个人的意图，而是组成代码的规则，也就是它的结构。以后各学域皆出现结构主义，重要的有李维史陀（Claude Levi-Strauss, 1908—）社会学的结构主义；拉康（Jacques Lacan, 1901—1981）心理学的结构主义；福科（Michel Foucault, 1926—1984）历史学和社会学的结构主义；罗兰·巴特（Roland Barthes, 1915—1980）文学的结构主义；阿尔都塞（Louis Althusser, 1918—1990）；马克思的结构主义。

法国的李维史陀被誉为结构主义之父，1908年生于比利时布鲁塞尔的一个犹太家庭，早年攻读哲学、法律，后转向人类学，1934年后至巴西圣保罗大学任教，以后曾至巴西亚马孙河流域从事对印地安部落的田野研究，著作等身，主要有1958年及1973年分别出版《结构人类学》（Anthropologie Structure）上下册、《野性的思维》（The Savage Mind）、《神话学》（Mythologiques）、《忧郁的热带》（Tristes Tropiques）等。其学说的主要宗旨是在探求不变的事物，从表面上歧异分疏的众多事物当中，探索其不变的成分。发现隐藏在表面上的无秩序背后的一种秩序，他认为只要考察人类所有的、在世界上任何地方留下记录的知识活动，就会发现有其共同点，有某种形式的秩序[01]。

　　李维史陀认为过去人类学家的错误在将原本属于许多不同的社会群体的传说和信仰，东拉西扯地凑成一种大杂烩，使我们忽略了材料的一项基本性格，某种形式的故事，必专属于某个特定的群体、家族、宗族或氏族。当我们在日常生活中，面对不同历史家所写的不同的历史叙述时，其实正处于完全相同的情境里，只是我们丝毫没有意识到这一事实。[02] 他对现代的文化发展趋势充满了忧虑，认为，一个文化若能活出真正的自我并创生出一些东西，这个文化和它的成员必须坚信自身的原创性，甚至在一定程度之上，相信自己优于其他的人类，只有在低度交流的条件下，才能创造出一点东西。现代文化发展的趋势是将我们变成一群消费者，能够消费全世界任何地点，任何一个文化所生产出来的任何东西，而失去了一切的原创性。

　　李维史陀在人类学上最大的启发是解释了"神话"与"历史"的特性。他认为"神话"与"历史"并不是存在一种泾渭分明的状态，两者有共同点，只是"神话"是在闭锁的系统里面，而历史在开放的系统中，"神话"没有时序的观念，而"历史"重视时间的前后秩序。"神话"的目的在于使未来和现在及过去维持在一种样态中，而"历史"中的未来与现在过去是不一样的。"神话"不是透过事件的序列来传达，而是透过一堆事件来传达，而它们往往出现在不同的时刻，读神话就像一篇乐谱，不能一列一列地读，而必须掌握一整页，每一页是一个整体，唯有如此，才能将它当成一个整体来了解，才能从神话中抽绎出意义。李维史陀对"神话"的研究为结构主义的人类学奠定了理论基础。

01　Claude Levi-Strauss, *Myth and Meaning*, 杨德睿译：《神话与意义》，中国台北，麦田出版，2001年，第32页。

02　同上书，第72页。

第四节　象征人类学、诠释人类学、结构马克思主义、政治经济学派

此一时期出现在60年代以后。由于世局出现重大转变，人类学的研究进入分歧多元的状态，学说林立，过去断代的学派分析，已无法解释。在这期间，主要的学派有：象征人类学（symbolic anthropology）、诠释人类学（interpretive anthropology）、结构马克思主义、政治经济学派。

象征人类学主张文化人类学的任务在于透视和理解被研究者的理念与象征形态。所关心的不是象征在社会中的实际运用，而是超出社会结构的独立的象征结构，或其间的联系。象征的意义在于他们是个人的经验与社会事实的中介，人们通过象征对外部及其变化进行自我调适。象征人类学不是用科学的概念去找出文化的整体观，也不是用多样化的文化中推知全人类共通的人类认知语法，而在于通过土著观点，解释象征体系对人类理念和社会生活的界说。反对结构主义对语法的重视，反对系统的论点，主张从个别概念出发，探知文化的逻辑，自称语义人类学（semantic anthropology）。

诠释人类学系以反形式主义和反相对化的趋势而出现，将问题的焦点由"世界本来的样态"转向"我们谈论世界的方式"[01]。这派学者认为，传统借由批评来建立一套可以和穷尽所有事物的"普遍性理论"已不切实际。诠释人类学者追求"对理解的理解"，希望"建构一种对于社会之想象性构成的叙述"[02]，不再"试图通过将社会现象编织到巨大的因果网络之中寻找解决"，转而"尝试透过将社会现象安置于当地人的认知架构之中以寻求解释"。主要代表人物为美国学者格尔

01　Clifford Geertz, *Local Knowledge*, 杨德睿译：《地方知识：诠释人类学论文集》，中国台北，麦田人文，2002年，第12页。

02　同上书，第14页。

茨（*Clifford Geertz*，1926—）。[01] 他将人类学的发展分为三个时期，分别是"原始心灵"、"认知相对主义"（*cognitive relativism*）、"概念的不可通约性"（*conceptual incommensurability*）。[02] "原始心灵"认为"文化就是心灵放大"。从文明人与野蛮人的区隔论述，主张文明人会利用分析、逻辑性的方式对事物进行系统的验证，野蛮人只是从具体形象、神秘力量以及热情中认知，这种试图由个人的意念表达而非由社会体制的诠释，随着对野蛮人的知道愈多，愈不被接受。"认知相对主义"重视特定的心智过程，要求落实于现实之中来思考。这派学说虽打破了"我们是合逻辑的，你们是糊涂的"偏狭心态，但却未能解决"被封闭在某个文化中的人，如何能够透视在另一个文化中的人的思想"。[03] "概念的不可通约性"关心社群之间的概念是否可通？这派学者关心的是"在某个表意体系中的意义，如何以另一个表意体系来表达"。以前探究野蛮人是否有能力分辨事实与幻想，如今则探究如何组织他们的象征所指涉的世界。格尔茨认为，我们必须放弃以前由受过教育人士所建构的高等文化，以及由此所奠定放诸四海皆准的社会整体观，代之以在经验上极端不同的人的不同看法。他指出，倘若有一种普遍的意识存在，它的内涵必然是杂乱无序的，是许多无法完全通约的观点彼此互动。[04] 因此诠释人类学强调：接受差异的程度、了解差异是什么、创造语汇说明差异。

01　1923 年生于美国旧金山，为美国当代文化人类学的代言人，主要的代表作有《农业内化：印尼生态的变迁过程》、《伊斯兰观察：摩洛哥和印尼的宗教发展》、《爪哇的宗教：整合与冲突》、《文化的诠释》、《地方知识》、《尼加拉：19 世纪八吝里剧场国家》。

02　同上书，第 206 页。

03　同上书，第 208 页。

04　同上书，第 222 页。

第6章
从心理学探讨文化

　　心理学在西方学科中是一个较为晚近的课目。尽管心理状态很早就被提及，但在宗教伦理的规范之下，个人的心理未曾受到重视。早期将类似精神疾病的患者视为是受到鬼魔蛊惑，因而采驱邪去魔的诊治方式，将病人捆绑，甚至将患者脑袋敲一个洞，将鬼魔赶走。一直到14世纪文艺复兴及16世纪宗教改革运动后，人的心理才获得解放，与人的行为画上等号，所以心理学是关系了解人的行为的一门科学。

　　心理学（*psychology*）一词来自希腊字灵魂 *psyche*（*soul*）、对话 *logos*（*discourse*）的结合。早期心理学又名心灵哲学（*mental philosophy*），研究人的灵魂。至17世纪心灵哲学将灵魂（*soul*）转译为心思（*mind*），从此确定了心理学的范围，以科学的态度来分析人的心智。心理学与科学结合大约在18世纪末，讨论感官、大脑与人的行为关系，有关其起源，难以确定，但学界多将之归为德国人的学问。一般人认为最早的心理学家有韦伯（*E. H. Weber*）、费布那（*Fechne*）、冯德（*Wilhelm Wundt*）。其中以冯德的影响最大，被誉为"心理科学之父"，他于1879年设立了心理实验室，由对观察人的心理进而注意到记忆以及学习的不同性。以后心理学开始对动物与小孩、不正常人的心理、精神、弱智等进行研究，并开启了教育心理学、工业心理、职业心理、社会心理、变态心理等学门。心理学研究学派众多，有行为学派、精神分析、完形心理、人本心理、认知心理，但可以简单的归类为两条路线，一个是分析心理学（*psychoanalysis*），另一个是行为心理学（*behaviorism*）。精神分析强调潜意识动机的内在动力，主要代表人物为弗洛伊德（*Sigmund Freud*，1856—1939）、荣格（*Carl Gustav Jung*，1875—1961）、阿德勒（*Alfred Adler*，1870—1937）与弗罗姆（*Erich Fromm*，1900—1980）。行为心理则认为精神分析无法提供可信的数据，无法作公开的论证，这派学者认为，只有针对可以直接观察到的行为和刺激进行研究，才可能建立人类行为的科学准则，主要代表人物有俄国生理学家帕夫洛夫（*Iran Pavlov*，1849—1936）、沃森（*John B. Watson*，1878—1958）等。

第一节 分析心理学

又称为精神分析，由奥地利精神科医师弗洛伊德于1896年创立，强调人是非理性动物，人类行为受潜意识的驱使，他以性作为精神分析的依据，引人非议，在荣格及弗罗姆等人的修正下，精神分析由个人转为社会，对人性的探讨，有相当大的贡献。

一、弗洛伊德

精神分析创始人，1856年5月6日生于捷克（此时归属奥国），双亲皆为犹太人，三岁即罹患神经衰弱症，四岁迁居维也纳，十七岁入维也纳大学医学院就读，二十九岁时出任维也纳大学医学院神经病理学医师，三十岁在维也纳开业。1895年《歇斯底里研究》（*Studien über Hysterie*）出版，1900年《梦的解析》（*Die Traumdeutung*）出版，1905年写成《性学三论》（*Drei Abhandlunger Zur Sexualtheorie*），1910年出版《心理分析的源起与发展》（*The Origin and Development of Psychoanalyse*）并当选"国际神经分析学会"首任会长，1939年去世。

弗洛伊德治学的态度是追求问题的源头，从对病因的探索过程中，发现到了解人的"本质"是解释问题的根本。他不从人体之外，最神秘的彼岸世界中找到人的本质，而从"人体之中找到人的本质"[01]，由不正常人到正常人，由大人到小孩，由意识到潜意识，从外科、皮肤科、耳鼻喉科的治疗，走入神经系统的医疗，使他在精神医学上获得重大成就。

弗洛伊德的精神分析学理论发展，历经两个过程：催眠法、精神分析法。催眠法是第一步，从对催眠的认识开始思考无意识存在的可能性，进而研究歇斯底里症（*Hysteria*）。在当时，歇斯底里症被视为是一种妇女病[02]，因此当他提出这个看法时遭到严重的排斥，但不为所苦，通过催眠术，发现在人的意识后面，深藏着一种有力的心智过程——潜意识[03]，并据此建立了精神分析科学体系。他对歇斯底里进行研究，不是要探讨病症的特性和现象，而是病源，分辨出下意识、意识和潜意识的精神活动重要性。他发现当时医界所使用的催眠法治疗方法——涤清法，将导致偏差症状的积累情绪，引导到一条能找到出路的正常道路上，并不是一个正确的方法，转而提出精神分析法，使病人回忆被遗忘的事情，揭开被抑制冲动的真面目。

弗洛伊德"精神分析疗法"是透过"联想"的方式，了解在意识中被"抑制"（*Repression*）的部分，亦即潜意识对行为的影响。以一些无法直接观察的事物和材料的假说，来加强直接表达经验的学说[04]。他认为每个人生来都有一种冲动本能，但在行为时，冲动会遭到另一种力量阻碍，两者对抗的结果，正常的人，冲动消失，但精神质的人，冲动的自我，受到惊吓退缩，未进入意识界，使得冲动的力量原封不动。潜伏在下意识被抑制的冲动，几经转折，跑到全身的神经分枝，从不同的地方突围，遂出现了病状。精神分析由重视"潜意识"

01　高宣扬编著：《弗洛伊德传》，中国台北，自华书店，1986年，第48页。
02　歇斯底里一词的词根为 Hysteron，指的是"子宫"，医界将这种病解释为"子宫的倒错"。
03　所谓的潜意识是被心理抑制和压迫着的领域，栖身在内心阴暗的角落，要经过外力的帮助、引诱和启发，经过某种分析的照明，除掉精神的压力，才能转化为意识。
04　弗洛伊德著，廖运范译：《弗洛伊德传》，中国台北，志文，1984年，第35页。

(*Underconsciousness*)进而追溯到性的机能。性机能与生俱来,开始时表现自体性欲(*Autoerotics*),以后才和别的相协调,等生殖器的基本因素具备齐全,开始达到生育目的。弗洛伊德将性本能的能量称为性欲基力(*Libido*)。这种基力经过自体之后即出现爱恋对象,首先是母亲,将性欲集中到母亲身上,把父亲看成是情敌,有了仇恨意图,构成了"伊底帕斯潜意识情结(*Oedipus Complex*)"。在《性学三论》中,他将性与生殖分开,视性为一种包罗更广的生理机能,以快乐为终极目标,生殖只是次要目的,对后来的性观念产生重大影响。

1896年,弗洛伊德的父亲过世对他产生重大的打击。由对父亲的怀念,开始自我分析,并完成了梦的分析。在古典的说法中,梦只是一种纯粹肉体反应,发生在沉睡的心灵中的一种痉挛。但弗洛伊德则认为它是一种未经解说的精神机能状态,是狂妄、虚幻的念头。做梦的人经由许多联想,可以发现他的心智建构不再模糊,而是一种心智产品。《梦的解析》探讨构成梦的动机,梦思在什么状况下,用什么方法能变成梦。他在研究中发现,梦之成立就好像一种神经质病症,是某种被抑制的冲动和自我察觉的抗力之间的一种妥协,梦是愿望的实现。从梦的解析过程中,一方面可以显示其为某一被抑制的愿望的实现,另一方面,是昨日以前的前意识活动的延续,可以包含各式各样的主题,并表达出一种决心、警告、反省或者是愿望的实现。

精神分析的思想方法与拉丁精神相矛盾[01]。当精神分析引进法国之后,就不再限于医学治疗,而运用到文学、美学,以及宗教、神话、民俗、教育等方面,命运和神意成为人内心需求的具体化。诗人笔下的一些人物表现,如莎士比亚笔下的哈姆雷特,从伊底帕斯潜意识情结角度分析,有了新意。艺术方面也是一样,艺术家的创作正如梦一样,是下意识的愿望,获得一种假想的满足。艺术家与精神病患不同在于,艺术家知道如何寻找回去的道路,而再度把握现实。精神分析从艺术家个人生活印象、机遇经验以及著作间的相互关系,得出作者创造的思维与动机。

---

01 弗洛伊德著,廖运范译:《弗洛伊德传》,中国台北,志文,1984年,第71页。

二、荣格

20世纪最重要的心理学家之一,也是位伟大的医师,1875年生于瑞士,幼年时因父母感情不和而常常陷于孤立独处情状,曾经几次接近死亡边缘,使他对人生有一种莫名的恐惧。入学之后经常出现晕眩,尽管后来不药而愈,但却养成孤独的个性,并热衷精神病理。1900年接触到弗洛伊德《梦的解析》开始对潜意识进行探讨,并成为一位帮助世人认识自己,使生命更加完美、充实、喜悦的医生。在对心理学的研究过程中,他发现心理学的功能是在发现心灵与具体意象、形象、景象的关系,[01]让人们认识其中的象征意义。探讨的不是事物间的因果关联而是意义关联,帮助我们认识本我与自我的关系。自我是从社会生活的经验产生的一种自我观照,具有明晰的有意义思维,往往用语意刻画出来,可以用语言操纵。本我是不能用一般智识了解的,而是以象征或幽暗意识来体会,不能言说,却可以隐约感觉到的。主要的作品都收入在十八册的《荣格全集》中。

荣格的学说受弗洛伊德启发甚多[02],如潜意识的冲动与防卫机制、道德意识与自我理想等,但两人之间的歧异也大。特别是在"原欲"（*Libido*）方面的认知差距。弗洛伊德将原欲解释为性欲,荣格则将之扩大为食欲及权力欲。弗洛伊德重视心理动力学（*dynamics*）,即将普遍适用于每一个案。荣格则重视心理类型学（*typology*）,强调个体心灵不同发展阶段中的差异区分,致力探讨人格、心理倾向、发展转型中的几个基本类型。潜意识是他们两人共有的概念,但强调的重点不同,弗洛伊德的潜意识观念主要是从个人早期生活,特别是幼年生活中那些被遗忘的心理内容,并以性欲来解释潜意识的基本性质,荣格则持不同的看法,他认为,潜意识不是供给被压抑欲望的容器,而是

01　Carl G. Jung, *Man and His Symbols*,龚卓车译:《人及其象征》,中国台北,立绪,2001年,第23页。

02　荣格与弗洛伊德于1900年相交,至1912年交恶,不再往来,有关原因有不同的说法,有人说荣格不满弗洛伊德对太太爱情不忠贞,也有人认为两人对潜意识的认知不同。

一个世界，与个体生命中意识自我所思想的世界同样真实，同时比意识世界更无限地宽广和丰饶。他认为，在潜意识的表层或多或少有个人特性，但只要进一步探讨，可以发现个人的潜意识并不是来自个人经验，也不是从后天获得，而是先天就存在。他将这个深层称为"集体潜意识"，并说明这种潜意识不是个别的，而是普遍的，具备了所有地方和所有个人皆有的大体相似内容和行为方式。换言之，对所有人而言，集体潜意识都是相同的，组成一种超然的共同心理基础，普遍存在每个人身上。他并且用"原型"（Archetype）来表述，作为他的心理学理论的核心内容。原型是所有经验的不断反复的累积，如英雄、上帝、魔鬼等，又可称为"原始意象"（Primodial image），表明人类心理结构的本原可以追溯到生命之始，它涵盖所有的文化与精神现象，包括伦理学、人类学、哲学、文学、艺术而不只是"恋母情结"。

荣格将个人心理分为内向与外向两种定势，并将每一种类型分为思维、情感、感觉、直觉四种机能。这两种定势与四种机能组合成为八种人格类型，对后来西方心理学发展产生重大影响，特别是弗罗姆及马斯洛重视人格发展的个人与社会因素。弗罗姆认为健康个性的条件有赖联系、超越、根源、认同及定向等五种需要，个体人格是人格发展的产物。马斯洛则提出人的基本需要、发展需要、潜力和自我实现，来了解人的心理。

荣格对梦有相当重要的研究，在这方面他与弗洛伊德的观点也有出入。弗洛伊德认为任何梦都必须运用自由联想的方式还原本来的面目，荣格则强调做梦所处的环境和心态，梦所提示的不只是愿望的满足，也不是性压抑的解放，而是一些真理、哲学见解、记忆、幻想等。他将梦分为个人的梦与集体的梦，个人的梦来自个人的潜意识，与做梦者个人的生活有关，集体的梦包含一些集体的潜意识原始模型，不仅对于做梦者，对其他人也有意蕴。荣格认为，梦不应该被利用为还原方式，不仅仅发掘那些被遗忘的回忆和现存的困难，还要向某个目的延伸。

荣格的理论神秘莫测，因其具有唯心论、经验主义、唯理性主义色彩，而形成一股魅力，但也因此被指控反科学。但他对人类精神世界的探索，具有重大的意义。

三、阿德诺

弗洛伊德的助手和学生，1911年与弗洛伊德因理念不合而分手，建立个体心理学体系，强调个体社会化，认为人的内在本能只有在社会中才能得到发展和实现。1921年在维也纳筹建儿童心理发展指导站，致力儿童心理研究。

阿德诺的理论主要观点是，潜意识本能不是"性欲"，而是权力欲。精神病并非由性欲的冲突形成，而是权力欲得不到满足而形成的自卑感。个体心理活动并非由潜意识决定，而是由社会环境决定。人是有缺陷的生物，当与社会环境及文化环境发生冲突时，就会感受到自身的缺陷，并出现冲突情境，在面对这种冲突时，心理上即形成某些特殊机制，克服自身的缺陷，构成了"权力欲"，希望超越别人和主宰别人，这是个人内部固有的心理发展基本动力。因此他的研究特别重视社会关系，试图通过研究社会环境和社会关系，了解个体内部世界和外部物的世界相互作用的情形，强调人的社会性，重视人与人的相互作用，相互连系的情感，个人对整个社会的评价态度。

四、弗罗姆

美籍德国心理学家，出生犹太家庭，孤独成性。大学期间醉心弗洛伊德学说，主攻社会学，并从心理分析学说的角度来研究文化与社会问题。希特勒主政后，前往美国，改入美国籍，在美国创立新精神分析学。著作丰富，主要有《逃避自由》(Escape from Freedom)、《心理分析的危机》(The Crisis of Psychoanalysis)、《健全的社会》(The Sane Society)、《爱的艺术》(The Art of Loving)、《禅与心理分析》(Psychoanalysis and Religion) 等。

弗罗姆的学说源于弗洛伊德，但又不同于弗洛伊德，弗洛伊德从人被抑制角度看"意识"，弗罗姆则从人的创造角度看"意识"。弗洛伊德把人当做一个实体，一个密封的系统，大自然赋予人若干心理的驱策力，人格发展是对这些驱策力的满足和挫折的反应行为。弗罗姆则认为人格是对人与世界、他人、自然、自己的关系的了解。他主张，个体心理应归于社会心理学，心理学所研究的主要问题是个人与世界的关系，而不是对本能欲望的满足或失望。人的生活受到意识支配，可以自我控制。他将心理学与政治结合，提出"性—政治运动的理论"，把马克思主义发展成新弗洛伊德主义的马克思主义，又称为人道马克思主义[01]，认为马克思主义是人道主义哲学的传统，关怀人的潜在才能，"不同于苏联的共产主义又不同于资本主义"以实现人道主义为目标。[02]

弗罗姆在对人进行深入研究后提出"社会人格"。他认为社会人格与个人人格不同，个人人格是指个人所具有的全部特征，社会人格仅包括一部分特征。这些特征是一团体中多数分子的人格结构之基本核心，由团体共有的生活基本经验与方式形成。社会人格来自人性对社会组织的动态适应，当社会环境改变，社会人格就会出现新的需要和焦虑，新的需要引发新的观念，形成新的社会人格并决定人的行为。简单地说，弗罗姆的理论是，社会形式决定了社会人格，社会人格产生了意识形态与文化，成为创造性的力量。社会人格将外在的需要内在化，驱策着人的精力，从事经济和社会制度的工作。如果一个人的人格与社会人格一致，人格中的一些驱策力，可以引导他，依照特殊社会环境做事。一旦人格的发展赶不上经济的发展，导致经济演化和心理演化出现落差，就会造成社会问题，因此人们不能只是静态接受社会环境的结果，而是要动态适应结果[03]。

在弗罗姆的著作中，《逃避自由》一书最受重视，该书讨论人追求自由，却又接受独裁者统治的原因。作者认为"人类的存在与自由是

---

01 曹玉文：《新弗洛伊德主义的马克思主义》，中国台北，时报出版，1992年，第108页。

02 同上书，第128页。

03 Erich Fromm, *Escape from Freedom*，莫乃滇译：《逃避自由》，中国台北，志文出版，1998年，第162页。

不可分的"[01]，但在成长的过程中，从依赖父母到离开父母，就必须面对一个充满危机的世界，进而出现了焦虑和孤独。为了避免孤独，就要学会与别人往来，培养服从或自发活动。这种成长过程使人可以日益控制自然，增长理智，并与其他人类团结，但在另一方面，开始日渐感到孤独、不安全。这种情形在资本主义的发展下特别显著。在资本主义社会中，人变得自主自立，不满现实，喜爱批评，但也变得更加孤单无依，有一种惶恐不安的心理。

第二节　行为心理学

美国心理学家沃森所创，主张应采科学方法，研究可以观察到的与可以验证的行为，不要探讨隐而不见的心路历程。反对心灵主义和主观的方法论，主张排除内省，以及内省所依赖的个体意识，意识无法成为科学心理学的主题。行为主义主要是根据客观主义、机械主义、动物心理学、机能主义对行为进行的探讨。

沃森是美国人，芝加哥大学博士、心理实验室主任，1913年在哥伦比亚大学开设了有关动物心理学的一系列讲座，其中一个讲座为"行为主义者心目中的心理学"，此讲座讲稿后被印行出版，标识着行为主义的诞生。

沃森坚持人类心理学是"人类存在的行为或活动"[02]，"意识"不是远古"灵魂"说法的另一种表达，既无法界定，又不是一个有用的概念。他认为，行为主义的任务是去除中世纪以来一切主观的术语，如感觉、知觉、意象、愿望、意念、思维、情绪等，研究心理学实际领域中观察的东西，诠释涉及这些东西的规律。行为主义主要是根据"刺激"与"反应"来描述行为，把关于行为的事实聚合起来检验，使

01　Erich Fromm, *Escape from Freedom*, 莫乃滇译：《逃避自由》，中国台北，志文出版，1998年，第28页。

02　John B. Watson, *Behaviorism*, 李维译：《行为主义》，中国台北，知书房，2005年，第1页。

他们合乎逻辑与数学。他否认人类本能存在，他认为所谓的本能实际上都是社会中形成的条件反应。人的成就来自一定类型的构造和早期的训练。至于情绪，也是身体对特定刺激发出的反应。他认为情绪来自受到刺激的情境，造成外显身体的反应和内部内脏的变化，所有的情绪反应都是透过条件作用建立起来。他反对中枢思考（central thinking theory），主张外围思考（peripheral thinking theory），将思考视为内隐的言语行动，感觉运动的行为。

沃森认为行为主义是一种自然科学，它对人类所作所为的兴趣比旁观者对人类的兴趣更浓，行为主义者希望控制人类的反应，预测和控制人类的活动。[01] 他希望为每一位小孩提供一个不受几千年前民间传说束缚的世界，一个不受耻辱的政治历史阻碍的世界，一个由毫无意义的愚昧风俗中解放出来的世界，使我们的小孩不是在奴隶获得的自由之中，而是在行为主义的自由之中，让孩子用更好的生活和思考方法来重建我们的社会。[02] 沃森的行为主义运动，破旧立新，否定了意识、有机体的内部过程，强调环境和教育，轻视人的主观能动性，自然引起不少争论，但他提出客观的观察方法，对心理学的方法论有相当贡献。

从经济观点探讨文化，与经济的生产方式变迁有关。在西方历史上，人类的生活方式从狩猎到渔获再农耕皆受限于自然生产，靠天吃饭，祈求风调雨顺是经济的基本态度。商业活动透过物品交换进行，强调使用价值。随着中产阶级出现，货币成为交换媒介之后，物品观念转换成商品，价格成为经济重心。价格经济带来盈余，造成经济活动离开了人的本性，进入物的世界中。货币的追求奠定在理性基础之上，且是无止境的延伸，使得人忘却了人的本质，造成了社会的对立。待工业革命之后，因生产量化，加深了社会裂痕。使得经济学成为一门攸关人类生活的学科，重视其对社会的影响。17 世纪法国首先出现

01　John B. Watson, *Behaviorism*, 李维译:《行为主义》, 中国台北, 知书房, 2005 年, 第 14 页。

02　同上书, 第 348 页。

第7章
从经济生产探讨文化

政治经济学,偏重于流通过程,以后才转向生产过程。古典经济学派(亚当·斯密(*Adam Smith*)、李嘉图(*David Ricardo*))提出商品价值和社会劳动来自劳动创造,资本主义是符合人类理性的永恒制度。马克思则从哲学、乌托邦社会主义及经济社会学的角度讨论资本主义。他将经济活动与社会意识的变迁结合,对后来学术探讨影响深远,对马克思的认识也就成为研究文化的重要篇章。

第一节 马克思

了解马克思理论之前得对西方的知识系统作一番回顾。西方思想对知识的了解可以分为两个方面:实践理性与纯粹理性,也就是常听到的唯物主义与唯心主义(观念论)。实践理性强调人类生活在一个已经预先建构好的现实世界,因此个人的认识活动在接收外在世界的信息,经由客观结构的被动沉思来寻求知识。纯粹理性的理论认为,人类心中存有一种意识形式,个人可以主动掌握外部世界,因此"认识从被动接收,转为主动创造或建构"。马克思认为知识的来源有二:一种根源于历史,一种是抽象性概念,不受历史影响。传统政治经济学重视抽象的概念,无法解释特定时期的实际物质条件。因此他主张将现实与历史结合，使理论与实践统一，从"现实"的角度，以"感觉与想象"为起点，让思想成为生产行为，在特定的历史条件中，让概念发挥作用。

马克思的文化观建立在他对社会结构与上层意识之间的观察，下层经济结构形成了上层的意识形态，并以此来探讨资本主义文化的特性，进而提出剩余与剥削的论述，广泛受到重视，成为后来学术论争的焦点。因此在讨论文化时，有必要了解这位历史上为人熟识并引起广大争议的人物，究竟他为人类带来什么样的影响，造成如此多元的看法？对马克思的研究车载斗量，但对马克思的本意，却无法取得共识。

研究马克思必须先了解其所处的时代，马克思生于1818年5月5日，死于1883年，享年65岁。此时德国正迈向统一之际，需要一位为德国前途提供方向的"预言家"，而马克思正附和了时代的需求，而受到重视，简单地说，马克思为德国是否应采用资本主义提出了前瞻性的看法，至社会学家韦伯（1864—1920）时，德国已完成统一，因此论述的重点改变，由德国是否应采用资本主义改变为资本主义寻找合理的一面。马克思父亲为犹太人、后改信奉基督新教，成长期间恰逢德国处境尴尬时期，既面对德国统一的期待，又面临法国自由思想散播以及英国工业社会问题的冲击，影响他的思想充满了矛盾，在新旧交替，内外影响之间，想要统合，又想有所创见，导致他有不同的解说。马克思共有兄弟姊妹九人，排行第三。

马克思的《资本论》共有三卷，第一卷在1867年出版，第二卷在他死后，由恩格斯于1885年出版，第三卷在1894年出版。马克思的论述是由商品开始。他认为在资本社会中生产的是商品，消费的也是商品，离开了商品，资本主义就无法存在，这种将商品作为社会价值的基础，与过去以宗教作为社会的基石，具有共同的地位，因此他的理论被称为"商品拜物教"。至于什么是商品？它不是物品，而是作为一种交换的产品，其价值不是物品而是交换的符号意义。在商品社会中，商品经济包括商品生产与商品交换的统称，商品的交换有一定的管道，造成了市场经济。商品的价值有三：使用价值、交换价值、劳动价值。使用价值是满足人们某种需要，价值因用途不同有异；交换价值是一种使用价值与另一种使用价值相交换，与数量关系比例有关，通常是以商品的效用决定商品交换的数量比例。这种交换没有准则，只有靠劳动产品，以劳动的等价来进行交换，透过货币进行。商品经济造成了商品持有者与商品生产者之间的社会关系存在一种"剥削"的对立状态，形成社会的上下关系。商品不只是经济财货，更维系了社会的基本关系，包括生产力、生产者与生产对象的关系。生产力、生产者之间的生产关系，构成社会经济基础，包括法律制度和社会意识形态的上层建筑，决定了生产关系发展和变化的规律。马克思希望找到一个客观的经济规律，和自然界的运动一样，不以人的意志为转移，经由人认识和利用经济规律改造世界，为人民大众谋福利。他将商品区隔为"表象"(*appearances*)与"本质"(*essences*)，并指出，生产者的社会关系是依商品在市场上的社会关系，但这是一种假定关系，如高价商品的生产者地位，胜过低价商品生产者，其实它所呈现的是一种"误导的表象"。因为商品的真正价值应以劳动来表示，劳动力本身就是一种商品。资本流通是买再卖，商品流通的起点和终点都是商品，资本流通的起点和终点是货币。资本的流通造成剩余价值，只有在剩余价值学说的基础上，才能正确认识无产阶级和资产阶级之间对立的根源。

马克思的学说被称为"历史唯物论"，显见在其对"历史"的重视。"第一因"是人类面对问题的立即反省，试图经由了解"第一因"，而预测到结果。在18世纪以前，上帝一直被视为"第一因"，《圣经》提供了问题的答案。启蒙运动之后，"上帝"的地位松动，"历史"取而代之，成为探讨问题的"第一因"，从黑格尔的《历史哲学》到马克思的《历史唯物论》在在说明了"历史"作为"第一因"的重要性。马克思的"历史唯物论"是将人与自然结合在一起。自然不是客观的存在，而是人性化的自然，随着人性积极努力而变化。由于它强调人的重要性与人在整体发展过程和现实的演化，建立了"实践"（praxis）的概念。历史建构在一个对抗社会集团的利益所产生的活动的形式。社会的历史是人类通过创造性劳动，掌握自身和外部世界的历史，主要的任务在击败敌人。到晚年时，他的作品几乎不再讨论基本原理，只注意行动的实践问题，强调社会主义不是在呼吁而是要求，谈论的不是权力而是新的生活方式。

马克思思想糅合了唯物主义与唯心主义的二分范畴，一面受到黑格尔唯心主义观念论的影响，提出"纯粹意识"的思考，另一方面受到唯物主义如费尔巴哈等人的影响，提出"自然"与"唯物基础"的观念。其思想可以有以下几个重点：

首先是"异化"（alienation）。他认为，人的本质为工作，由工作来体认真实的人生，通过工作改变人的福祉。异化则从人的工作面来讨论，在资本主义的生产体系，工人与人出现疏离或异化，成为生产的工具；同时，工作与工作目的出现疏离与异化；工作过程出现异化；工人与工作产品产生疏离与异化。异化来自私有财产制，当生产为了私人时，人类的创造力则掌握在少数人手中，工人即与其创造力疏离，此谓之异化。他的"异化"观来自黑格尔，却又与之相反。黑格尔探讨精神在自我的异化，他认为，理性和观念来自人的自身，与外界无关，观念涉及观念本身的强制性，而物质是受限结构制约。马克思的"异化"重视受限的意识，关怀"一个受限的意识，以及自我是否可以获得解放"，他认为，人类意识不能限于纯粹的认知，必须是整体发展过程和现实的演化，构成了"实践"（praxis）概念。马克思认为"实践"来自"为自己"（for themselves）而"自己"的产生是先决的条件。不是神创造的,也不是理性进化的,而是社会或文化的,换言之,人之为人受社会、文化结构的影响。因此人的自我要从结构中解放。

简单地说,马克思的异化概念是一种劳动异化理论,指的是人与产品、人与活动、人与人类本质、人与人之间的异化关系。异化是人的病态,社会的病态,是实施分工以来就有的病,到了资本主义社会中,更加恶化,让每一个人都感染到。马克思透过"感性"(*sensuousness*)了解自然,认为自然是人类认知的对象,透过以前和人类的接触而产生作用,所以自然不是客观的真实材料,而是随着人性积极努力而变化。可见他的学说是以"现实"为基础,从"感性"的认知中,提出的理论。

其次是意识形态,19世纪以来,人类思想的重心由"上帝"转为"自然",使得"自然"成为思潮的重心,马克思认为自然即世界,是人类思想与劳动的产物,随着人性积极努力而变化。人类的认知是整体发展过程和现实的演化,透过意识,可以接近真相。他运用"意识形态"进行对其学理的阐述,预测一个可能的未来世界。《德意志意识形态》是一部最能代表马克思思想的作品,此书指出,人的思想、观念、意识是人们物质关系的直接产物,展现在民族的政治、法律、道德之中,人们是自己观念、思想的生产者,受到生产力的限制,受到这种发展交往的制约。在这本书中,马克思指出,德国的意识形态来自德国哲学家的世界观,但由于他们受到世界权力及对其相关的限制,因此会出现扭曲。马克思认为,"意识永远只能是被意识的存在,而人们的存在就是在他们实际的生活过程里","存在于人脑海里的妄想,必然是物质生活过程的升华物","发展自身物质生产和精神交往的人们,在改变自己存在的同时,也改变了他们的思维和思维产物"。所以"不是意识决定生活,而是生活决定意识"。

什么是意识形态？马克思指出，意识形态是"统治阶级利用其思想合法化并且掩饰其宰制的本质"，"意识形态是以多种现代形式出现"，"是一种现象""是被人理解的"。在过去，意识形态不被察觉，现在，意识形态已被发觉，它是"宰制团体所选定的范围网络，将现实加以中介、转折，并且为被宰制团体所接受"，"将特定和有限的利益加以普遍化，让少数人的利益变成与全体利益一致"。阶级的思想形成了他们的意识形态，将特定的利益表现与所有的人的利益相符合。它往往是统治者以非武力的方式来维持既有秩序的方式，透过繁复且多层次的图像网络，制造各种意象。如"秩序的维护者"、"文化资产的保护者"、理性或文明的支持者"，来确立宰制思想体系的力量。在"意识形态"的理论中，阶级被看做是某种文化中的特定语言游戏及论述形式的暗喻，而中产阶级正是这个社群中的意识。在唯物环境中，意识形态是由一个典型行动者所建构出的有意义环境，而不只是观念力量对个人产生的非个人性影响。

第三是辩证法（*Dialectical Materialism*），马克思思想受黑格尔影响，保留了辩证法，但去除了神秘的部分。黑格尔认为"凡存在的即是合理"，但马克思不同，他认为"凡合理的即是存在"。马克思将黑格尔所说的"变迁原理"（*principle of change*），应用在自然世界和人类历史上面。世界一直在变迁，在变迁之中有一不变的法则：三个阶段的周期：命题、反命题、综合命题。它不是一种循环，而是更高层次的统一。马克思的命题是中产阶级、反命题是无产阶级、综合命题是共产社会。

第四是阶级，在马克思的学说中，阶级是一个重要的论述，透过阶级的观念将过去的人际关系，由垂直的联系转化为平行的互动。以前上下的服从伦理变成彼此的斗争。他认为，阶级是以拥有商品的等级来划分，阶级是一种意识，一种属于社会团体的共同认知，将个人由 *class-in-itself* 发展为 *class-for-itself*，是一种现象，也是一种事实，是维系社会秩序的结构与条件。其实，阶级作为一个学术名词，最早出现在罗马时期，是对罗马人民的财产所作的区分，17世纪英文字中出现了"阶级"（class），指一个群体或一个部门，到1770—1840，才具有现代意涵：以经济关系作为社会分层的术语。在此之前的社会结构中，没有阶级概念，有的是 rank, order, estate, degree 等，以出身作为社会秩序的准则，譬如贵族与平民，贵族是一种身份，平民是一种身份，贵族终其一生，身份不会改变，平民也是如此。阶级不然，它代表了个人的流动，从一个阶层移动到另一个阶层，此后阶级一词有了新的意义。1772年下层阶级一词被采用，1820年上层阶级（upper classes）渐被使用，而中产阶级，则是一个自觉的名词。至1830年代，阶级代表"生产"，指的是有用的阶级，与贵族呈对立之势，1840年后"工人阶级"（working class）开始被广泛使用。马克思由工人阶级的斗争，来活络社会的关系。他认为，阶级是可以改变的，透过斗争的方式，让上下僵化的关系，透过人为的努力获得改变。马克思这种阶级理论建构在经济生产力之上，一旦生产力发生变动，新的生产力就会与旧的生产关系发生矛盾。新生产力与生产关系一致时，新的生产方式形成，新的上层结构政治、道德与新的下层一致。这种由下层结构所进行的生产方式的动力就形成了"阶级斗争"。

美国社会学者贝尔将马克思的论述依《资本论》第一册与第三册的不同解说，将资本主义分为两种图式（schema），第一种图式是纯粹的资本主义，它不是经验的描述，而是理论的简化，假定一切非资本主义生产领域，或者被资本主义所消弭，就是从属于它，社会上只存有资本家与工人，所有第三者不是为这两个阶级服务，就是从那里得到货币作为报酬。[01] 第二种图式则是对于社会变迁，资本主义所产生的

01　马克思：《资本论》第二卷，第384页。

另一种认知。这三大转变分别是：新的银行制度出现、股份公司的发展以办公室及白领工作的扩大，改变了传统资本主义的发展。这种资本主义即美国学者钱德勒（Alfred D. Chandler, Jr.）所谓的管理学的资本主义。钱德勒认为，美国自由资本主义（Laissez-faire Capitalism）已走向管理资本主义（Managerial Capitalism），它可以从两方面观察。第一是美国传统中小企业至第一次世界大战为止基本上已被跨越地区，超大型公司所取代，这些公司拥有"科层管理机构"（managerial hierachy），获得了"自主的生命"。第二是，新管理阶层出现，使得资本家对企业的控制权日失，管理阶层成为企业扩张版图的"灵魂"。据此得知马克思的《资本论》已随时代的变迁有了不同的解释，但《资本论》的论点仍有相当启发的意义。

第二节 新马克思学派学者

继马克思之后，对马克思的定位在西方世界引起争议，学术界将这些人称为新马克思，也称为西方马克思，两者之间大同小异，皆对斯大林将马克思主义教条化不满，强调马克思思想是西方的产物，特别体现在马克思的生命前半期，也就是从德国被放逐到布鲁塞尔、巴黎流亡期间，具人道精神、反抗意识的马克思，而不是晚期在伦敦强调阶级斗争的马克思。这批后马克思学者秉承马克思的历史整体论、认为马克思主义的哲学主要来自黑格尔的主体和客体的辩证法，总体观、主体、意识、历史观与异化说，故被称为批判性、非教条的马克思主义及黑格尔式的马克思主义。因其出现的地区在欧洲，故称为西马。至于新马，并非系统井然，剖析清楚，立论确切的一项学说，而是一群彼此争论，甚至互相排斥的言论。这两派学者倾向革心重于革命，重视对日常生活批判，以作为社会变革的起点。该派远离实际政治，不涉及劳工运动，好谈抽象理论、逻辑方法、大众文化、主观精神，将早期马克思的观点应用于当代资产阶级与文化批判之上，从而与西方资本主义相抗衡，并从现实的角度，对艺术与文学的题材提出观点，为当代文化提供了新的理论基础，包括1930年代的西马以及在二次世界大战之后的新马以及对西马的反动。西马出现在欧洲中部，主要代表人物有匈牙利的卢卡奇（*Georg Lukacs*，1885—1971）、意大利的葛兰西（*Antonio Gramsci*，1891—1937），对西马提出质疑则以阿尔都塞（*Louis Althusser*，1918—1990）为代表。

一、卢卡奇，匈牙利人，生于犹太家庭，1918年加入匈牙利共产党。一生致力匈牙利政治和学术活动，被誉为"美学中的马克思"。

卢卡奇学说反对个人主义、非理性主义、实证主义，具有社会及政治意义。从人道中心主义的历史观出发，由存在的本质论起，信奉"整体性"观念。他将思想与行动整合，开创一具有原创性、革命性，而且富智识价值的社会主义学术传统。他用艺术和哲理的"现实主义"，来描绘这个世界，完成一套批评与哲学作品，而不是创造世界的另一个翻版。他的"现实主义"研究是要使人了解人的真正的本质，作为文学的基础。卢卡奇批评现代主义、形式主义和实验艺术偏离了人类处境的真貌，他认为人是处于当代的社会、经济、政治条件的整体环境中，社会关系是文化理论基础。当代主要活动表现在一种动态性的文学，一种社会主义式的现实主义中。所有伟大的艺术，都会提供一套现实图象，调和现实与表象，特殊与普遍，创造一种丰富的自我意识，指向乌托邦的道途。

卢卡奇的代表作有《历史与阶级意识》（*History and Class Consciousness*）及《理性的毁灭》（*The Destruction of Reason*），《历史与阶级意识》于1923年发表，被称为西方共产主义的圣经。在这本书中，卢卡奇首先建构了他的"本体论"思想，与其他形上学及自然科学不同的是，他将历史作为本体的基础，反对以实证主义、自然科学的态度研究马克思，以免整体变成个别；也不同意将马克思解释成一种机械唯物论。他认为历史事实的内在结构是历史的，辩证法是历史辩证法，不是一种概念的流动，也不是像形上学般是僵死的、静止的。它是革命，是人的境遇。历史是人的事业，是人的活动的实践产物，历史科学是衡量一切事物的标准。

既然历史是人的舞台，人道主义就成为出发点，异化理论自然就会引起重视。他认为人的历史活动离不开商品，从商品的角度可以找到异己所在。在商品世界中，人的劳动创造了一个异己的世界，人的活动受制于人以外的商品规律，使得人丧失了自由。商品追求利润导致理性高度发展，工人人格不见，物的价值上升，人的价值下降。卢卡奇对这种发展深表忧虑，他认为生产的合理化与计量化的结果，人被歪曲了、降低了，不再是生产的主人，而是机械化的附属品，他要从历史的"总体性"原则，来认识客体与主体。综合他的看法，有五个观点：真正的马克思主义强调整体；马克思的辩证法不是"自然辩证法"而是对社会进行历史和社会的研究；资本主义的本质是"物化"；无产阶级是世界历史进程的原动力；共产党是无产阶级意志的表现，是"存在王国"与"必然王国"之争。

《理性的毁灭》于1954年出版，探讨纳粹世界观的思想起源。卢卡奇认为，希特勒的发迹是德国非理性主义压倒理性主义，他由谢林的理智直觉开始讨论德国的非理性思想，包括叔本华、尼采等。叔本华的学说以意志作为中心范畴，用形上学、神秘主义取代辩证法，历史成为一个万花筒，一切变化只不过是观察者的一种幻想，天地之间只有一个毫无意义的孤独个人，个人是世界的中心。尼采的学说具有反社会人格，主张恢复兽性，弘扬非理性。人生来就是一种野兽，一种超级野蛮人，需要高贵的野蛮人来拯救。这本书不好读但却有相当的贡献，即用理性主义与非理性主义的对抗来代替唯物主义与唯心主义的对立。

二、葛兰西，意大利人，出生于萨丁尼亚，身材矮小，多病，坐了二十五年黑牢，出狱未几，即身故。一生奉献社会主义革命运动，主要代表作为《狱中札记》（*The Prison Notebooks*），试图由马克思主义原创性理论，分析先进资本主义文化的环境。

他从意识形态中得到"霸权"概念，将意识形态与霸权画上等号，他认为霸权存在"宰制"与"同意"两种模式中，以前人讲"宰制"，显现权力的粗暴面；现代人讲"同意"，透过被控制者的忠诚与收编来运作。这种已经"软化"的强制，表现为隐藏的说服，单向的合作。在他的认知中，霸权是透过普遍共识的方式达成默许的原则。"只要霸权机器创造了一种新的意识形态温床，并决定了意识的改革和知识的方法，那实现的就是一种知识上的事实，一个哲学的事实"。霸权渗入文化价值、规范、信仰、神话和传统之中，使得现代的政治并不是透过权力，而是透过权威来施行。

《狱中札记》是一部讨论国家概念及领导权的书籍。他认为，一个国家的领导权在于创造一个集体的意志，在这个集体意志上，统治阶级和他的同盟合成一个集体的人，历史的行动只能由一个集体的人来进行，它是一个社会与文化的统一。在书中他更说到，领导权永远不能被认为是理所当然的，而是必须不断地重新夺取。

他的学说与卢卡奇重视上层文化不同，他对大众文化提出了新的看法，把写作当成革命行动的手段，动态的过程。他认为，生活内化是实践的课题，课题本身是争辩。他对意识形态的本质与功能提出原创性论述，引出"霸权"概念，将黑格尔的"政治社会"与"市民社会"转化为"宰制"与"同意"。他认为现代政治结构透过被控制者的忠诚与收编来运作，霸权是透过普遍的共识达成默许的原则。在大众社会中，霸权通过教育、通俗文学、传播媒体及高科技运作，渗入文化价值、规范、信仰、神话和传统之中，因此现代政治并不是透过权力，而是透过权威来施行。他对知识分子多有期待，认为知识分子不应只是演说家，应主动参与实际生活，做一名建构者、组织者、永久的说服者。

三、阿尔都塞，西方马克思学者，二次世界大战之后致力对马克思的研究，反对由人道主义精神的角度认识马克思，主张由结构的层面探讨马克思主义。

阿尔都塞生于阿尔及利亚，在法国受教育，毕业后至法国高等师范学校任教，1948年加入共产党，毕生以研究马克思思想享誉学界。综观其一生思想受制于其精神状态。1940年二十二岁时因战争被德军俘虏，在集中营患精神病，从此一生抑郁，影响学术思考。他认为所有的思维不是思维的结果而是思维的本身，受到思维者所处环境的影响，这种环境就是结构，但这种结构不是客观的社会结构而是问题的结构，换言之，每一个人的思维都受限于他所面对问题的结构之中。因此他在研究马克思时反对50年代学者站在斯大林的经济主义与教条主义立场，或者从早期马克思的人道主义观点研究马克思，因为这种研究没有注意到马克思的思维不在马克思意识形态，而在马克思的问题结构。

阿尔都塞主要的作品为《保卫马克思》（*Pour Marx*），批判19世纪至20世纪学者对马克思思想的解释，特别是一些不属于马克思思想的意识形态，他要将马克思从马克思主义中解放出来，他认为马克思不等于马克思主义，必须由认识论的立场，重读马克思论著，并建构其观念。阿尔都塞与人道主义马克思学者最大的不同是，他不认为马克思学说是意识形态，而应是科学。他认为，唯有不从意识形态的认知面着手，才可能了解马克思的意识形态。唯有从社会结构，科学的层面来重建马克思思想，才可以了解马克思的思维。因此他主张从一个没有中心的结构整体进行对马克思的解读。他采用了一种不同于其他学者的研究方法，不从文本中所呈现的事实，或别人研究的结果了解马克思，而由马克思的思维中认识马克思。一般认识马克思时多由意识形态的面向进行，但阿尔都塞不同，他认为一个人不能选择他的开端，人是被抛弃到意识形态的空间，与意识形态展开斗争，从意识形态走出来，马克思的思维从其一生的历史中可以探悉，他将马克思一生思想的发展分为四个阶段：青年期（1840—1844）、断裂期（1845）、成长期（1845—1857）、成熟期（1857—1883），并将1845年作为一个断裂，他认为，一种思想或一个人的思维，背后有支配问题和答案的结构，在不知不觉中，决定什么是问题，什么是答案，因此答案一定在问题结构之中，而思维也就在问题结构之中。也因此要以"问题结构"的方式来找寻答案，能了解问题的结构，认识论的断裂也就明白了。所谓断裂不是破坏以前的问题结构，而是将它抛弃，转换到不同的问题结构上。由认识论的断裂过程中，他确立了科学的问题结构：马克思《资本论》的唯物辩证法。

下篇　当代文化的研究

　　当代文化的研究主要在探讨理性文化失序之后,全球文化有没有再建立共同文化的可能性?从世界历史的变迁来看,人类思想变迁历经三次重要发展阶段,第一是宗教形上学的信仰时期,第二是理性的主体论时期,第三是感性的个体论时期。当代文化恰值理性失序,感性建构的时代。二次世界大战冲击了18世纪以来基于"人"的理性所建构的"整体"文化观,法国大革命所标榜的"自由"、"平等"理念,及其所衍生的"绝对"、"唯一"地位面对质疑。启蒙运动以来所强调的意识形态论、结构主义学说,地位动摇。被当代视为"后现代"的学者对理性作为依据的"语言"展开批判,对循"语言"所建构的文化系统展开挞伐,提出"解构"一说,引起学界哗然。其实从历史发展过程来看,宗教改革对基督教的教会而言就是一种"解构",法国大革命对王室政治也是一种"解构",启蒙运动对宗教信仰也是"解构",可见历史上解构的现象并非异常。20世纪中叶以来的"解构"学说,迄今影响犹存,特别是对"差异"与"多元"的尊重。

　　当代文化的出现以何时为准,学者因个人所见不同,说法不一,加拿大学者麦克卢汉（Hebert Marshall McLuhan）[01]提出了新社会的依据，被视为新文化的先知。麦克卢汉认为，人类社会的发展受技术革新影响，促成人的能力和感官的延伸。在人类历史中，共有三次媒介技术改良：拼音文字的发明、活字印刷的推广、电报的发明，造成人类社会的重大改变。在拼音文字发明前，人生活在听觉的媒介中，一切受听觉支配，感官平衡、世界同步。在这个具有部落深度和共鸣的封闭社会中，听觉生活决定结构，采口头文化、言说方式进行交流，行动与响应同时发生。待拼音文字应世之后，感官偏向有序的组织，眼睛代替耳朵，线型的视觉感取代了过去的整体感、深刻性，整合的人变成分割的人。拼音文字采用没有意义的字母，对应没有意义的语音，文化在视觉媒介时代，书写成为唯一可信的依据，西方人据此建构一种新的世界的时空观念，一个一致的、序列的、连续的空间，世界走入封闭体系。印刷术的发明更扩大了理性的宰制权力，印刷将复杂的手工艺机械化，最主要的特征是可重复性，可以无限生产的视觉表述，加速了拼音文化的生产和营销。等到电报发明之后，人类走入电力时代，电子媒介如电报、广播、电影、电话、计算机、电视使人的感知功能获得延伸，从此人的中枢神经取代其他官能与外界接触，中枢神经的敏感性将人由原有的、理性的、序列的价值体系中转化出来，原来的视觉认知转为触觉认知。20世纪起，弧形空间和非欧氏数学出现，部落文化复活，非连续时空观念再度受到关注。电视创造了新的国家领导人风格，带来一种新的部落生活方式。当今的世界是透过广播、电视和计算机，进入一个环球舞台，演出一场戏剧。在这个瞬息传播的世界，一切东西都像电力场中的东西一样，互相共鸣，能量的产生和感知不再靠生产线性质、因果思想的传统方式连系，而是靠间隔和间距，麦克卢汉称此为"内心的非洲"（the Africa within）[02]，也就是最近网络市场中通行的"部落格"。

01　麦克卢汉，加拿大学者，1911年生，加拿大人，主要代表作有《机器新娘》（*The Mechanical Bride: The Folklore of Industrial Man*, 1951)、《理解电视》（*Understanding Media: The Extension Man*, 1951)，并曾创办《探索》杂志。

02　Eric McLuhan and Frank Zingrone, *Essential McLuhan*, 何道匡译：《麦克卢汉精粹》，南京大学出版社，2000年，第388页。

在这个当代文化中，最大的挑战是18世纪以来以历史为视野的"整体"文化观遭受质疑，人类依赖语言所建构的"共同文化"也面临挑战。如何由"解构"中重新"建构"成为探讨的主题。在整个解构过程中，大众文化成为建构的对象，但对大众文化的未来，充满了疑虑。当代文化即在担心旧生活价值体系崩塌之后，人类是否面临浩劫，以及如何拯救传统文化，或捍卫大众文化，寻找共识之道的矛盾中，步履蹒跚的摸索。从历史进展的轨迹来看，变革是不会走回头路。对大众文化的理论建构，尽管疑虑难免，但是由对"解构"的探讨中，学者可以采更开放的心灵，建构当代新文化，由"差异"与"断裂"之中，获得意义与价值。

探讨当代文化的走向可以从广义与狭义两方面加以论述。从广义的角度来说，文化研究是对资本主义的反省，虽然仍不脱离马克思的语汇及其思维模式，但内容不同，不再局限于狭隘的经济领域，转向文化的领域论辩。透过辩证的过程，对资本主义所构成的文化图式提出针砭，并找出新的活水源头。从狭义方面来说，尽管学术无国界存在，但由于各国处境不一，学者不免受制本身文化环境影响，表现有别。大致可以分为欧陆的法德以及两洋的英美两条路线。由于二次世界大战之后，美国文化独领风骚，大众文化的全球化席卷世界各地，引起各国自卫或自保。德国的法兰克福学派对资本主义展开批判；英国的左派文化加强本土意识，强调英国工人文化的意义与价值；法国对资本主义的理性意识提出质疑，特别针对语言的可信性，后现代主义哲学开启了新的论坛。这种全球化之下个体性的议论虽未达成共识，但在理性失序之后如何建立秩序，却是当代文化工作者的使命。正如宗教改革、法国大革命后传统秩序遭受破坏，新秩序建构时期所遭受的质疑与混乱，但也成就了不少新的人物一样。今日文化研究工作者致力反省理性粗暴的根源，不将它归诸军事、武力，而从意识与语言入手，现象学与结构主义哲学成为探讨的重点，现象学中的发生论，即意识何时出现，以及结构中语言间的关系受到重视。学者由否定语言的绝对性、义务性与合理性，以及书写与语言的关系中找出人类文化失序之所在，开启了当代的文化研究的新页。

第1章
当代文化研究的起源

　　文化研究不免要探讨文化的意义。当代学者对文化的认知与过去不同，以往文化被视为是人类生活的成果，如今文化与社会呈现互动的状态，因此在探讨文化之际得论及社会的情状。在文化与社会互动的状态中，文化构成个人的内化与社会的制度化，文化影响社会的变动，社会表现出文化的趋势。当代文化孕育于工业化与都市化的工业社会之中，深受工业发展以及都市结构影响。工业不同于农业，人生活在社会的空间大于存活于自然的空间。经由对自然的模仿，人创造了社会，但也因此误以为人可以创造自然，而为人类带来了灾难。在工业化的社会发展中，人的生活内容由人与自然的关系，转为人与人的社会关系，人类的问题除了自然的挑战之外，更有因此形成的心理压力。这由工业化的都市结构与农业时期的城市结构的差别中可以窥豹一斑。城市是人们祭拜神明所发展出的集合场所，筑有城墙，主要功能在保护人民，提供市集。都市则是由工厂扩充发展而成，当大量工人进入工厂工作之后，邻近的地区为配合工人生活所需，相关的场所相继出现，如学校、商店、市场、医院等，因此它没有城墙，提供许多公共设施。两者的生活方式不同，问题不同，文化的表现自然有别，而探讨的方向也显然不同。

　　从历史的脉动来看，当代文化研究系以"批判"为主的一种思维，承自19世纪初以来欧洲学者的辩证精神，特别是二次世界大战之后，思想界因战争冲击所造成的影响。战争期间，德国法兰克福学派人士对纳粹党国家资本主义滥用理性而进行暴政与血腥恐怖行径；法国的知识分子在战争之际，因战败遭受囚禁所激起的反省，由对战争的挞伐进而对理性的"霸权"提出质疑，影响学界展开对启蒙学说的探讨，掀起一股新思维，如结构以及解构思想。除了欧陆的德法两国之外，英国学界对英国文化受美国大众文化挑战所激起的捍卫，左派学者开始扬弃传统的经济论点，转而由文化的层面为英国觅一出处，自称为"新左派"。至于美国，战争导致社会结构发生重大变化，学生、女人及黑人地位抬头，要求参与的呼声促成多元文化的诉求，他们探讨关心的议题包括种族、阶级、地域、性别，成为文化研究的主要对象，并经由传媒的发酵，发展为全球的文化指标。

大致说来，当代文化研究有两大特色：一是成员多来自"学生"阶层。随着学生中女性与黑人入学人数增加，影响了女性与族群两种意识的觉醒，因此论及当代文化时必须认清学生对文化所构成的冲击，特别是20世纪60年代之后，学生人数增加成为一个重要的阶级，他们没有生产能力，纯属于消费阶层，他们所建构的存在意义与价值，自然不同于马克思的生产文化观，而另有新义。其次是文化反省系基于对现状的不安而进行，特别是影响人类生活的资本主义与社会主义。由于对希特勒的国家资本主义所带来的不人道行径，深恶痛绝，进而对旧左派及右派大肆挞伐，提出新左派的思维，试图由文化面建构新社会的新伦理基业。学者们批评形上学，反对理性中心论，由马克思学说入手，但不是资本论的马克思而是早期的马克思，重视意识形态、人道主义。

当代文化研究主要的特色在对传统的解构，特别是对资本主义的宏大叙事的整体论、线性政体的科学解构。文化研究者对几个世纪以来的稳定文化习俗的标准：理性、经验、进步提出挑战，要将人类从强迫与压抑中解放出来，将新的因素注入到超经验主义思想和形式的质朴世界，否认理性所建构的普遍审美价值观，主张所有的文化表现都具有其价值，具有同等的功效，开拓了学术空间，使得女性主义、性别研究、意识形态批判、后结构主义、后殖民主义、种族研究、马克思主义在学术界找到活动的舞台，为人类历史发展开启了一个新的里程碑。

这股思潮论述的重点不是神，也不是人，而是语言。传统以来，语言具有不被怀疑的绝对性与确定性，长期以来人在不知不觉进入语言系统中，接受语言的安排，但也承受了语言理性的霸政，让统治者借理性之名，行粗暴之实。当代文化思维即由语言的"指涉"意义进行其探讨语言的谬误以及理性的粗暴。语言经由"指涉"与现实产生关系，早期工业社会语言所指涉的内容，随着计算机技术所形成的多元管理已丧失其意义，过去能指与所指之间的关系受到挑战，新的符号与超文本的多样性，取代了单一的符号对象。[01] 文化研究者由重视符号的代码意义开始，描绘了历史的进展由实证／情境／语境的方向，指出了文化由书写／言说／心境的束缚中获得新生。文化指涉的是一种表征、交流与权力。

60年代以后的文化研究，探讨的主题有三：文化中（我）的地位、生活中的符号、文化对心智的影响。文化关切"人"的问题，启蒙运动以来人不再是自然的生物一分子，而是社会建构的一分子，身体不只是生物的一种，而是文化的客体，它划分了人与人的差异。通过社会处境以及与别人相互作用，建立他的世界观，由家庭以及一生的遭遇而完成其社会化的过程，接触特定的世界，使得人的理解受到惯性思想方式制约。文化论者质疑，如果世界观是文化的，那么所谓的"真"是否存在？信仰又如何成立？文化交流目的是要了解异文化，既然"我"是环境的产物，如何可能了解另一种文化呢？换言之，跨文化研究可行吗？其中包括古代现代文化的交流，男人女人的文化沟通。由于文化表现出区域性的排斥现象，因此在文化之间交流往往有取代及侵略的忧心，即所谓的"殖民文化"。究竟文化可否摆脱这种强势与弱势的对立，进入多文化并存是文化研究工作者努力的方向。

自印刷术发达以来，书写与阅读即霸占了文化的舞台，将一切非书写的文化排斥为非文化，或贬为大众文化。但随着电视与计算机的蓬勃发展，影像文化的地位也逐渐抬头，书写的霸权面对挑战。对语

01　谢少波：《文化研究访谈录》，北京，中国社会科学出版社，2003年，第52页。

言的探索成为当代文化重要的课题，肢体成为文化关心的对象。语言涉及与真实的关系，自启蒙运动以来，学者即希望形成对清晰语言的信念，让政治家和道德家有勇气揭露谬误、未经证实、迷信、荒谬的各种信念。到了20世纪下半期，由对启蒙运动的质疑，对语言有了更多篇幅的讨论，特别怀疑到语言与真实的关系，认为人是被禁锢在语言居所之中，人们眼中所见到的自然，不是自然的本身，只是发问所得到的结果。语言是产生感觉、判断、知识、规范的重要因素。语言的有限性，使文化工作者转而探讨情绪与感觉的真实性，身体的感受成为文化的重点。由于文化与权力关系是不可分割的，在过去，权力只是统治者的一项工具，但在当代文化的研究中，权力已由统治的宰制立场变成被统治者的参与与顺从，文化研究者特别关切性别、阶级、年龄与种族等问题。

当代文化研究重视人类的生活态度与思想方式，包括大众化、信息化、消费性。尽管有许多相近之处，但同中有异，因着国别的差异，历史的背景不同，诉求及立论有别。法国、德国文化研究强调对大众与消费文化的批判，德国的法兰克福学派、法国后现代主义的学说主要观点是，资本主义社会出现基本结构变化，因此现代性所讨论的"剥削"理论已不合时宜，后现代要讨论的不是"剥削"产生了什么变化，而是"剥削方式"发生了什么变化[01]。英国维护其传统的文化，60年代出现的新文化属于知识左派发起的一项运动，重视青年次文化，批评大众文化，希望借此克服马克思主义思想在文化与文学分析的弱点。美国则捍卫大众文化与消费文化，其文化研究派别林立，各有不同的观点，然皆重视边缘族群、通俗文化、传媒、非经典文化，鼓励左派与自由主义的力量结合，推行平等参与及平等共享信息与技术产业，捍卫大众文化，赞成大众消费力量，否认消费行为是一种对现状的破坏性颠覆。认为消费是以通过质询市民的方式进行，积极主动地重新诠释了所接触的大众文化产品，强调受众者在阅读和使用文化的文本。

01　谢少波：《文化研究访谈录》，北京，中国社会科学出版社，2003年，第56页。

简单说来，文化研究始于 20 世纪 60 年代，受二次世界大战后社会的转型，信息科技的发展，弱势族群地位抬头，开始重视多元价值。至 80 年代后重视理论探讨，强调个性特征，重视文化研究的政治影响力。主要的代表学者有：英国：伯明翰当代文化研究中心的汤普森（*E. P. Thompson*，1924—）、威廉斯（*Raymond Williams*，1921—1988)、霍加特（*Richard Hoggart*）；法国：后现代主义；布尔迪厄（*Pierre Bourdieu*，1930—2002）、福科、利奥塔（*Lyotard*）、博德里亚（*Baudrillart J.*，1929—）、德里达（*Derrida*）；德国：法兰克福学派的哈伯马斯（*J. Habermas*）、霍克海默（*Max Horkheimer*）、阿多尔诺（*T. W. Adorno*）、马库色（*Marcuse*）；西梅尔（*Georg Simmel*）、本亚明（*Walter Benjamin*，1892—1940）；美国：詹明信（*Fredric Jameson*，1934）、罗蒂（*Richard Rorty*，1931—2003）、贝尔（*Daniel Bell*）。

第2章
文本与论述

论及当代文化研究,繁杂多元,任何试图将各种文本化约,觅一理路,均将面对质疑,任何有心将之详尽说明,也是困难重重。本文有鉴于此,仅将就一般受重视及具影响性的学说加以介绍。

第一节 德国

从历史的记载来看,德国是在1871年才统一建国,在此之前,它被称为日耳曼,或德意志,[01]一直处于分崩离析之中,位于世界的边缘,受制于列强的干预,特别是法国、英国、俄国及教廷,而如何统一建国是德国人的天命及统治者的最终理念。如何统一内部的矛盾,建立德国的国家形象与国际地位是德国学者的志业。由黑格尔的精神现象学起,到马克思的唯物论皆在为德国的前途找寻途径,浪漫主义思想代表了德国的精神张力,但经过两次世界大战的考验,德国人开始反省,成为世界一员的正常途径,它不是战争,而是获得认同。法兰克福学派的论述,代表了德国人的反思,为德国在一次世界大战及二次世界大战之后的发展寻求新的方向。

---

01 日耳曼是种族的称呼,德意志是语言的称呼。两者所指的都是在该地区活动的人群。

一、法兰克福学派（Frankfort School）

法兰克福学派于1923年2月3日在德国法兰克福大学成立。早先只是一位富商之子所组织的读书会，后来发展成为社会研究所。由于不满希特勒的统治方式，在国内遭受迫害，于1933年起从德国经日内瓦、巴黎，流亡美国。在哥伦比亚大学校长的庇护之下，1936年在美国建立社会研究所。他们在此除了对法西斯极权进行深刻的研究，也对美国"精神与文化"进行反省，为资本主义文化研究提供了新的活力。

法兰克福学派的发展可以分为四期：1923—1933创立时期；1933—1950流亡美国时期；1950—1970重返德国时期；1970—现代，主要的代表人物有霍克海默（Max Horkheimer，1895—1973）、阿多尔诺（Theodor Adorno，1903—1969）、马库色（Herbert Marcuse，1898—1979）。学说内容是对资本主义文化的反省，主要作品有四：《启蒙辩证法》（The Dialectic of Enlightenment）和《权威人格》（Authoritarian Personality）、《否定辩证》（Negative Dialectics）、《文化工业》（Culture Industry）。他们对工人在一次大战至二次世界大战间顺从纳粹及法西斯主义感到失望，也对工人自动接受大众文化表示不满，因此试图从批判的立场将人从奴隶的地位解放出来。他们认为现代人所受到的压迫来自文化，而不是社会。这派学者的理论主要是承续马克思的看法，但不是历史的乐观主义，而是悲观主义，关心"上层建筑与精神文化"的研究，"以人道主义为认识论的基础，以独立思维和多向批判为原则"，将变化与价值分离。

在法兰克福学派中，霍克海默是重要的创始人之一，1931年起担任法兰克福大学教授和社会科学院院长，奠定了法兰克福"批判理论"的基础。在《传统理论与批判理论》一文中，他区隔了传统与批判的差别，认为传统理论建立在笛卡儿的哲学基础上，是"一个封闭的科学命题体系"，所有的部分紧密相连，没有冲突，表现出纯数学符号系统。批判理论则是建构在对社会的探讨之上，主张人来自社会，希望社会更好，但现存的社会却无法为人提供完美的准则，因此人与社会之间会出现紧张。批判思想不存在某一个人，而存在与其他个人和群体的真实关系之中，它不只是一种逻辑，也是一种历史过程，不在增长知识，而是将人彻底解放出来。它批评形上学，也批评科学。与其他学派学者不同的是，法兰克福学派学者不反对经济与科技发展，但要建立一个更公正自由的社会。他们批评启蒙精神的内在蒙骗与危险性是将"人由自然所获得的，用来完全控制自然和其他人"，"将人的灵魂从愚昧中解脱出来，却置于新的奴役之下"。

《启蒙辩证法》是由霍克海默和阿多尔诺所著，于1947年出版，对18世纪欧洲启蒙运动以来的哲学进行反省，探讨工业革命以来西方思想所面对的挑战，分析启蒙追求自由理想所造成的痛苦，特别关心"大众文化"，并提出"文化工业"概念，将启蒙理性思想解释为对大众的欺骗。作者认为，启蒙是一种"意识形态"，启蒙运动"将人们从恐惧中拯救出来，但建立了自己的权威，启蒙之后，社会灾难不断"。霍克海默及阿多尔诺认为，启蒙是法国百科全书与英国经验主义哲学的合成品，其原来的精神包括人文理性与工具理性两类，人文理性要帮助人脱离奴隶状态，工具理性则要征服自然。在工业社会初期，天赋人权与科学进步是和谐一致的，但发展至后来，这种和谐性被打破，天赋人权乏人问津，科学理性取得独特的地位，人们倾向以科学态度的有效性来处理人类的一切事务，包括个人生活、社会福利、国际争端。启蒙构成了"技术统治及操纵社会群体"的社会。工业社会将知识与权力整合，知识文化系统化约至一个共同的尺度：数量与功利概念。当启蒙思想由正面走向反面，即以内在精神来换取物质成就，以开明进步来要求人民服从秩序，"打着解放旗号建立暴政"（如纳粹党则是用理性管理进行最不人道的非理性行为）。

霍克海默与阿多尔诺在《启蒙辩证法》中所提出"文化工业"一词，是对大众文化的反省。本来"文化工业"一词所指的也是大众文化，但阿多尔诺却将两者作了区隔。大众文化重视"自然形成"，"文化工业"强调"计划制造"。文化工业以上而下的方式整合消费者，致力推敲大众的意识和潜意识状态，用关怀群众之名，进行复制、统制、僵化群众心态，将大众视为它所塑造的意识形态神话，群众被当做物品来计算，成为文化工业大机器的附加物。在他们的认知中，消费者不再是决定文化工业的主体，而是文化工业的对象。文化工业中的"工业"指的是生产过程，事物的标准化，以及分配、营销的正当、合理化。工业技术指的不是传统的内在性，而是表面上的效率，包括分配、营销与复制，采用工业的生产组织方式，将追求利益的动力放在文化艺术的形式之上，透过商品兑换价值，精准预估产品效能，使得作品丧失了自主性，操作方法越不合人的本性，越能有效的掌握人心。文化工业增长了消费者见识，透过大众传播方式嘉惠大众，帮助大家吸收知识，促进民主化，但却令人担忧它腐蚀了大众心灵于不知不觉之中。

　　《文化工业》一书批判美国的大众文化，谴责美国将"工业与文化结合"。在商业科技引导下，大众传播形成一种极权文化，通过政治和广告术语，创造和利用个人的需求，逐渐削减了私人和公共社会生活间的差异，有效的发展资本主义制度，如好莱坞电影。透过美国工业的优势，经商业的手段，将美国文化传播至各地，影响当地走向美国化。在这种情形之下，个性才能沦为商品，艺术出现标准模式，平庸取代了自然超越，所有的反叛都被消解，融汇进入一个幻影世界中。人们的欲望和梦想被控制在挑逗与压抑、宣泄与约束之中。全文指出了现代文化的危机，大众文化不是真正为了大众的利益，而是资本家的利益，在观众中造成被动性与一致性。从现代流行的乐团及乐迷行为可以发现，他们是透过屈从与一致性的仪式行为来放松他们的紧张情绪。阿多尔诺更进一步在《大众偶像的胜利》中指出，由美国畅销杂志封面人物的选择，可以发现到娱乐明星与体育健将成为公众崇拜的对象，以往的生产创业模范也开始注意广告的花俏外表。资本家注意到新式英雄崇拜的历史需要，开始推展一种"明星文化"。他将这种文化视为一种"虚假文化"，严重影响个人的生存。《权威人格》一书讨论了一种偏好强权的"虐待与受虐综合症"，这种人格是"机械的向传统价值投降，盲目顺从，嫌恶所有反对者和外人，反对自省、思想僵化、酷爱迷信"。

　　综观法兰克福的思想脉络，依英国社会学家巴托穆尔（*Bottomore*）

的看法，系以批判实证理论为主，分为三个面向：对社会科学的实证论批判、对科技作为宰制工具理性的批判、对文化工业的重视。他们批评实证论将人类视为机械决定论程序中的事实与对象，由直接经验的层面来理解世界，将事实与价值区隔。反对借助一种纯粹从外在观点建立的概念体系，强调"孤立的事实"是从那些自己呈现出来的无数个事实中任意选择出来的，"科学的事实与科学的本身，都只是社会生活的片段，要了解科学的意义，必须先掌握正确的社会理论"。他们认为，实证哲学想把社会研究和自然研究视如等同，将使得社会实践遭受扼杀。因为这种不正确而且会造成误导的路径，不能掌握社会生活的真正意义，只能注意目前存在的事物，倾向于维持现有的社会秩序技术官僚的宰制。他们反对有一种通用于自然科学与社会科学中的普遍科学方法的理念，特别反对科学主义宣称科学是"唯一的知识与唯一的基础"，以及对哲学的毁谤。批判理论学者的目的是在寻求社会改造与人的解放，不是要表达一种具体的历史处境，而且要找到激发改革的力量。

法兰克福学派除了对实证论提出批判外，并对科学与技术提出强烈的批判，他们认为"技术意识"（*technological consciousness*）及"工具理性"（*instrumental reason*）宰制社会，阶级冲突已经不能成为历史的驱动力，"大众社会"才是驱动力，社会体制是由技术理性之非个人力量所推动。他们认为透过科技对自然所做的宰制，必将导致一种对人的宰制方式。法兰克福学派对文化工业的重视，尤其是对宰制的文化层面的重视，引起60年代学生运动的热烈回响。

二、西梅尔（Georg Simmel，1858—1918）

德国文化哲学家，思想不同于一般学术主流，不以普遍性的哲学体系为目标，也不以哲学理论为目的，而以人生经验所获得的知识或判断为前提，从生命与生活的现实层面思考问题。强调感觉，主张哲学体验，重视文化现象，主要著作有《货币哲学》（*The Philosophy of Money*）、《社会学》（*Sociology of Simmel*）等。

西梅尔的哲学以"生"为主轴，将文化视是人为了生存所建立的生存形式，是为了更加生动地生活的手段。他认为人是从"被瞬间所束缚"的情形下"对整体作出反应"，"存在整体是任何人都无法获得的，整体不是作整体被给赋的，被给赋的仅仅是现实的片断。从大量的片断中创造出一个整体"。[01] 他重视心与感觉的相连性，认为哲学是在聆听对事物的心跳声、人的心跳声、概念的心跳声、文献的心跳声，大多数人的心只对个别的事情进行反应，哲学家应该对整体作出反应。

西梅尔的哲学不具有家长式支配性的动机，以生命与生活为对象，从日常出发给自己生活的时代赋予了哲学气息。在以大都市与精神生活的探讨中，他对柏林市与罗马城的观察与反省中，体验到大都市中人的生活是存在压倒性的泛滥与局促之中，高大建筑物的屋顶布满广告，四方的人们匆匆忙忙奔驰，狭小的空间挤满了人与物。这种快节奏的城市生活、缺乏秩序、杂居的感觉，让生活在此地的人缺乏价值观和行为规范。建筑物呈现出攻击性，表现出险峻的样子，与人的内心一起吼叫、呻吟、激烈的运动，外部与内部的界线消失，人的内心世界成为外部景观。在《大城市与精神生活》一文中，他提出作为生活空间的城市与体验空间的城市不同，尽管两者可能是同一个地区，但大城市生活空间充满了变量，急遽的拥挤，显著的距离、突发的印象，使得人神经敏感。体验空间的城市是指观光城市，是一个憧憬的异地，参观的场所，给观光客体验的价值。他以罗马为例，观光客的罗马城不是罗马居民的罗马，而是人类的罗马，人们在历史、文学、音乐的舞台相遇，受文化包围，以各种方式被感知，以各种方式解释。罗马成为一个开放的空间，不属于个人。观光客通过各种城市之间的移动，发现了思辨的王国和灵魂的故乡，罗马城成为人类历史的安慰。

在西梅尔的论述中，《货币哲学》一书内容最丰富，该书于1900年出版，是对时代综括性的哲学著作。他自称该书是"论述了历史性的生与社会性的生的整体的哲学之一"。这本书既不是要弄清货币本质，也不是诠释经济理论，而只是一部对时代诊断的时代哲学。他试

---

01 北川东子：《西梅尔生存形式》，赵玉婷译，河北教育出版社，第19页。

图透过对货币的诠释,证明"实体性思考"至 20 世纪结束了,此后思考的对象不是实体而是关系。他的论述是"货币"作为近代社会的本质,决定了"生存方式",但由于货币是能动的、普通的,也是"无性格"的,一种可能性的价格,可以赋予对象任何价值,使得一切的价值都成为可能性,因而破坏了价值的绝对性。当所有的东西可以通过货币进行交换,物的价值不存在于本身,而是在货币价格中被定价。作为手段的货币就化为心理上的目的,实体崩溃了,绝对价值不见了,造成了现代社会的困窘。

三、马库色(Herbert Marcuse,1893—1979)

当代西方最有名思想家、哲学家之一,被归类为法兰克福学派成员之一。出身德国犹太家庭,早年曾参加德国社会民主党左翼,后退出,专研哲学,先后受教于胡塞尔及海德格。1933 年希特勒上台,迫害犹太人,逃亡至瑞士,以后随法兰克福研究所迁往美国纽约哥伦比亚大学,1940 年起在美国定居,前后在哥伦比亚大学、哈佛大学、勃兰第斯大学、加利福尼亚大学圣地亚哥分校任教,讲授哲学。60 年代成为美国"新左派"精神领袖,被誉为"青年造反哲学"。以"社会批判"著称,批判现代高发展工业社会弊病。主要代表作有《爱欲与文明》(*Eros and Civilization*)、《单面人》(*One Dimensional Man*)、《论解放》(*On Liberation*)、《反革命与暴乱》(*Counterrevolution and Revolt*)等。

马库色的论述被认为是一种德意志观点,论断大于论证[01],批评者驳斥其学理武断,论证不足,往往只选择有利自身的立场叙述,而忽略不利的部分。其学说系由攻击"纳粹主义"开始。"纳粹主义"是希特勒结合资本主义,以消灭共产主义及社会民主党为宗旨。马库色批评"资本主义"思想矛盾,一方面强调自由思想,一方面在追求自由的过程中,为了防止自由市场活动受阻,不得不请求政府干预,促成

01　詹益弘译:《马库色》,中国台北,结构出版社,1989 年,第 14 页。

了极权。一次世界大战后，德国因战败而受辱，希特勒为了要挽救德国的危机，将理性置于血缘与土地势力之下，倡导种族优越论，造成世纪灾难。马库色为犹太后裔，在面对希特勒迫害之际，对法西斯主义产生高度兴趣，为了要找出法西斯与资本主义的关系，他打破了学科间的隔阂，把哲学、心理学、社会学综合起来，对社会问题进行整体研究。

马库色的主要思想是建立以人为中心的社会历史理论，将人的本性归为人的自由自觉活动，强调人的"主体能动性"，经由释放"爱欲"冲动，满足人的原始欲望。他的研究方式是经由对人性的探讨进入对社会的关怀。在30年代，批判法西斯极权社会，40、50年代，批判以苏联为主的社会主义社会，60年代，批判资本主义社会。在这三者之中以对资本主义社会的批判最受重视。他认为，现代资本主义社会将所有的人都纳入相同的体系之中，人失去了自我意识，导致反对意见被包容而无法存在。他认为，资本主义社会的统治者就是利用这种方式，为自身利益制定虚假意识，压抑人性的意识形态，让人屈从于一套管理体系，为了追求利润、成功，失去了自我的意识。现代资本主义统治者依赖"文化工业"，透过电影、媒体等文化工业传导，将资本主义社会的价值观输入人们的心中，形成坚固的意识形态，让人失去对意识形态的批判能力。这种建构在"实证主义"之下的科学观，使得资本主义的现状可以通过验证，被接受。

马库色的著作充满了对人性以及目前资本主义之下人性尊严的关怀。《单面人》是他思想的核心，最能代表他的理念。此书对现代资本主义提出强烈批判，为现代人的迷失探找原因。书中指出，现代工业社会无论从社会存在到社会意识都出现高度"单面向"的发展，一切对立性的事物，对立性的思想，以及与现实社会唱反调的想法，都被消融，被整合到同一个面向中。生产技术的革新形成了新极权主义，单一的思考模式成为新的意识形态，人们安于现状，不期待任何改革，严重影响到人的独立思考与人格意志的自由。马库色认为，除非我们能有一个"大觉醒"，知道自己被奴隶，知道统治者的需要不是我们的需要，人的价值与意义才能拾回。当代社会需要提升与超越，找回在工业化社会中被同化的"否定"价值，透过"否定"的批判精神，才能使人不受现实制约，而有尊严。他建议经由艺术表现，开发新理性，在社会不合理愈明显时，艺术的合理性就愈大，艺术将自然之物还原为自然面貌，使人由技术及工具理性中获得解放。

四、哈伯马斯（Jurgen Habermas，1929— ）

被认为是当今德国最重要的思想家之一。早期为法兰克福学派的一员，1972年与法兰克福学派分离。其学说主要在为法兰克福学派的批判理论提供新的规范。代表作有《理论与实践》（Theory and Practice）、《认识与兴趣》（Knowledge and Human Interests）、《科学与哲学》（Between Philosophy and Science）等。根据他在《理论与实践》中的看法，他认为现代社会是以人类的利益为重心，这种利益靠经验科学获得，通过工具性技术，控制宇宙，满足需要，采用开放的、易变的和归纳的方式进行。他认为这种技术社会排除了符号的沟通与相互作用，使得人在社会中的个性被忽略，生活在孤立、受控制之中。他提出"解放的人类利益"，重建人与人之间的交往关系，希望建立主体性的交往，为人类寻获迈向正义的第一步。他采用批判和辩证的方式，以解释学来沟通统治与自由。哈伯马斯试图经由批判性思考，反思并否定现存的社会制度与价值，使交往的论述成为可能，进一步了解技术、实践和解放的意义。

哈伯马斯学说系针对当下的问题的反思，特别注意到"现代性"。他认为，现代性并未结束，"后现代"也不成立。现代性具有开放性，尽管有许多问题，但并未终结，亦未完成使命。现代危机不是来自"启蒙"或"理性"，英美保守主义将现代危机归罪于文艺的现代性，法国哲学家（如福科、德里达、利奥塔）对理性的全盘否认是错误的。理性尽管不周全，但不能因此就彻底加以否定，应该在不放弃启蒙理想之下，修正理性的不是，并予重建和修复，建立新理性模式。他主张采交流理论，重振现代性。这种新理性是对科学技术采宽容态度，将批判的重心转移到文化，将科学、科学哲学、语言哲学纳入批判理论中，将西方人文主义与科学哲学合流，开创全面的"交往理论"。这种交往系以"话语"（discours）为基础。在现代生活世界中，主体受经济制度及行政制度影响，彼此之间"不理解"，对话成为争辩，交往的双方，各自为了自己的主张或行为进行辩解，造成"歪曲的交往行为"，导致社会冲突，他要求交往不受经济和行为制度的干预，使交往者生活在一个美好的世界上。要达到这个目的必须打破"言路"的逻辑链条，使人们的心灵打开，通过语言使人们争辩转化为对话。

哈伯马斯提出以"沟通行动论"（the theory of communicative action）作为解决现代人困境的方式。在分析和批判现代社会结构时，他发现现代社会的病存在普遍科层化的社会中，过分重视价值中立性的生活态度。他要以"共识真理理论"（consensus theory of truth）为基础，批评以科技理性取代理性的认知，包括科学主义以及科学的政治观，希望建构普遍性的"规范基础"，在没有外在及内在制约的情形下建立共识，在一个容许自由讨论或公共空间下完成共识。哈伯马斯的沟通行动是要在没有内外制约之下达到相互理解的沟通，协调资源的运用，满足各方的欲望。由于言辞语境指涉着一个人与人之间的沟通脉络，因此这项沟通建立在语言的使用上，透过语言使用的三个条件：真理宣称（truth validity）、正当宣称（rightness claim）、真诚宣称（sincerity claim）让对方明白言词的意义，一旦当对方不了解，要反复解说，令对方明白自己的意思，这是沟通理论唯一的目标或准则。

五、本亚明（Walter Benjamin，1892—1940）

一位受人瞩目，对马克思有深入研究的学者，犹太人，文化批评家、文化艺术家，一生只活了四十八岁。毕生研究美学及文化、艺术议题，可以被称为"现代性理论家"。他觉得每一个时代都认为自己是现代，都认为立于深渊之前，陷于一种危机的感觉之中。

本亚明思想是以"原罪"及"救赎"为基础，透过犹太神秘主义，寻找"救赎"途径；早期致力由语言过程中寻找"救赎"，以后受马克思的唯物主义思想影响，将人的"原罪"归于生产力与生产关系的矛盾，进而循此从艺术中寻找"救赎"。主要的代表作有《德国的悲剧起源》（The Uprising of German Tragedy）、《作为生产者的作家》（The Author of Producer）和《机械再生产时期的艺术作品》（The Work of Art in the Age of Mechanical Reproduction）等。

探讨本亚明的思想，可以从他从建构"语言"的本体性为开始。在西方思想变迁过程中，"本体"是核心。早期的本体为"上帝"；中叶以来，则易为"人"；晚近以来，发展为"语言"。早期思想在建立"上帝的合理化"，中期的思想在建立"人的合理化"，晚期在建立"语言的合理化"。本亚明的贡献是，"只有语言才能被理解"、"一切的真理都以语言为寓所，为其祖先的殿堂"。

他的理论是将上帝创造世界的说法改为上帝用语言创造了世界，寻找"救赎"的途径。语言分为"本体语言与人的语言"，上帝创造的语言是"本体语言"即"纯粹语言"，不是传达客体意义的工具，本身就是传达的客体。人的语言是"世俗语言"。上帝的语言与世俗的语言皆以"命名"（naming）为基础。但上帝的语言是符号，不传达。上帝说有光，于是就有了光，这个光不是光的实象，而是光的语言。世俗的语言是一种命名的语言，也是一种传达的语言，在工业社会中，这种语言堕落了，需要哲学家来救赎。

本亚明在探讨"原罪"的过程中，为马克思的"生产与消费"辩证，提供了出处。他从艺术的层面进行探索，提出艺术作品的功能超过作者的意图，作品与它们以前或以后的历史联结在一起。交易决定了作品的关系，并赋予接受者参与地位。他认为"对艺术作品的认识永远是历史的"，但这种历史不是永恒的，而是共时的、刹那的。他由社会现实去解说艺术现象，过去古典艺术是以叙说为主的叙事性艺术，现代则是以讯息为主的机械复制性艺术。讯息的快捷，无法进行检验，使得依靠大量时间形成的古典艺术式微，并导致艺术功能、价值的根本变化。

他提出了一个有趣的观点：现代社会是透过技术的机制来制造身

份，并且再生产这种身份的符号，从好的一面来说，机械生产具有一种解放的潜能，让所有的人亲近艺术，从坏的一面来说，文化成为一种商品，失去创作的本质。

他所关心的问题是：文化的政治脉络、艺术对当时文化的政治影响。他认为每一种文化都有一种接受模式，政治与文化之间有强烈的物质一致性，艺术是现实世界的缩影，艺术的物质基础在社会结构与组织及社会信念、生产工具和政治生态中。艺术与生产基础是紧密相连的。现代生活中，艺术与意识和社会结构连在一起。本亚明受到法兰克福派思想的影响，认为现代社会是透过技术的机制来制造自身身份，并且再生产这种身份的符号。机械性生产具有一种解放的潜能，有好坏两面性，好的一面是攻击中产阶级、精英文化；坏的一面是文化本身的商品化，艺术成为一种商品，失去创作的本质。艺术是现实的缩影，与生产相关连，将艺术与社会结构连结在一起，成为一种复杂的复合体。

六、当代德国学术思想

当代德国哲学的发展与德国的国家命运密不可分，二次世界大战后，德国人面对核弹威胁的恐惧、生态环境的恶化，使得对生命的思考，呈现在对现实的反省之中。影响现代德国哲学重视生命哲学，主要的代表人物有：

（一）魏泽克（K. F. v Weizsacker）

1912年出生，是著名的物理哲学家。由于德国人对二战的反省及核弹的威胁，使得其自然科学的研究与哲学、政治学连在一起。

魏泽克的哲学信念是"自然比人老，人比自然科学老"。这两个命题反映了两个半圆，两个半圆合二为一，形成了他的哲学反思原则：人只能在超越人之上的自然及其与人的关系中被理解。自然是自我生产的东西，同时被放到与人的关连之中，人在追求自我展示和自我摆脱。人从自然之中被分离出来，也只是人把它当做自身一样的东西。他认为，核爆使物理学丧失了其纯洁性，今天，一颗战术原子弹可以毁灭一座城市，对原子弹的恐惧可以一时维护世界和平，但长此以往是不行的。有利主权国家的裁军及外交手段是不够的，必须是人类自身"世界内部政策"的和平，建立一个新的世界秩序，这是一种在世界范围内可实施的合法性。他所提出的办法是加强对良心的真理性认识，使思想本身道德化。

（二）施米茨（Hermann Schmitz）

这是一位与其他哲学家有不同思考的学者，未采用一般的习惯对传统形上思考提出合理批判，而是从非哲学的地方，肉体经验和当下直接的震惊开始。

1928年出生于莱比锡，代表作为《哲学的体系》。他发现"千百年来，人们在理论上冷落肉体性存在，并在理论家的准则里，一直不对实践生活重视"。肉体一直被否定的存在，被置于哲学最低层。他试图打破过去主宰哲学的成见，并为肉体重新找出它的位置。他认为，哲学应是对人及其周围环境直接肉身化。

他的学说被理解为一种"新现象学"，主张事实首先存在痛苦和震惊的情感之中，这种态度可以走出概念思维及其理智化预先构成的瓶颈。他认为，察觉的东西比思想及其规定重要多了。它的真理性是自明的。如此，肉身成为绝对，成为无条件的"原则"。自我之根不是人的自律，而是肉体和它在气氛中当下存在的独特方式。肉体的当下存在借助气氛的力量起来反抗，以便自己一再陷入自律中。

哲学的基本材料是激情触动，即肉体的基本感觉：像痛、饿、渴、怕、疲乏。人们经验到的肉身并非是整体的肉体，而是肉身的特定区域，一个分散地带。但在重视肉身的哲学中，产生了一个问题，语言的地位。如果肉身察觉到的东西先于语言，就会陷入不可表达的尴尬，而言谈的合法性出现问题，就必须找出其他的表达方法。

（三）卢曼（Niklas Luhmann，1927—1998）

德国社会学家，1927年生，70年代德国最著名的社会学家，关心西方社会现代性的本质。试图以"系统理论"说明社会事实不是一种客观的存在，而是建构的概念。他所追求的不是完善的社会，而是完善对社会的社会学描述，代表作有《社会系统的艺术》（*Art as a Social System*）、《社会系统》（*Social System*）等。

世界可不可能被认识？卢曼认为人不可能认识世界，因为任何的观察者都不能置身世界之外，对世界进行观解。因此外在的事实不可能被认识，社会事实只能以可感的方式呈现。现实事物并不是以事实性的真相为基础，而是以人所经历的秩序形式为基础。

卢曼对社会学的贡献在其社会系统理论。社会系统认为行为不是一个事件，而是行动者和情境之间的关系，当几个行动相互关联时，行动系统便出现了，因此它具有一种象征性的意义，代表一种关联，与环境的关联区隔。每一个系统都有其界限，经由界限，系统间产生区别。系统论的出发点不是同一，而是差异，这些差异是从世界中发现的，而不是必然存在的。世界通过这种区分而被构造出来。系统和环境的关联来自于系统本身，系统并不是在实际上与他的环境进行交流，而是与自身进行交流。除了自我接触外，没有任何别的与环境交流的形式。

系统不能在它自己的界限之外进行工作，大脑是一个封闭的系统，是自我创造的结构，它把外部世界勾画为自身的虚拟化。在系统的建构中，认知是系统内部的生产，不是与外在现实的关系。认知经由反映和反思获得。反映的观察者本身就是一个正在观察的系统的一分子。观察者的观察是一个回溯的封闭系统。反思起于一个盲点，借助区分而获得知识，即便科学系统也是不断被设计出来的区分和概念的复杂网络系统。

他认为，只有当人们对事实状况进行意见交换时，才有社会事实。人们要知道的远远少于人们假装知道的。

第二节　英国"当代文化研究"学派

英国文化研究是 20 世纪 60 年代一批马克思主义学者带领而兴起的文化思潮，这批学者具有贵族、基督教，或精英论的文化观念，他们反对平均主义和工业文化社会，不愿意让普通民众拥有文化投票权[01]，他们所探讨的文化与传统不同，传统重视历史经典、精英文化、主流文化；文化研究则注重当代文化、大众文化、边缘文化、亚文化、与社会保持密切关系。文化研究为跨学科研究，核心机构为当代文化研究中心（CCCS：Center for the Contemporary Culture Study），称为伯明翰学派。由霍加特（Richard Hoggart）于 1964 年创立，随后由霍尔（Stuart Hall）及约翰逊（Richard Johnson）接棒，担任中心主任。研究主旨为文化形式、文化实践、文化结构与社会和社会变迁的关系。

"当代文化研究"的兴起可以由政治及思想两条途径见其端倪。政治方面与英国的新左派崛起有关。新左派是要创造一个民主社会主义的政治，他们以《新明理者》（New Reasoner）、《大学与左派评论》（University and the Left）两个刊物作为论战场域，批评斯大林的教条主义，倡导一种民主的、人道主义的社会正义的政治主张。1959 年这两份杂志合并为《新左派评论》，确立了文化研究的方向。代表人物有威廉斯（Raymond Williams）、汤普森（E. P. Thompson，1924—1993）、霍加特、霍尔等。主要的论述重点是：对经济化约论的批判，把文化看做社会过程本身。

在思想方面的是对大众文化的反省，承续了利瓦伊斯（F. R. Leavis）等人对大众文化的关注，但态度不同。利瓦伊斯是从恢复古老的有机社会角度，批评大众文化缺乏严肃性和审美价值。而威廉斯等对大众文化感受较深。他们受马克思的文化观影响，同意马克思从思想与统治性阶层的角度看待文化，认为统治阶层不仅握有社会物质力量，同时也握有知识力量。统治阶级的思想其实就是占统治地位的物

---

[01] Daniel Bell, *The End of Ideology*：《意识形态的终结》，江苏，江苏人民出版社，2001 年，第 352 页。

质关系在观念上的表现，统治者作为一个阶级进行的统治，即决定了某一时代的思想生产和散布，利用其思想来合法化并且掩饰其宰制的本质。他们也接受马克思在资本论中的立论的基础，将概念分为两种类型：一种是历史，一种是抽象。思想是一种转变和生产的行为，概念则是在这个过程中所形成的。适当的概念是历史的产物，概念也只有在其所生产的历史条件中才能发挥效力。这批学者从社会的阶层来讨论文化，将阶层化分为三个面向：种族阶层化，种族被视为是天生的，是一种文化的表现，表现在种族主义、优越性、纯粹，以及净化的意识形态；性别阶层化，由语言来探讨女性的地位。"语言是由人所创造出来的"，包含了一系列支持男性宰制的深层结构；社会阶级的划分，阶级更细致地呈现为象征的文化网络中的符码，视文化阶层化是对大众文化的一种反思，批评大众文化不足以成气候，因而要从分殊化、层级与等级来讨论文化，也就是从"人类学与其观察的对象的关系"，即第一世界和第三世界、已开发和未开发、复杂与简单、开发与落后之间的关系，来讨论大众文化。

整体说来，文化研究是基于冲突的观点，强调民主的特质，考察所有层次的文化表征；拒斥任何绝对价值，将文化视为一种过程，而不是一系列的器物或冻结的象征；反对一种单一的原则，一种共通的理解来源，重视"一个民族的整体生活方式"，肯定通俗文化本身的价值。英国当代文化学者除了借此捍卫英国文化的优秀之外，更批评美国大众文化。主要代表人物有：

一、艾略特（T. S. Eliot，1888—1965）

英国诗人、批评家，出生于美国密苏里州圣路易斯。先祖是英国萨默塞特郡东科克地方的鞋匠，1670年移居美洲波士顿。他的祖父迁至圣路易斯，创办华盛顿大学，1872年任校长，父亲经商，母亲夏洛蒂·斯特恩斯是诗人。他的家庭一直保持新英格兰卡尔文教派的传统。1906年至1910年，艾略特在哈佛大学攻读哲学，并受到新人文主义者巴比特的影响。其后去法国，在巴黎大学听博格森讲哲学。1914年起定居英国。1914 年至 1915 年在德国学习，因战争中辍，并于此时完成关于英国新黑格尔派哲学家布拉德莱的博士论文。1915 至 1916 年在伦敦海格特学校教授拉丁文和法文。1917 年至 1920 年在劳埃德银行当职员。曾担任先锋派杂志《自我中心者》的助理编辑。1922 年创办文学评论季刊《标准》，并任主编，从 20 年代起直至去世，一直任费柏出版社董事。1948 年因《四个四重奏》获诺贝尔文学奖。

艾略特的剧作多采用诗体。最著名的诗剧是《大教堂凶杀案》（1935），为坎特伯雷大教堂节日活动而作，写 12 世纪坎特伯雷大主教托马斯·厄·贝克特与国王亨利二世的矛盾。贝克特抵抗住各种引诱，最后被国王派来的骑士杀死。评者认为此剧歌颂的是为世人赎罪的献身精神，也有人认为是反对教义所否定的骄傲罪。此外较有名的剧作有：《全家重聚》（1939）用现代题材写犯罪的报应，犯罪使家庭破裂，强调人物的赎罪心理；《鸡尾酒会》（1950）和《机要秘书》（1954）以现实主义喜剧形式宣扬宗教信仰给有罪的人带来自我认识之光，只有宗教信仰才能使人不入迷途。最后一个剧本《政界元老》（1959）则转而歌颂爱情。

艾略特诗歌的特色打破了英国浪漫主义及维多利亚时期的诗歌写作手法与常规，开创了现代派的诗歌写作，充分表现出第一次世界大战后西方世界的精神面貌，反映了新时代的精神和现代人的思想感情。艾略特的诗作系以英语习惯和口语的自然节奏代替过去的诗歌语言，用生动、具体的感官印象代替空泛拟人化的抽象概念，描述了工业社会人们的心理状态：感情枯竭、精神空虚、生活厌倦、对人类前途幻灭，也反映了城市文明的拜物教主义和社会下层的贫困和悲惨。

艾略特写作专注于探寻表象背后的实体。他认为，"没有任何诗歌和从事任何艺术的艺术家有自己完全独立的思想"。"对艺术家的评价是对他与已死去的诗人和艺术家的关系的评价"，受艾略特影响，英国研究者开始质疑经典的价值，质疑被作为具有文学价值的学校读本，并开始重视少数群体所写的作品，并把视野扩大到诗人和作家之外，寻找影响文本生产的社会和历史因素。

在艾略特的理论架构中，最引人重视的是其对"传统与个人才能"

的看法，他认为传统不能继承，传统包括历史意识、一种感觉，不仅感觉到过去的过去性，也感觉到它的现在性。写作者不只了解自己的一代，也要了解自己国家的全部文学，构成一个同时存在的整体。这种历史意识不仅意识到什么是超时间的，也意识到什么是时间性的，而且还意识到超时间和有时间性的东西是结合在一起，如此一来作家便成为传统了，不但意识到自己的历史地位，也意识到自己的当代价值。他认为，当一件艺术品被创作时，一切早于它的艺术品都同时受到影响，将之联合起来形成完美体系。当新的作品出现之后，体系还要存在下去，因此每件作品都和体系产生关系。

二、利维斯（Frank R. Leavis，1895—1978）

英国文学批评家，出身社会精英阶层，历任英国一些大学客座教授，1936年至1962年出任剑桥大学唐宁学院研究员，创办《细绎》（*Scrutiny*）评论季刊（1932—1953）。主要代表作为《共同追求》（*The Common Pursuit*）、《文化与环境》（*Culture and Environment*）、《两个文化》（*The Two Cultures*）。

利维斯将英语的研究与文学批评视为是通向美好的生活的一条道路，是人处境中最有价值的核心。他在《文化与环境》与《两个文化》中强调，对艺术与文学的欣赏必须仰赖少数人，只有从他们之中，才能从人类过去优异的经验中获益。他对过去岁月有一种怀旧情感，希望走回传统的有机社群中，回复到田园牧歌式的生活。他认为，社会生活不可能是所有人的相似经验，文化的传统是超乎普通人以上层次的标准，伟大的文学能够掌握人类经验的基本要素，彰显作者的特色。大众文化所反映的是机械物质性，而非人类经验的精华，既非美好，也没有解放功能，因此他严厉批评大众文化，认为大众文化缺乏道德的严肃性和审美价值，必须透过自由式教育，创造出一批强健有教养的大众。利维斯认为商业和科技的发展削弱了文化的健康发展，应通过文学培养人在智力和道德方面高度敏感的感受力，抵制低劣的"大众"文明。有了这样的训练，才能分辨当代文学中新的有生命力的东西，分辨古代文学作品中哪些在今天还有生命力。文学评论和大学文学系的任务就是培养这种感受力。他要求文学必须有道德价值，必须促进社会的健康。利维斯一生的评论和教学活动基本上围绕这一中心思想。他在乔治·艾略特和戴·赫·劳伦斯的作品里找到他所欣赏的文学特点，因此对这两位作家给予高度的评价。利维斯是剑桥派批评家之一，他的文学理论在西方很有影响力。

三、威廉斯（Raymond Williams，1921—1988）

雷蒙·威廉斯，1921年生，出身工人阶级家庭，曾就读英国剑桥三一学院，关心政治、文化、社会问题，治学范围广泛，1960年后在剑桥大学任职，被归类为文化唯物论者。毕生著作三十余本，主要代表作有《漫长的革命》(The Long Revolution)、《文化与社会》(Culture and Society)、《沟通》(Communications)、《现代悲剧》(Modern Tragedy)、《电视：科技与文化形式》(Television: Technology and Cultural Form)。他认为自工业革命以来，人类社会出现重大转变，特别显现在"文化"之中。透过对工业革命以来对"文化"的了解，可以认识到现代的危机。由文化的"漫长革命"中找寻民主的潜力。

威廉斯认为文化是整体社会现实的反映，文化观念是主观理想的反应建构。他从与现代意义有密切关系的五个语词：工业、民主、艺术、阶级、文化的认知与演进中，探索文化的意义。他认为从1790年到1950年间，英国知识分子对上述五种现象的态度可以分为三个阶段：1790—1870、1870—1914、1914—1950，而这三个时期对这五个语言的认同度是由反对到接受。工业，这个字原来指的是人的属性：刻苦、坚毅、勤奋；18世纪（1776年）以后这个字的意思变了，指的是制造与生产机构。大写的工业指的是一个机构，一群活动，而不是人的属性，以后又成为一种制度。民主，早先民主是"人民治理"，是一个文学字眼，到了1776年及法国大革命变成政治字汇，到19世纪初，这个字与暴民连在一起。阶级，在1740年以前，这个字的意思是指大学或学校的一个区分或群体，18世纪末才有现代社会意义，由"下层阶级"再"高层阶级"而"中层阶级"。"阶级"这个字是社会结构、社会感觉改变了之后出现。艺术，原来也是人的一种属性，一种技术（skill），现在变成一种机构，一种活动，是一种"想象的真理"。文化，原来的意思是"培养自然的成长"、"人类训练的过程"，现代则有四种意思：心灵的一种普遍状态或习惯，整个社会知识发展的普遍状态，艺术的普遍状态，物质、知识与精神构成的整个生活方式。他由不同的人物多样进行对文化的探讨，希望由艺术家探讨感觉结构，由政论家或思想家探讨意义结构，将文化的意义不断地扩张，几乎与我们的日常生活成为等义。他放弃了马克思的经济决定论，重视经验的描述。

威廉斯认为文化的定义有三：理想的意义，人类完善的一种状态和过程；文献的意义，是知性和想象作品的整体；社会的意义，代表整体生活方式。他采用第三种定义，认为文化记录了我们社会、经济以及政治生活上的改变，及它所引起的许多重要与持续反应。文化不同于实际社会，是实际社会以外的一条路，是对不同社会种种描述的总合，不完全存在语言与文学之中，但与我们日常生活几乎同义。文化讨论了生产组织、家庭结构、制约社会关系的制度。因此可以说，他把文化讨论的范围从文学道德的定义转变为一种人类学的文化。文化在他的理解范围，是一种经验，也是一种感觉结构。

这种"感觉结构"是一种"经验"的体认，具有独特和有个性的色彩，他主张任何置身历史之外，不具有经验的人，对文化都只能有不完整或抽象的理解。

四、汤普森（E. P. Thompson，1924—1993）

英国马克思主义历史学者，剑桥大学毕业，曾在立兹大学（Leeds University）教过书，并在沃尔维克大学（the University of Warwick）社会历史研究中心工作。毕生致力历史和理论写作，并积极参与推动解除核武运动。著作很多，有《理论的贫困》（The Poverty of Theory）、《辉格党人与猎人》（Whigs and Hunters）、《英格兰的致命树》（Albion's Fatal Tree）、《共有的习惯》（Customs in Common），其中以1968年出版的

《英国工人阶级的形成》(The Making of English Working Class) 最具代表性。该书对工业革命中英国工人阶级社会政治进行研究，提出"自下而上的历史"研究，为工人阶级找到其自身在历史形成中扮演的积极角色。英国《泰晤士报》在书评中指出"汤普森以其对人性的深刻洞察与理解，带领我们重新捕捉工人阶级在其自我形塑时期的痛苦、英勇与迷妄。"

汤普森的著作被称为是二次世界大战战后最具原创性的作品，是从社会政治面对英国工业革命中的工人阶级的地位进行研究，试图将贫困的织袜工人及其子孙后代从巨大的屈辱中解放出来，认识到形成工人自身的过程。他追溯了工业革命初期工人阶级和文化的形成。不将文化视为生活的整体，而视为不同生活方式间的斗争。反对马克思庸俗的经济决定论，反对马克思将资本主义解释为生产方式和社会类型的必然结果，转而重视人类主体的能动性，即人民塑造历史的力量，强调文化的独立性和重要性。他认为"工人不像太阳一样会自然升起，出现在于自身"。在他的理论中，最受到瞩目的是他对阶级的论述。他用机器来说明他的阶级理论，他认为，阶级不是机器的某一个部分，而是机器运作的方式，一旦启动之后，不再是这个利益或那个利益，而是利益之间的摩擦，因此阶级是一种社会和文化形构，不能以抽象或抽离的方式定义，只能以和其他阶级之间的关系来定义，必须透过时间、行动和反应进行。当我们谈论到单数阶级的时候，所想到的是一个非常松散的人群组合，拥有同样的利害关系、社会经验、习俗传统和价值体系，拥有作为一个阶级的行为取向。他们是以对其他阶级团体所展现的行动和意义来定义自己。所以阶级本身不是个事物（a thing）而是事物的形成（a happening）[01]。为了说明他的观点，他将阶级分为阶级经验和阶级意识，阶级经验是生活在其中的人，阶级意识是从文化的角度处理这些经验的方式，并认为唯有从文化的层面才可能了解阶级意识。

01　E. P. Thompson, *The Making of the English Working Class*，贾士蘅译:《英国工人阶级的形成》，中国台北：纯智，2001年，第1203页。

五、霍加特（Richart Hoggart，1918— ）

教师、作家及公务员（联合国教科文组织副总干事），为英国"当代文化研究中心"创始人，毕生致力研究20世纪中期工人阶级文化，以对英国工人阶级文化研究享有声名。

霍加特出身工人阶级家庭，对工人生活怀有一份情感，其著作系透过个人的想象力及童年的经历，以一种引人注目的怀旧心情，精确、生动的描绘了英国北方工人阶级的生活，并对大众媒体和流行文化的文化价值展开讨论。主要代表作为《文化用途》（*The Use of Literary*），这是一部英国文化研究的发轫之作。作者在书中探讨了20世纪初期起，工人阶级文化是如何受到大众刊物的影响，并对当时流行读物进行批评。希望透过此书重新确认工人阶级的政治和文化身份。此书将英国文化分为二战之前与二战之后两个阶段来讨论。他认为二战之前的英国工人文化是一个有机文化，传统工人阶级的社会是一个自然、纯洁的有机社会，彼此之间有一种内在的紧密关系，存在一种共同感受。二战以后的文化缺乏有机性，电视、流行音乐、犯罪小说是一种文化赝品。他认为，人民的旧有文化正处于新大众文化的攻击下，而这种新大众文化并不会比旧有文化健康。他试图建立一种系统地鉴别大众文化的标准，并以强烈的实践精神去"阅读"工人阶级文化，找寻其价值与意义。

霍加特在《人民的真实世界：来自通俗艺术的例证——派格报》一文中，对工人文化作了深入的分析。他认为工人艺术是一种"展现"，而不是"探索"。在对工人生活的描述过程中，"惊奇"是其最主要的特色，图像是其手法。工人文化的题材是"把人表现为人"[01]，没有固定的形式。

---

01 罗钢、刘象愚主编：《文化研究读本》，北京：中国社会科学出版社，2000年，第114页。

六、霍尔（Stuart Hall，1932— ）

出生于牙买加的中产阶级家庭，1951年赴英国牛津大学就读。积极从事左翼政治活动，60年代成为《新左派评论》编辑，1974年正式出任"当代文化研究中心"主任，一生致力反核、反种族运动。

霍尔强调理论的开放性，相信必须经由历史与理论不断的辩证，才可能产生改革的力量，反对经济决定论、阶级化约论、本质主义以及历史阶段的必然性。他认为社会的形构、阶级、文化之间的关系，既不是一对一的对应关系，也不是不一致的关系，而是建构出来的，既不是一定有，也不是一定不存在，它是由社会群体间不断斗争与相互碰撞而产生的，并以这种"构连"（articulation）理论取代传统"决定理论"作为其理论基础。他特别强调媒体与意识形态之间的关系。在负责"当代文化研究中心"工作时，对意识形态、霸权理论与马克思主义，提供了许多新的思考方向。他认为，霸权不只是文化或意识形态的收编，而是历史集团的形成过程。霸权在取得过程中，必须运用大众既有的常识，才能获得支持与认可。历史集团的任务就在创造一种常识，以便完成历史任务。他重视语言、文化的物质性，将意义争夺、论述纷争纳入意识形态与文化研究中，批评现代传播媒体的意识形态与权力结构。

霍尔主要著作有《流行艺术》（The Popular Arts）、《应对危机》（Policing the crisis），关心种族问题与流行文化，并将两者结合起来，写了有关亚文化的书，特别是嬉皮。霍尔的研究集中在意识形态与身份之间，以及文化与政治之间的关系。他认为，文化可以从两个角度来讨论，第一个是"思想"的角度，是对不同社会种种描述的总合，在这种情形下，文化概念被大众化和社会化了。第二个是"人类学"的角度，文化是生活的整体方式，文化理论是对整个生活方式中各个因素之间关系的研究，文化贯穿了所有的社会实践，是它们相互之间关系的总合。

综合上述英国学者的看法，在英国文化研究的认知中，文化理论不是一种实践，也不是对社会中的民风习俗的总体的简单描述，而是贯穿了社会实践，相互之间关系的总合，面对的问题是如何找到各不同领域中的共同关系。如果马克思的经济决定论是不对的，那又是什么？他们提出"相互作用论"（interactionalism），即所有实践内的相互作用，作为了解及解决问题的依据。

第三节 法国文化

　　法国的思想在欧洲思想界一直具有重要地位，从加佩王朝兴起，经华洛亚至波旁王室，尤其是路易十四的丰功伟业，到法国大革命乃至启蒙运动，皆为人类带来相当的影响。唯二次世界大战却让法国遭受前所未有的冲击，战争的胜利并未消除法国知识分子对战场失败的伤痛。法国知识分子对战争的反省，特别是作为战俘的感受，影响战后的法国出现一股新的思潮：对建构资本主义及社会主义的理性基础产生怀疑，认为理性所建构的不是人类的福祉，而是霸权的借口。这股被称为后现代主义的风潮，从法国蔓延至全球，反对启蒙的整体思考，强调从谱系的角度探索[01]，颠覆了传统的体系。在后现代以前，人类思想从形上学到理性哲学，都是在总体性的信念中，重视本质与起源。本质在感性之外，无法目击而又无处不在，它是伟大的神秘所在，既有隐闭性，又有优先性，是西方学说的认识论、信念和哲学的基础。总体性要求秩序、纪律、讲究逻辑、理性轨道、论证分析，肉体变成我思的物理器官，和知识主体、理性主体站在同等的地位，属于第二性，被管制、被束缚、被理性指导，欲望、本能被隐藏起来。人的身体在总体的框架内丧失了肉体性，身体不是自己的，而是属于一个更高的体系。

　　法国后现代主义思想受德国哲学家尼采影响甚深，尼采是第一位全面挑战形上学总体性的学者，点起了后现代的哲学火苗。以后法国的学者德里达、福科在这个基础之上加以发挥，将身体从理性组织之

01　汪民安主编：《后现代性的哲学话语——从福科到塞义德》，杭州，浙江人民出版社，2000年，第4页。

中解放出来，承认肉体的感性与生物性。

在总体性的思维中，本质与真理相互依存。尼采认为真理不是纯净无瑕的，反而是被权利与欲望所污染，与利益相结合。福科则认为没有永恒的真理，只有永恒的真理借口，其背后是统治、压迫、操纵、支配、及利益的要求。主张对待真理的方式是揭开其野心、欲望与权力的面纱。博德里亚则认为，外在的符码、模型、幻象不再是真理的反映，也不是符号，有自己的力量。这些一度被视为二度呈现物的东西，现在成为决定性的东西。大规模的符号在引导、决定、支配。语言掌握了自己的命运，发现了自己，语言就是物。语言不再是主体的功能，相反的，主体成为语言的功能，主体被语言吞并。笛卡儿"我思故我在"退场，作者不再是文本的操纵者，"人"也死了，过去统一、连续的历史也不再具有活力，历史只是一些碎片。后现代主义要求去除本质主义，认为只有偶然、机遇、运气与幻想。以表象取代本质，物质代替理念，使得严密的系统组织被差异系统所取代，垂直的系统被平面的系统所取代。差异搅乱了等级，搅毁了一切的屈从与支配。本质的严肃、残酷、冷漠成为宽容、平等、轻松和诙谐，封闭变成开放。符号与符号之间没有因果关系，只有游戏性质。后现代主义学者认为总体性表现在历史的叙事中，利奥塔将这种总体性的叙事称为"元叙事"，一种建立在理性基础上的宏大叙事。他们反对这种启蒙知识、理性知识，信奉差异、多元、重视异质性。以绝对的差异攻击形上学与总体性，以身体来对抗主体，创造一个身体的世界。强调偶然、碎片，要从"看不见"、"瞬间图像"、"快照"的细枝末节中发现整体意义的可能性。"新奇"是这个思想的主要特性，捕捉新奇的好奇心创造了时尚文化及流行的理论。后现代的方法论是建立在黑格尔的辩证法上，每一个人都是已经消失的瞬间所包含的永恒。

一、萨特（Jean-Paul Sartre，1905—1980）

在当代法国思想中第一个受到尊重的是萨特。早先以文学写作出名，后受博格森及胡塞尔影响，成为哲学家，其思考代表作为《存在与虚无》(*L'etre et le neant*)，强调存在的荒谬。萨特生于1905年，幼年双亲辞世，在祖父母的教养下长大，二次大战期间从军，为期一年即遭德军俘虏，在俘虏营中，他所反省的问题是"谁有权决定另一个人的生存权？"经过一年获释，重生后，开始教书，并领导一个团体，抵抗德国势力。由于受到战争以及被俘的影响，特别关心人的自由问题，他察觉到人的存在受到外在环境限制，并将外在的暴力内在化。[01] 人的自由是有限的，一个人只有在强迫的环境下，才能体验到自由。他认为这种体验可以从政治运动中获得。政治上的抵抗有道德价值，有对人的责任，"拯救"人的意义。

萨特将存在视为一个活生生的矛盾，一种荒谬，在《存在与虚无》一书中，萨特展现他的思想概念：自由、情境、否定，并以否定作为思想主轴，因此有人称他为"否定哲学的哲学家"。萨特的否定是以情意我为中心，指的是情意感受中的"空无"或"否定"。经常为人引用的例子是："他到咖啡馆，以为可以见到彼得，可是没有见到，于是他体验到彼得的不在。此处彼得的'不在'，被当做一种实有而且被体验到，与其他未被预期的不到的人感觉不一样。"在这里可以发现彼得的"不在"虽是否定性，但却改变"实有"的咖啡馆情景。而一切的"有"也在"情意感受中"了。萨特认为，"存有空无都是实存，但空无之根源在人存在之上"，从这里可以看空无，发现空无只是一种自觉。他认为，经由人的自觉，否定与毁灭进入世界，回到主体。因此人的本质是"无"，但也是一切。

萨特认为，自觉是一种威权，使有化为无，一切的正面性的活动都会有否定的到来。这种"无"就构成了他的"自由"，什么都不是，而只是无，自由就是人心中的空无性。在萨特的笔下，世界是黑暗、荒谬的，对存在主义产生重大影响。

01　萨特著，黄忠晶等译：《萨特自述》，河南，河南人民出版社，2000年，第10页。

二、布尔迪厄（P. Bourdieu，1930— ）

1930年生于法国，父亲是公务员。32岁结婚，育有三子，毕生从事教学工作，为著名社会学者，提出"生成的结构主义"[01]，致力从研究者及被研究者的社会位置了解问题。他认为理论不可能凭空出现，因此要在问题的架构下产生。成长于冷战时期，受当时学术主流思想：现象学、结构主义、马克思主义影响，试图找到任何一种观念或行为被接受的理由，也就是"合法性"的基础。照流行的话来说，就是被宰制者之所以心甘情愿被宰制的理由。

布尔迪厄的"生成的结构主义"接受了涂尔干、马克思、韦伯等学者部分观念，并经由反省，斟酌修正、提出批判。他同意涂尔干的社会事实论，由社会事实来探讨社会事实，但与涂尔干不同，他不赞同绝对的客观主义，也反对永恒普遍性的解说。[02] 他同意马克思的阶级观念，从社会现实的宰制关系看社会秩序，视社会现实是由历史上相互斗争的阶级之间的权力关系所形成。但他批评马克思的经济化约论，指责经济生产关系中的位置来定义社会位置是不足的，因为这将忽略文化生产关系中各个社会位置以及社会场域中所有对立关系。他重视意义关系、象征性的宰制关系，以及主观的价值。接受韦伯合法性的概念，但更重视合法化的"过程"，特别是行动者如何建立其合法性，以使他人承认其能力、地位或其拥有的权力。

布尔迪厄从摆脱传统主观／客观、整体／个体对立的角度，提出他的社会学理论。他提出的第一个论点是，以"常识"来判断事情的危险性。他认为常识是一种"再现"（*representation*），以"预设的概念"来理解行为动机及行为准则，分析实际经验，从事价值判断。常识被有系统地组织起来之后 就会影响现实，变成意识形态。每一个人在与别人互动时往往会以再现来判断别人，有一种先入为主的观念，

---

01 这是一种建构主义，一方面指认知、思想和行动图式（schemes）的社会生成，另一方面则存在著社会结构。

02 Patrice Bonnewitz, *Premieres lecon sur La xociologie de Pierre Bourdieu*，孙智绮译：《布尔迪厄社会学的第一课》，中国台北，麦田出版，2002年，第36页。

导致对社会现实的错误理解。社会学的任务就是要打破常识，了解自己的社会地位。社会学者要明了人们使用的语言不是中立的，背后有一套世界的价值。当人们对自己的行为作出自圆其说的理由时，不论对不对，总是不完整。这是因为每个人的说法都受限社会背景、"无意识原则"的影响，因此他主张必须对认识论进行反思。

第二个论点是提出"惯习"理论。他认为传统社会学是从"对立"的角度来探讨社会行为，只是简单地执行明确的规范。而"惯习"可以超越对立面，用来解释社会运作的逻辑，可以显现社会的不同生活风格，譬如一个人的品味是依照社会阶级的惯习而形成的。一般将惯习解释为人是社会产物，但布尔迪厄认为，个人的个性不过是由阶级属性构成的社会性格的一个变种，惯习可以让我们了解到个人和集体行为的逻辑，以及让我们可以在不同场域行动的社会游戏感。惯习可以让我们理解到社会再生产的机制：借由"外在性的内化及内在性的外化"，个人才觉得"适得其所"[01]。

第三个论点是"场域"。他认为社会建立在层级结构之下，每一个层级的区辨方式不同，早期建立在"威望"之下，分为贵族、教士、第三阶级，以后受马克思影响，采经济所得区分，再来依韦伯的方式，用权力、财富与威望来分辨。但只是阶级并不能精确说明社会的区隔。要用社会空间及社会场域来区分。场域就像一个市场，场域理论建立在社会的分化的过程中。整个社会是由相对自主的小社会构成，依各自的逻辑运作。从某一方面来看，场域结构是一种权力关系的反映，社会中每一位行动者都根据其在场域中的位置行动。

第四个论点是从"再生产"来探讨社会的流动性以及社会的不平等所在。他从1950年以来法国社会的流动性中发现，整体的趋势缓慢，主要的理由是社会的上层阶级透过文化再生产的方式占有各种资本，包括生物投资、继承、教育、经济投资、象征投资来维持其地位。

第五个论点是文化宰制理论。他认为，文化维持社会阶级之间的

---

01 Patrice Bonnewitz, *Premieres lecon sur La xociologie de Pierre Bourdieu*，孙智绮译：《布尔迪厄社会学的第一课》，中国台北，麦田出版，2002年，第118页。

区别，宰制是透过文化进行。在布尔迪厄的认知中，文化不是智慧的遗产或艺术遗产，文化是指某一人类团体特有的做事、感觉、思考之方式。所有后天所获得，可以传下去的一切，所有使人成为其自身生存条件之创造者的一切，都属于文化。文化的多元性是指在同一个文化之内，一些不认同主流实践及主流再现的社群。其中某一社群特有的价值和行为，称为次文化，反对主流文化并提倡新的文化规范者称为反文化。文化场域的运作靠生产与消费。文化所生产与消费的是"象征符码"，由文化的差异性建构出来的。主流文化建立在其"合法化"过程，象征权力以灌输某种意义，使其成为合法的意义。象征权力之取得在象征资本之获得。象征资本给予社会施为者一种信誉。文化之间的不平等来自区别，在社会分化过程中，文化的实践被分化、阶级化。布尔迪厄以摄影为例，说明不同阶级人士对摄影的态度，表现不同文化的意义。

三、博德里亚（Jean Baudrilliart，1929— ）

1929年生于罗马，为法国社会学家，也是一位备受争议的当代思想家。代表作有《目标系统》(*The Object System*)、《消费社会的目标系统》(*The System of Objects and Consumer Society*)等。他从对马克思的认知中，对马克思提出批判，认为仅以物品的使用价值与商品价值来解释资本主义是不足的，进而提出符号价值与代码价值理论。所谓的符号价值与代码价值指的是"复制对象和情境"。他从符号、系统、差异来诠释他的理论，并以赠礼行为来说明象征的意义。他的逻辑包括实用逻辑、市场逻辑、赠礼逻辑和地位逻辑。立论的基础是：没有物品可以孤立的独立于其他物品而存在，要想了解这个物品必须由差异性或关系性着手。物品在消费社会不是单纯的被消费，也不只是满足消费，而是意味着某一种地位。社会生活的基础在生活方式和价值，人们追求的不是快乐、平等、消费，也不是同质化，而是差异性。"主体和客体不是在主体的永恒本质的基础上联结起来，而是通过社会关系的无意识结构联结起来"。

在以符号为基础的消费社会中，存在着一个反话语，使得消费社会也是一个被指控的社会。代码来自一种语境，如计算机的二进制制、DNA，在信息时代，取代了符号，占有虚拟现实、全球性交往、通讯、立体图像与艺术市场。本来事物的源头在复制，如今代码所生产的副本，成为源头，使得副本与源头之间的差别是多余的。物的原本不是原本或原始的存在，而是陈述、代码化的信号和数字。代码侵入整个社会结构，二元对立开始坍塌，一切都成为不确定的。

博德里亚认为，过去的封闭系统已经面临崩塌之虞，如今客体已凌驾主体之上，具有优先权。而存在的只是一种诱惑力，一种变异、歪曲、迷惑和反讽的力量。这种以消费为主的文化解释，强调代码的创造意义，有其时代的一面，但若仅以虚拟取代现实，仍难以解决物理界感官中所谓的真实与虚假。

博德里亚受马克思学说影响，进一步提出"价值的结构性革命"理论。他认为交换价值所展现的是商品和金钱的"等价性"，而人和物品也通过这种等价性而存在，并将这种价值理论延伸到语言学和结构学上。语言成为空洞的，不能代表什么。他将语言视为推理空间的游戏符号，并提出符号解放的理论：自给自足，不停的再生产。他认为现代文化在"伪病态"阶段[01]，文明的标准：美、丑，真、伪，有用、无用，左派、右派，自然、文化，将从影像和符号体系中消失，而符号是一种中性和共同性的代码。在当代世界的符号的统治之下，充斥各种信息和通讯技术，影像充溢了整个社会，人们丧失直接获取经验的本能，无法再确定什么是真，什么是伪。在影像及符号前，真实变得无法真实，真实藏在自身的影像背后。在符号世界中，真实成为一种立场。人为制造的陈腔滥调战胜了真实和对现状的实际反应，以真实的方式表述谎言。[02]

总之，博德里亚反对理论的说法，并且也不将其思想放在真理、价值或意义的标准之上。意义已没有希望，希望存在现象之中，现象

---

01 伪病态是一种谎言方式，以一种看似真实的表述方式来表现其接近事实。

02 Ingeborg Breuer, Peter Leusch, Dieter Mersch, *Welten im Kopf-Frankreich/Italien*，叶隽译：《法意哲学家圆桌》，北京，华夏出版社，2003年，第30页。

是"世界游戏",融合了存在与现象。理论只是对真实挑战,真实是为了某一种理论挑战而存在。

四、德里达(Jacques Derrida,1930)

1930年生于阿尔及利亚,犹太后裔,1952年在法国巴黎高等师范学院修哲学。1956年至美国哈佛大学进修,曾在法国及美国有名大学任教,哲学界学者将他定位为"解构学派",主要是因为他选用了海德格的"摧毁"(*Destruction*)及"减缩"(*Abbau*)两字,提出"解构"一词。他认为这两个字的意思是拆散,但不是毁掉西方传统本体论和形上学概念,而是对平常阅读的文本、意义、概念提出质疑。解构不是放弃真理,而是寻找"言外之意"。德里达著作丰富,唯其创作形式不被正统学术认同,尤其写作风格,被视为搞语言把戏,琐碎乏味,错误百出。

德里达受人关注的是他对"解构"的态度。这是对"本质"采取的一种怀疑态度,批评"本质"导致存有论划界设限。解构之特性在于它包含着本质所不可能获得的经验,挑战传统哲学,试图瓦解传统哲学形上学的根基,进行他的解构学说论述。德里达质疑形上学所建构的真理和知识,否定传统对程序(*procedure*)和呈现(*presentation*)的看法,将哲学带入艺术、建筑、法律及政治之中。他批评法国结构主义学说,认为是西方的本质主义。在结构主义中有一个中心,一个原型,一个起源,这个中心无法说明,既存在结构之中,又不在结构之中,但却支配了结构,使结构成为一个封闭的总体。只有把结构设想为没有中心,才能看到人们对这些结构的解释没有穷尽、不受限制、有增无减、没有结束、没有统一、没有连续,唯有在游戏之中,才能进入理性中心又游离这个中心。他由摆脱中心论进行论述,强调不按常轨,没有头尾的写作,主张脱轨的沟通(*derailed communication*)和不可确定性(*undecidability*),否定了形上学中二元对立"非此/即彼"的关系。在形上学的二元对立观念表述中,有前词与后词,前词打压后词,如生/死、黑/白、原始/文明等,生死的描述就是以生为中心推出死，事实上这种论述是有问题的，因为生是在场的，而死却不在场。德里达将这种传统的书写方式颠倒，改变前后的上下关系为平行关系，使得传统的认知方式出现不稳定状况，整个秩序体系也面临瓦解之虞，因而动摇了形上学的基础。

传统的书写方式受到柏拉图影响，德里达既不否定，也不修正，只是强调这些说法不稳定，存在着不可确定性。他提出"言说"与"书写"的争议，主张言说是透明的，是一片透明的纱，借以一窥意识之相。言说与思想之间没有隔阂，没有时间差，没有空隙。言说是思想、无上观念、观念作用、意识自身的再现。言说是在场的，说话的时候意识自己呈现在我的思维之中，让自己的思想接近意指，是顺着我纯粹的自由、自动自发的本能，不需借助外物或世界上其他力量。书写不需要作者在场，也不需要作者的意识在场，书写是生产一个符号，超越作者的生命自身之外。书写能力是阶级教育的基石，书写成了一种特权。一种霸权，建立在西方形上学的架构之上。他将书写视为一个次级品，一个劣质的替代品。德里达区分言说与书写的不同，书写符号脱离作者之外，为作者所遗弃，但继续产生作用，超越作者的生命之外。书写是生产一个符号，使其构成一种本身也具有生产力的机制。书写的定理是空间的距离、时间的延迟、不透明性与暧昧性，以及无生命的意义。

德里达的思想是经由对现象学与结构主义的反省进行的。现象学是一种看待事物的方法，重视意识与现象世界的关系，用本质直观来描述先验意识。两者论述皆在对"意义"的探讨，但基本观念是对立的，现象学是讨论内在意识的哲学，结构主义讨论的是语言与文学的关系。现象学认为意义产生于内在意识，结构主义认为意义产生于语言单位之间的关系。现象学认为语言与思考之间有两种符号，一种是表达性（*expressive*）符号，另一种是指示（*indicative*）符号。表达性符号特性在说话的声音，强调只有当场口述的言说，才有资格称为表达性的言辞。结构语言学认为语言的意义来自意符和意指。意符属于感官知觉的部分，意指是指与其感官知觉部分产生联系作用的概念和意义。所以符号可以成为标记必须有两面性，一个是感知面，一个是理解面。

传统西方形上学压抑意符，形上学所探讨的问题是在经验之外的，如存在、知识、因果、自由意志，将真理奠基于唯一终极原点的渴望，寻找一个最终的源头，德里达称此为"理体（logos）中心主义"，理体是不可分割的原点和起源，任何真理与常理皆源于理体。他用"差异"的概念，以"先验的意指"来打破形上学的束缚。他以纸作比喻，认为纸有两面性，一旦用剪刀剪就有两种表现。语言的表现也一样，因此所有的语言都是不确定的。德里达以造新字及古字新解两种方式来重新确立书写的概念。

五、利奥塔（Jean-Francois Lyotard，1924—1998）

法国哲学家，1924 年生，曾前往阿尔及利亚，接触到殖民地战争，战争的经历使他对人的理性能力产生怀疑，以后参加马克思主义小组，批判资本主义、斯大林主义，1966 年脱离小组，开始自己的生活，1968 年前往丹尼教书，1987 年退休。

利奥塔被归类为后现代的重要思想家，毕生关切的问题是，在全球化的联系之下，当代社会的分裂的原因，试图经由对艺术与文学的反省，找寻答案。他的思想融合了胡塞尔现象学、尼采的意志哲学、马克思的社会哲学和弗洛伊德心理学，强调欲望对行为的支配性，怀疑过去以理性来了解行为的正确性。主要的代表作有《阿尔及利亚战争》、《话语、形象》（*Discours Figure*）、《利比多系统》（*Libidinal Economy*）、《后现代状况》（*La Condition Postmoderne*）、《非人》（*The Inhuman*）、《后现代道德》（*Moralitiés Postmodernes*）等。

利奥塔的哲学思路与其他哲学家的理路不同，否定经由理想或抽象观念来了解社会行动，改由社会现实状态来探索行动的原因。他认为理想和抽象观念都无法正确地了解行动，只有着眼于眼前的事务才有可能。他将哲学的注意力重点放在生活的社会状态，认为社会之不公正来自人们的行动，在于行动者的认知。行动包含个人、文化和体制之间存在的根本差异，怀疑知识可以作为行动的基础，反对以普遍权利为基础来了解行动,这与过去哲学家重视良心与理性的理论研究不同。他不再事事"深信不疑",而只是追求"最大程度的确定性",将观念的形成由事物的本身转为语言的表述,将眼前的事物放在语言的层面探讨,被视为是唯物主义论者[01],是20世纪重要的哲学家之一。

　　利奥塔的学说主要在探讨语言的公信力。他怀疑经由理性所建构的语言具有完整性表达能力,以日常生活中常常出现"说不出来"或"辞不达意"的表述来说明语言的有限性,以及理性的残缺,由描述的界限开始探讨,强调事件是直接发生的,超过描述能力,使得我们无法充分思考他们。既然许多事物是无法用语言和艺术描述,描述能力也是有限的,思维就不再是一个沟通事物的桥梁,也就没有绝对差异的分辨,必须尊重差异的存在。他并以前卫艺术的出现,说明在历史上突破描述困境的状态。在《后现代状况》一书,指出整个后现代的危机是叙事的语境。在这个时代中,整体性的叙事受到质疑,元叙事的不受信任,语言不是一种体系而是一种游戏。语言游戏的规则存在于游戏者的协议之中,受不同规则支配。他提出"力比多系统"(*Libido*)建构其理论系统。"力比多"是借用弗洛伊德的心理学名词,强调感觉与欲望的重要性,情感和欲望不可能被理解,或描述,所有的能量被构造所掌握,并错误的被描述。情感和欲望不是描述而是流露出来,经由掌握到人的欲望面才能接近真实。唯有如此,理论看起来才不会那般冷酷和纯粹。他将这种力比多理论用于叙事和语言的结构之中,将力比多视为一种能量和矛盾,打开了身体,开展了所有的表面,激动了人心。举个简单的例子,有关一个杀人事件的报导,官方的报导使得这个事件符合一种叙事,一种构造,一种安排或体制,而无法表达一个人的内心意图。叙事阻碍了能量,束缚了欲望并压制欲望。这种压抑依赖参照前后关系,使得讲者控制了一切。他质疑这种叙事,强调任何报导都不是真的,仅仅是体制的结果。[02]

　　综观利奥塔的思想,主要观点在反对启蒙的"真理"与"整体

01　James Williams, *Jean-francois Lyotard*, 姚大志译:《利奥塔》, 黑龙江人民出版社, 1998年, 第14页。

02　同上书, 第170页。

性",反对普遍权利,强调差异与分裂的重要。他认为真理是偏执狂和权力的武器,是统一整体的标记,恐怖的回归,即便是科学的真理在社会的实践过程中,也是有差异存在。他反对现代的整体性和同一性理念,并认为这是一种历史趋势,无人可以抵挡。他认为,人类的认知活动随着计算机的问世,发生变化,由理性所建构的"合法"基础受到质疑,过去以整体观所建构的"元叙述"(metanarrative)也有问题。科学真理成为多种话语中的一种话语,与人文科学话语一样不再是绝对真理。在后现代社会中,真与善失去权力,后现代的人们已不相信启蒙运动与黑格尔的历史哲学。康德认为启蒙运动使人类走出自己造成的未成年,人类通过知识实现自由和自我决定。黑格尔的历史哲学论及历史进程中,思想的自我实现。理性和历史是一体的,科学与道德是理性实现过程的要素。利奥塔认为后现代的人已不再有这种信念,"普遍性观念的没落或甚至覆灭,可以将思想和生活从整体性的困扰中解放出来",从不同的观点对现代继承,向极端多元论转进。在后现代社会中,终端机成为百科全书,数据库成为人的本性,知识处于一种想象之中,人的话语交往目的不在追求共识,而是探讨谬误推理,个人思想所依靠的不是同一性的中心,而是语言游戏的异质多重本质:消解、去中心、非同一性、多元论、不满现状、不屈服威权和专制、专事反抗、不断创新。

许多人认为利奥塔的观点是一种非理性主义。其实不然,他所强调的是在人道主义中存在于多数的理性,寻找尊重这种多数的公正观。他认为冲突是不同观点的并存,与诉讼不同,诉讼的仲裁是用同一判断规则同时用于冲突的双方。而公正的核心是对不可调和的尊重以及对不同的承认和维护。

六、福科(Michel Foucault,1926—1984)

福科在20世纪的历史地位与18世纪伏尔泰的历史地位相近,伏尔泰攻击教会,不遗余力,福科批判理性也不假颜色,皆为历史人物。1926年出生,1984年去世,享年58岁。一生追求自由,喜爱沉默。他认为学院生活是不受外来威胁和政治影响的一个场合，知识的作用在保护个人生存和理解外部世界。主要著作为《心理疾病与人格》（Mental Illness and Personality）、《癫狂与非理性》（Madness and Unreason）、《诊所的诞生》（The Birth of the Clinic）、《词与物》（Words and Things）、《知识考古学》（The Archaeology of Knowledge）、《规训与惩罚》（Discipline and Punish）、《性欲史》（The History of Sexuality）、《权力与知识》（Power/Knowledge：Selected Interviews and Other Writings）、《政治、哲学与文化》（Politics，Philosophy，Culture：Interviews and Other Writings）等。

　　福科学术思想主要依据有三：马克思主义思想、现象学存在主义思想、结构主义思想。马克思主义部分，他将心理冲突归因于社会冲突；存在主义部分，把个人的体验看做"经验、知识、权力"问题的基础；结构主义部分，是一种批判的精神。福科自认受尼采影响甚多，毕生追求真理，特别是"我的问题在自我与自我的关系，并说出真理"。人类运用启蒙、理性、科学，目的在解放人，结果反而限制和压制了人类，显现了理性的自我异化。因此他要找出知识如何限制了人类的自由以及对策。福科的思想是在批判理性，亦如理性批判上帝一样，与康德不同的是，康德要限制理性的超越使用，福科要求理性与非理性的交流。康德重视自然科学，福科重视人文科学。康德要求一切科学都符合理性的要求，福科认为这种要求压制了不同的声音，透过对人文科学的批判，可以听到不同的声音。他认为理性在发展的过程中，本身也在堕落，理性成为一种工具，尤其是用在探讨以人作为对象的研究，因此他所探讨的是，关于人认识自己的历史，人作为对象的真理。他认为，"人"的独特性在于既是世界中的一个客体，又是认识客体的一个主体。他关心的是被视为非理性的一些人，如罪犯、精神病犯如何陈述真理，在合理化的观念之下，这些人的声音似乎不见了，在理性与非理性之间不仅仅是纯压制关系，而且是一种权力关系。在"主体"消亡的过程中，试图以个体化作为建构文化的基础。

　　基本上说来他采用的是反历史的思维方式，称为"知识考古学"或"系谱学"。在历史学的研究中，文献是基础，从解释文献，重新构造过去,恢复说话主体与时代背景的原貌。"知识考古学"从文献自身讨论,组织文献,加以分类和排比。由于重视文献本身使得研究转向不连续与断裂。譬如在《癫狂与文明》中,他提出,古典理性使得癫狂被迫沉默了,他的好奇是,癫狂如何构成为知识的对象,他觉得癫狂的体验和关于它的知识不是同时构成的,癫狂的观念和将癫狂视为一个对象不是同时的。他认为人文科学是一种话语的自我体系。"知识考古学"所研究的是语言本身、语言分析,最大的企图是找到"人如何成为一个研究的对象"(以前上帝是被研究的对象),这种知识的基础为何?"系谱学"试图透过权力关系解释话语的形成和变迁,透过知识与权力的关系,找出现代的社会问题。在对启蒙运动的反省中发现,理性只是历史的一个推论,由反对权威开始,建构了理性的权威,压制非理性的东西,而且制造了理性自明的迷信。

　　福科的理论似乎有一股浓郁的结构主义色彩,认为不同的学科知识,往往是在不知觉的情形下,运用同样的规则去确定它的理论。一个客体被纳入对象领域,就进入知识体领域,于是要对它进行话语分析。当人作为主体时,人作为主体的关系就成为研究中心,福科认为这种认知是有疑问的。"人"其实是被推论出来的,产生"人"的条件才是重点,因此应以非主体中心的概念进行研究,将重心放在陈述(statements)或话语之上,"考古学"研究的就是话语内部各个因子间的关系。福科所主张的推理不是一个系统,而是分散的系统,包括对象、陈述、概念、策略。

　　福科之理论建立在"知识、权力、伦理"的基础之上。他认为知识的意义有三:秩序、符号与语言,并从文艺复兴时期、古典时期、现代时期三个时期来探讨知识:文艺复兴时期的知识取自相似,寻找事物之间的相同之处,建立世界的秩序。这个时期的符号所表示的是它和它所指的东西相通,语言只是相似的次系统,对直接观察与间接报告不作区别。古典时期的知识取自表述(representation),符号之中的词与物不再相似,词是对物的表述,人们不再以相似看待事物,而是用"认同与差异"(identity and difference)来看待事物秩序。人们不是透过连结事物而是透过区别事物来看待事物。符号不是世界的一部分，而是存在主体的心灵中，这种人工符号在分化事物，它与事物间的关系是任意的。语词成为单独的本体论领域，除了所说的以外，什么也不是。现代时期的知识是一种有机的结构，由整体性的内在联系构成的。表述有其地位，但不再是毫无疑问的、自我确定的，不再与思想具有同一功能。这个时期的思想是对表述的反省：由于怀疑表述是否存在着无法表述的领域，影响语言丧失其表述的地位。

福科借癫狂来说明这项理论，他认为，17世纪以前，人们将癫狂视为与超自然力量的悲剧性冲突，人的动物力量促使自己从习惯的束缚中解放出来，也表现出人的软弱。17世纪之后癫狂被看做是对理性生活的叛离，癫狂被认为是非理性的一个种类，从此理性不再与之对话，癫狂成为需要加以管理和控制的对象。现代人对癫狂的认知有了改变，将之视为一种心理疾病，给予治疗。癫狂被视为一种需要矫正的道德过失，旧的排斥已过时了，新的方式是将癫狂送进医院和监狱，且以医院成为重点，而有了疯人院。

至于权力，他所谈的不是实在的权力，而是权力的关系，多样性的，指的是一个研究领域，并不是某一个特别的形式。因此权力不是理论问题，不能加以普遍思考，而只能就一个特殊的问题来谈。权力往往与合法性连在一起，福科不把社会或文化的合法性作为整体研究，而是在各领域进行分析。他认为对合法性提出疑问是无用的，应当问的是，权力关系是如何合法化。必须了解权力如何发生，才可能知道谁发挥权力。

他认为，权力产生了知识，各种知识的产生都与压制、服从合理性连在一起。权力是生产的，而不是压制的，换言之，要探讨的是权力怎么产生的，人如何把自己作为知识的对象，他的疑问是，谁有资格或凭什么说别人是癫狂？权力和知识彼此交融。没有知识领域的交互构成就没有权力关系。他以监狱以及酷刑说明权力与知识的关系。他认为，在审判中，知识具有优先性，因为知识裁定了犯人是有罪的，拷问、折磨只是印证了知识的正确性。酷刑所以在法律中具有如此重大的力量，是因为它揭示了真理。18世纪下半叶，反对酷刑声浪四起，至19世纪，人性才成为对象，在犯罪中，"人"成为刑法介入的目标，改革家要求以人性标准，改采人道模式，他们所要求的不是较少惩罚，而是有效的惩罚。此外犯罪的形态也变了，从暴力到欺骗，处理的方式也有所不同。惩罚不是为了报复而是为了保护社会，不是针对肉体，还必须针对心灵，让惩罚的权力永远钉着他，他本身也成为一个符号。从对监狱的观察中发现，监狱是人道主义与资本主义的结合，监狱体现了权力与知识的关系，它不仅是压抑的，更是生产的。

在伦理方面，对性作了进一步的探讨。他发现在17世纪以前，人们对性存在一种自在的状态，但到维多利亚时期，性受到压抑，整个西方社会在"压抑假设"中。这种说法并非否认过去没有性禁之事，不是性压抑是否存在，而是压抑是更复杂的政治策略的一部分。他认为，性欲是一个历史构造，18世纪以前性欲只是肉欲，是自然的一部分，18世纪以后，性欲成为知识的一种对象、权力的对象。统治者透过对性欲的压抑及惩罚来维持权力和地位，而被统治者亦由对性欲的肆意，反对统治者的权威。福科的研究则是从摆脱性科学，探索性爱的艺术。

第四节 美国当代文化

20世纪下半叶以来，全球的文化皆受到美国文化的冲击。若说19世纪全球的盟主是英国，则20世纪的盟主，美国当之无愧。英国以其军事力量左右世局，美国则以文化传播引导世局。美国文化透过传播手段开启了美国化的全球化时代，特别是美国工业化管理制度，即一般所说的"企业管理"（MBA），透过组织的科学运作，使得美国"软文化"（电影、运动、摇滚乐）席卷全球。以美国的NBA篮球为例，其风靡全球的因素，不只是杰出的球技，更重要的是营销的预估与管理。美国文化代表了20世纪以来人类生活方式的重大转变，大众文化、消费文化与网络文化成为主流，过去欧洲主导的雅文化逐渐被俗文化侵蚀，甚至被取代。美国文化引领风骚，形成风尚，引起欧洲文化的不安与焦虑，特别是文化大国如英国、法国、德国等，纷纷从不同的角度，挞伐美国文化的粗糙，并进一步反省本身文化的价值，形成雅俗文化大战。

美国作为文化的典范在其立国精神：民主的包容性与平等的使命感。特别是对自身文化的批判、反躬自省的态度，使得美国文化充满了进取与活力。要对美国文化作一全面性的探讨并不容易，只能透过学术界较具代表性的人士概述一二。其中有实用主义学者罗蒂、社会学者贝尔、里斯曼、哲学家詹明信等。

一、实用主义

对美国人来说，理论的目的在实际的操作，任何无法经验的事务，都不具有意义。当欧洲人忙于意识形态的争辩时，美国人则面对现实的挑战，包括早期的殖民拓展、西向进展，到今日的全球布局。美国人为了开拓新局，从立国以来即根据英国的经验主义，提出了"实用主义"，强调"有用的就是好的"，抛弃"好的才是有用的"的形上哲学思考。

实用主义这个词来自希腊文，意思是行动，含有"实践"（practice）的意味，其主要目的在解决形上学的争论。法国社会学家涂尔干认为实用主义观念最早来自尼采，因为尼采拒绝任何有绝对性质和普遍真理的道德观念。尼采要将行为和思维完全由形上学的逻辑和道德范围中解放出来。在一般的认知中，实用主义主要代表人士是皮尔斯、威廉詹姆士（William James）及杜威（John Dewey）。皮尔斯最早将实用主义这个名词用于哲学，他在一篇名为〈如何让我们的观念清晰〉[01]的文章中指出，行动是经由怀疑刺激而发生。怀疑带来了观念，观念引发了行动，并产生信念，而且通过有组织的活动，也就是习惯，把观念表达出来。这篇于1878年在《通俗科学月刊》（Popular Sciences Monthly）发表的文章，促成实用主义学说的诞生，皮尔斯认为观念就是行动，要明白一个思想的意义，就要知道这个思想会引起

01　这篇文章于1878年1月在《通俗科学月刊》（Popular Science Monthly）刊出。

什么行动。人们思考事物时,如果要把它完全弄明白,只须考虑它含有什么样的实际效果。所有实在都影响实践,影响就是实在的意思。两个争执的意见,指的是同样的东西,其中的分别就在实践[01]。

威廉詹姆士被认为是实用主义的创始者,他在《实用主义》(*Pragmatism: a new name for some old ways of thinking*)一书中表示,实用主义不代表任何特别的结果,只是一种方法,这种方法绝对没有什么新鲜之处,而是人们熟悉的哲学态度:经验主义的态度。他断然地抛弃了哲学家的许多积习,避开抽象与不适当之处,不从字面上来解决问题,摆脱了固定的原则与封闭的体系以及妄想的绝对,重视的不是什么特别的结果,而是一种确定方向的态度,这种态度不是去看最先的事物、原则、范畴和假定是必需的东西,而是去看最后的事物、收获、效果和事实。除了与具体的客观实在相符合的一切之外,没有什么真理。詹姆士的经验主义是把事物之间的关系当做经验对象,把零碎的、散乱的经验串联成一个统一的整体,使整个世界成了一个统一的、纯粹的经验的世界,把人的认识、信仰、意欲所及的一切都归结为经验,因此他的经验主义与英国不同,所经验的不只是对象,而是一种意识流(*the stream of thought*),故又称为彻底经验论。按照这种理论,真理是对确定人们的信念有实际效果的观念,有效、有用、成功是真理的根本标志。他主张"一个观念,它是有用的,所以它是真的"或者说"它是真的,因为它是有用的"。

实用主义面对的难题是有关"真理"的问题。西方思想执着的真理与信仰有关,基督是唯一也是绝对的,是上帝在世间的代表,也是真理的化身,实用主义要否定过去所遵循的真理就必须提出新的真理观,因此詹姆士的《实用主义》一书用了大量篇幅说明实用主义真理。他认为,知识来自人的不适感,如何取得平衡,并获得满足感是知识的目的,它不仅需要与外界取得一致,更要与自己取得一致,建立一个思辨秩序,将当下的观念与感觉、知觉与传统取得一致。这种新观念必须符合心灵中已经存在的观念才是真实的。真理不是毫无生气的

---

01 涂尔干:《实用主义与社会学》,上海,上海人民出版社,2000年,第8页。

实在摹本,而是活生生的,能够增加和丰富我们的存在,真实的观念可以使我们在事物中游刃有余,行动也会因此而更加确定,因为唯有如此,真实的观念才会为我们带来内在和外在的和平,可以使我们生活、思考和行动平顺。真理所指的是"能够将经验原来的部分与新的部分结合起来"。[01] 在说明实用主义之差异时,詹姆士用可证真性大于证真性,说明实用主义的精神。

实用主义另一位重要的代表人物为杜威。詹姆士为实用主义理论提出解说,杜威则将实用主义应用于"生活与教育"之中。杜威思想广博,治学严谨,他从实用主义的基础上建构民主主义的教育理论。杜威的主要著作有《我的教育信条》(My Pedagogic Creed)、《学校与社会》(The School and Society)、《民主主义与教育》(Democracy and Education)、《经验与教育》(Experience and Education)、《儿童与课程》(The Child and Curriculum)、《从绝对主义到经验主义》(From Absolutism and Experimentalism) 等。杜威承续了詹姆士的基本思想,但有所改变与创新,提出"工具主义"(Instrumentalism) 理论,认为思想、观念、理论是人的行为工具。真理的标准在于这些思想、观念、理论是否能引领人们行动,并获得成功。他所强调的工具主义不是对个人的有用或有效,而是具有普遍和公众的特色。真理的效用是将可行的思想或学说,从事另一种改造,并获得效用。杜威一生致力教育活动,他将实用主义与教育理论结合,构成了实用主义的教育哲学,对美国人的思想与生活带来重大的影响[02]。

发展至20世纪下半叶,实用主义进入新的阶段,代表人物为罗蒂(Richard Rorty),这位被誉为美国新实用主义哲学家于1931年出生,主要代表作为《哲学和自然之镜》(Philosophy and the Mirror of Nature,1979)、《偶然、反讽与团结》(Contingency, Irony and Solidarity,1989)。

罗蒂主张一种无根基的、无中心的、无学科的多元文化。他认

---

01 詹姆士:《实用主义》,第64页。
02 参阅张从汝著:《杜威教育思想之研究》硕士论文,2003年6月,第35—36页。

为哲学史是一部发现谬误的历史，而不是一部发现真理的历史。[01] 针对当代西方哲学的贫困，以及无效性，他试图找出一个新的活水源头。他认为西方哲学是以认识论为基础开展出来的系统理论，由古希腊柏拉图的理念论到近代笛卡儿二元论、康德的批判哲学以及现代维根斯坦的语言分析哲学都是在设法将公共和私人融为一体，强调人类拥有共同人性。早期思想家借此建立了神学与形上学体系，发展至黑格尔时期，开始跳脱形上学"人性"的思考，改以社会化或历史环境为主，主张在社会化背后，没有任何先于历史的东西，可以用来定义人性，并据此建立了以"自由"为基础的思想，但并未能解决私人与公共之间的张力。罗蒂认为这种等级哲学已失败了，要求放弃将万事万物归结为第一原理，并寻求自然等级的观念。他认为在文化整体中，每一学科都有自己的目标，不可互相替代。因此主张取消认识论及系统哲学，提出"教化哲学"（*edificational philosophy*）取代系统哲学，宣称这是一个新的文化时代，这种"后哲学文化"（*post-philosophical culture*）是一个"新实用主义"（*new-pragmatism*），关切社会问题。在没有系统的引导之下，"实践先于理论"、"民主先于哲学"，透过对话、协商，让不同团体和睦相处。

　　罗蒂以"偶然"，作为其立论的基础。在《偶然、反讽及团结》一书中他指出，真理是被创造出来的，而不是被发现的。真理不能独立于人类心灵而存在，语句不能独立于人类心灵而存在，只有对世界的描述才可能有真或假，若单独来看，罗蒂由语言哲学入手，主张只有语句才有真假，世界不可能有真或假。"世界不说话，只有我们说话"。人类利用他们所制造的语言来构成语句，从而制造了真理。但语言不是一种判准，而是一种游戏。将语言神化，只是观念论把意识加以神化的翻版而已。

　　在这种新实用主义之下，人类社会如何形成令人好奇？罗蒂提出其看法。他认为人类团结来自"我们之一"的认同，而不是对人类的认同。当"我们"表现出一种地方性意义时，"我们"的团结感才最强

01　张国治：《罗蒂》，中国台北，生智出版社，1995年，第11页。

烈。我们应该尝试将"我们"意识扩大到我们过去视为"他们"的人身上,将与我们不同的人包含在我们的范围之内。我们对他人的责任,仅仅是我们生活中公共的部分而已,它必须与我们私人的情感和自我创造的努力共同竞争。

二、贝尔（Daniel Bell, 1919— ）

二次世界大战之后的重要社会批判学者,主要著作有《美国马克思派社会主义》、《意识形态终结》（The End of Ideology）、《后工业社会的来临》、《资本主义的文化矛盾》（The Cultural Contraditions of Capitalism）、《战后工业社会降临》（The Coming of Post-industrial Society）等。其中以《意识形态终结》一书最受瞩目。他认为,意识形态与早期宗教中的"信仰"异名同实。在人类早期思想活动中,信仰是社会的共识,人群互动的基础。待宗教改革冲击人类的信仰基础之后,意识形态取而代之,成为社会成员共识的条件。不论信仰或意识形态,其功能皆在释放情感。以前的人靠宗教释放情感,经由祈祷、礼拜仪式、圣餐、教堂与艺术建筑中抒发,以后的人靠意识形态,经由政治行动、革命手段释放情感。因为自宗教信仰失宠之后,人类单独面对死亡,对死亡的恐惧导致非理性的崛起,生命不见来生,只剩下今世。希望透过掌握他人,建立自己,政治成为掌控人的途径,党派和社会运动取代了教派与教堂。

贝尔于1961年出版的《意识形态的终结》是对冷战的一种反省。他认为,19世纪以来所建构的普世性的、人道主义的和知识分子的意识形态和思想,已经走向穷途末路,资本主义和社会主义之间的"左""右"论战丧失了意义,两大社会正面临相似或相同的工业社会问题,两者有冲突也有相互借镜之处。但这种意识形态的消失并不包括亚非国家,该地正在形成新的意识形态,满足当地人的需求,包括工业化、现代化、泛阿拉伯主义的意识形态。与旧意识形态不同的是,这种区域性、工具主义的意识形态,是由政治领袖创造出来,为了经济发展和民族利益而不是为了自由与平等。它显示了20世纪人类所面临的重大政治、社会问题，对全球化的观念带来相当影响。

贝尔的理论是建构在社会学的认知上，他认为从历史与社会两个层面探讨问题系采不同的途径。历史讲过去（影射预言），社会学讲预测，历史讲事件的变迁，社会讲架构或结构。贝尔认为社会不是现实的反映，而是概念性图式（*conceptual schemata*），建立在轴心原则之上，因此不能只探讨事件的因果关系，而应探讨事件的首要性与次要性。以轴心为基准的进行研究，如果轴心不同，显现的意义就不同。以现代社会来说，如果以财产为轴心，美苏不同调，一为资本主义，一为共产主义；但若以生产技术为准，美苏同调，皆为工业国家。因此他主张对资本主义或后资本主义社会的研究，要有一个轴心。资本主义的轴心是以"生产、生产力、生产关系"的基础上，透过"合理化"的诠释，而建构的社会，这种资本主义社会在工业化的运作之下，为人类生活带来显著的成长与进步，但也形成相当的危机，尤其是心灵上的焦虑与不安，导致极盛而衰的后工业社会降临。后工业社会的轴心与工业社会不同，社会结构上为经济化、政治上强调参与、文化上为实现自我并加强自我。在《后工业社会的来临》一书中，他依工业化程度将工业社会分为三个时期：前工业时期（人与自然竞争）、工业时期（人与机器竞争）、后工业时期（人与人竞争）。并说明了不用"超"而用"后"的理由是，在后现代社会中，人们丧失了信仰，无法在破碎的世界中超自然、超越文化，生命处于"空白荒地的边缘"，因此只能是属于"后"的状态。

贝尔根据马克思的《资本论》说明了学者对资本主义争论的症结。他认为《资本论》第一卷与第三卷图式不同。第一种图式建立在理论的简化上，是一种纯粹资本主义，强调资本主义必然走向两种阶级的对立，资本累积造成资本集中，吞噬掉整个社会。第三卷说明了第二种图式，由于银行制度出现、股份有限公司革命、办公室人员及白领工作扩大，资本主义的发展有了改变。后工业社会中的生产与职业性质与前其期工业社会不同，专业及技术阶级取代了产业工人的地位，服务行业成为社会的中坚，人与人的竞争加剧，竞争的内容不是体力或能源，而是信息，每个人追求生活质量，依据的不在商品数量的多寡，而在服务和舒适。服务业的内容包括运输业、金融业、保险业以及个人服务部门（餐厅、旅馆、汽车服务、旅游、娱乐）。在后工业社会中，社会决策最困难，在这个公共社会或小区社会中，成员对政治权利的要求及社会权利的争取，造成专业与民粹思想的冲突，职业结构和专业工作出现重大的变迁，非营利事业的从业人口大增。这群中产阶级和上层中产阶级形成一个巨大的文化市场，对社会变革带来重大影响。他认为，现代社会问题来自通货膨胀，服务性行业增加，工资提高，生产力的提升，对社会资源的额外要求。政府成了社会上最大的雇主，使得国家易有财政危机。在这个组织化的社会中，服务为主，重视个人市场，每一个人在市场中出售自己，重视人与人的交往，而不是人与机器的互动。

《资本主义的文化矛盾》是另一部重要著作，他在此说明了后现代主义与现代主义之间的文化延续性。后现代主义延伸了现代文化中追求自我以及个人能力的展现，代表一种将晚期现代主义推演到极致的文化思维。后现代主义是将现代主义对自我的推崇转变为对于感官的实时体现和情色享乐主义的歌颂，对秩序、限制及区分的破坏，导致虚无主义，造成现代危机，腐蚀了自由主义或资本主义体系的心理和道德基础。他认为，在这种迷惘的时期，科技与文化将处于动荡不安之中，呈现变革的状态。资本主义的文化矛盾显现了科技的革命性和创新性与文化的保守性，当科技不断推翻旧学说，标新立异时，文化反而退却，绘画成为行动艺术，艺术从博物馆移入环境中，经验成了艺术；文化成了反文化，通过感觉的革命，对旧事物厌倦，达到文化革命的目的；视觉文化变得重要，电影、电视、声音、影像造成巨大的冲击。贝尔据此对美国文化进行反省，他认为，美国文化的两个源头：清教主义及世俗主义在后现代社会都开始退化，起而代之的是大众文化，但大众不会创造文化，只会在吸收的过程中传播和改变文化的性质，导致资本主义产生一种焦虑的性质，强调反认知和反智，与工业制度重视功能理性出现反差，出现了个人动机与国家道德之间的合法性之争。文化被后现代主义支配，中产阶级生活被享乐主义支配，享乐主义颠覆了新教伦理。

贝尔认为，当代资本主义文化来自经验的多样性，群众文化创造了纷繁多变的局面，对经验的剧烈要求，造成与过去决裂。旧的文化概念以连续为根据，现代文化概念则建立在多变的基础之上，旧的文化概念推崇传统，当代的理想是兼容并蓄。文化自身的范畴混淆了，人们感兴趣的话题增加了，但很难找到一个重心，缺乏权威及中心地点。从前几乎所有的高级文化社会都有一个中心，但美国文化却缺乏中心，知识分子在黑暗中相遇。所有的主义（isms）都成为过时论，没有中心只有边缘，展现的是国家文化的狭隘性。理性宇宙观遭破裂，理性主义所建立的审美文化亦遭破坏，理性的审美原则是建立和谐一致的审美理想，讲究整体与形式的统一，如今则分歧多样。由诗歌与绘画可以看出转变，以前的审美标准有深度性与叙述性，表现出"内在距离"，透过"模仿"反映现实的价值。艺术是自然的一面镜子，是生活的再现，知识是透过意识对艺术品的理解，对现实的一种观察。但现代主义却是让"模仿"瓦解，否定外部现实，从内心世界中重新安排现实，自我强调是认识的试金石。知识的源头在认知者的活动，而不是物体的特性。实践的结果代替了理论和感动、同步、直接与冲击的起因。现代文化主要的特色是距离感的消失，尤其表现在电影上，不存在界限，不存在经验和判断的指令原则，时间与空间不再是一个可以完全依赖的坐标。现代艺术否定了艺术的单一层级观念、文化的一统观念。视觉成为文化的主导，包括声音与影像，它强调形象，不是词语，唤起的不是概念化，而是戏剧化，注意的不是理解而是滥情和怜悯，迎合大众但很快就容易枯萎。

三、里斯曼（David Riesman，1909—2002）

美国芝加哥大学社会学系教授，着有《寂寞的群众》（*Lonely Crowd*）一书，对20世纪以来社会的发展有独到的见解。他由社群性格，也就是社会、历史条件所形成个人的"驱动力"与"满足"的结构，说明社会的转变。讨论的重点在19世纪到20世纪美国人的社群性格改变。传统的社群性格为何会逐渐被另一种社群性格取代，对美国人的生活产生什么影响？

里斯曼认为，人是借"适应"而非"革新"来生活，人的性格与社会有重要的联系关系，"任何社会要能充分发挥其功能，其中成员必须获致某种性格，使他们能够按照社会或社会中一个特定阶级分子所该表现的行为方式去做客观上该做的事"[01]，这是任何社会确保成员"顺从"的方式。他观察到，西方人在其历史演进过程中遭遇过两次革命，对社群性格产生重大影响。第一次是文艺复兴、宗教改革、产业革命。它改变了西方人长久以家族或宗教为中心的生活方式，建立了以家庭或社团为中心的生活方式。第二次革命由 20 世纪中期，生产时代转向消费时代开始，改变了家庭和社团的生活方式，建立了家人与网络的生活方式，里斯曼将这种现象归为受到社会阶层之环境与性格影响。他将社会的发展分为三种"理想类型"（ideal types），第一种为传统引导型，第二种为内在引导型，第三种为外在引导型。在传统引导型社会中，个人完全属于社会，活动必须严格遵守传统影响，个人与团体中之其他分子有明确的功能关系，自许的生命目标不受重视，其价值在所贡献的事物是否能被社会接受。在这种社会中，大部分人的性格结构与社会体制是一致的，少数不能适应的人，多少也得适应。在内在引导性的社会中，个人引导来源是内在的，从小就由年纪大的人为他指引，引导走向一个普通而不可避免的命运。与传统引导性不同的是，这种来自内在的引导，不是表面上的顺从，而是心理上的顺从。所有的行为系由个人价值观的内在判断来维持，不仅可以借行为，而且也能从预定要做的事情，来证明个人的存在。在他人引导型的社会中，他人引导逐渐成为主要的顺从方式。由于大众传播媒介，学校与同侪的压力，当代人物成为个人引导来源，借由对于他人的行为与指导，促成行为的顺从。在这个社会中，风尚取代了道德、风俗的统治地位。关注的是人而不是事业，需要处理的不是物质上的困难，而是人本身的软弱，追求的不是名声，而是同侪的尊敬与钟爱。

01　David Riesman, *Lonely Crowd*, 蔡源煌译：《寂寞的群众》，中国台北，桂冠图书公司，1984 年，第 4 页。

里斯曼的《寂寞的群众》从文化人类学与社会的角度对现代人的问题，特别是20世纪以来忙碌人群所显现的忙碌与空茫，作了详尽的分析，对后来研究当代文化问题学者有重要的启示。

四、詹明信（Fredric Jameson，1924— ）

美国文化理论学家，被视为美国的"后现代主义"学者，对"后现代"一词的分期理论，受到重视。他认为，西方文化形态从50年代开始出现某种"断裂"，现代主义开始衰亡或绝灭，高雅文化的内在冲动不见，从此开始的是一种大众通俗、杂乱无章、异质共存，迁就个人的文化。他将"后现代"视为"晚期资本主义"，并以1973年作为新阶段的开始，此年西方爆发经济危机，使得资本主义进入新的阶段。这个新时代的特色是"深度感消失"（*depthlessness*）、"拼盘杂烩"（*pastiche*）、"历史感危机"（*crisis in historicity*）。

他从西方马克思的角度，对后现代社会文化、美学、文艺提出看法。他认为后现代主义出现在晚期资本主义，反映了一种新的心理结构。在这个大众化、商品化的社会中，艺术美学和文化理论成为商品。文化进入了人们的日常生活，成为众多消费品的一类，传统以来人的语言观念出现重大改变，不是我在说话，而是"话在说我"，人被语言所控制，说话的主体是"他者"而不是我。语言成为一个独立的体系，我只是语言体系的一部分，一切都在语境之中，没有深度，只有广度（表面），历史意识消失，主体丧失、距离感消失。在这个他人引导的社会中，理论不再具有权威，也不再是标准，理论不再讨论什么是真理、价值，以一种怀疑的态度进行否定。后现代人的头脑中，只有纯粹的、孤立的现在，过去和未来的时间观念已不存在，人丧失了自己的存在。

詹明信主要的论著《后现代主义或晚期资本主义的文化逻辑》（*Post-modernism, or the Cultural Logic of Late Capitalism*），从"审美通俗化"的观点展开对后现代艺术描述。他认为，传统艺术具有"深度感"，而后现代艺术则为"平面感"。"深度感"的艺术有内与外、本质与表象、潜能与显能、真实与不真实、能指与所指之间的分辨,"平面感"的艺术则是一种"拼盘杂烩"。这种艺术的特性为创作主体死亡,主体残片化,与以前主体的异化不同,在主体异化中,主体犹存,强调个人的独创性,个人的不可模仿性。而后现代艺术中,创作的主体性消失,个人的风格消失,历史性消失,语言的规范不再存在。

文化与历史难以分割,詹明信认为,当今文化工作者在面对历史时,只是随意将一切风格并置,玩弄风格,寻找拼贴的"新意",希望将世界转化为意象,转化为一种景观,希望将它变成一种"伪事件"。他以怀旧电影为例来说明他的观念,怀旧电影不是像过去那种对历史内容的再现,而是通过带有特殊风格的内涵,以虚构的意象传达过去。通过时尚的观点表达所谓的"30年代感"、"50年代感"。他认为,后现代就是从当下的景观对历史的重构,在这个景观的社会中,全部的历史被抹去,风格化的历史取代了真实性的历史。

第3章
当代文化的论题

当代文化主要彰显在雅俗之间的论战,特别是俗文化的诞生。在早期的历史活动中,雅文化主导了历史的论题,俗民文化一直处于边缘的地位。但随着生产条件转变,历史上的主人易位,贵族、中产阶级优势不再,普罗大众抬头,俗文化登上历史舞台,特别是大众文化、消费文化、次文化以及网络文化,成为新文化的代表。

第一节 大众文化

大众文化是20世纪兴起于西方社会的一种新文化运动,发生于工业化与都市化的社会之中,尤其是工业发达的美国,它颠覆了传统西方贵族及中产阶级的文化意识及价值,冲击了由启蒙运动以来所孕育的理性人文价值观,影响文化发展至深且巨。在西方文化发展的脉络里,大众文化与贵族、教士的礼仪文化,及中产阶级的审美文化不同。前两者尽管有所差别,但仍有其共同性,皆为一种观赏性质,属于少数人占有的文化,特别呈现在艺术、思想及建筑的成就之中,大众文化不然,它是一种参与性质,属于大众共同享有的文化,强调功能性质。有关其成因及理论,除了西方都市化与工业化的特质所赋予的理念外,美国的精神与影响不容忽视。

大众文化出现于1890年代工业化发达之后,但真正形成风气则是在二次世界大战之后,特别是美国文化的全球化表现,透过美国的政治、军事、科技及经济优势,影响世界各地区人民"不得不"进入全球化,否则就被世界边缘化。它的魅力及影响力无远弗届,但也引起西方国家,特别是德国、英国、法国知识分子的警觉,对美国式的大众文化发出警讯,并展开挞伐,将美国大众文化视为一种危机,而予以排斥,导致对大众文化的认知,负面性大于正面性。这种危机意识是否有助于大众文化的进行,不无引人好奇。

讨论大众文化首先得对大众作一界说,按照英国学者威廉斯(Raymond Williams)的看法,任何一个名词的使用都有其时代的意义。大众依其相近的拉丁文 massa 来看,指的是"一堆材料",以后随着历史的进展,大众一词在政治、社会、文化有了新的定义。从政治方面来说,大众所意指的是法国大革命时的暴民与群众。对大众含有一种敌意与轻视的味道。威廉斯引述英国学者卡莱尔(Carlyle)的话"上百万推倒巴士底监狱的芸芸众生就是大众 masses";从社会与经济方面来说,大众是一种生产概念,大众社会与大众经济代表的是在民主社会中的大量生产以及大众消费;从文化方面来说,大众文化是经由大众传播、大众媒体所形成的文化,有其属性及特色。

大众文化中在英语中有两种名称:*popular culture*;*mass culture*。*popular* 是 *of people* 的意思,又称为通俗文化,是一种未被商品化的俗民大众自称的文化,具有批判和再生的能力。*mass* 是乌合之众的意思,是失去人文精神的群众,彼此之间没有联系,这是一种被商业掌控的消费文化[01]。学界对大众文化的形成有两派看法:一派认为大众文化是由大众自己形成的,它替代了过去民间文化的地位;另一派认为大众文化是政治及商机所强加给大众的,目的在追求最大利润,而非满足公众。一般人对大众文化的探讨多注意它与商业化的关系,从市场的需要来看大众文化;或者它扮演何种意识形态的角色,是否在诱使大众接受并追随统治者的价值观念?学者所关注的焦点是,大众文化是否是下层阶级的自唱自叹,还是具有解放力量,提供一个完全不同于

01　陆杨、王毅著:《大众文化与传媒》,上海,三联书店,第16页。

主流文化的另一种文化形式。[01]

大众文化之形成可由大众社会的发展说起。大众社会兴起于19世纪后半期，工业化带动了社会、政治与意识形态的发展。大众社会的共同特色是：大规模的工厂组织模式、商品的生产、都会地区稠密的人口、都市的兴起、决策的集权化、四通八达的交通、识字人口增加、阅读能力普及、文学作品及书写方式简化。当社会的基础由人们易为"大众"[02]后，大众社会的意识形态出现，人的等级差别逐渐消失。

大众文化的前提是相信大众有创造力，从参与的层面进入文化的运作之中，具有辨识与生产两种特性。在大众的辨识方面，他们表现出忠于某一种文化活动的性质，这就是一般所说的"迷"，如"歌迷"或"影迷"等。这些"迷友"效忠自己所选择的对象，表现出一种主动的态度，他们的选择来自社会的影响，而非审美的标准，所依循的除了文化能力之外还有社会能力。从生产力方面来说，大众在接受文化商品之后，必然会生产一套自己的文化概念，譬如一位蔡依林歌迷可能在她的房子墙壁上挂满蔡依林的照片，进而影响她从模仿穿着同样款式的衣服，过同样的生活，创造她自己的一种生活方式。又如我们看电视节目，谈论对节目的看法，提出自己的观念，显现了"自我"的文化意义。

大众文化与中产阶级文化呈对立态势，因此具有相当浓厚的对抗成分。按费斯克的说法："只有当人们选择工业商品作为大众文化的合适来源时，工业生产的经济需求才能得到满足，只有当人们选择那些霸权的文本来阅读时，霸权的力量才得以运作，只有当人们选择能够抵抗时，大众文化才可以显现"。因此大众文化是从其对抗性中，找到其意义和价值。

大众文化主要表现在生活的语言之中，不同于传统的语言法则，它采用一种不规则的方式，抛弃书写语言所奉行的原则，采用联想式，重视平行思维，涵盖不同的意义，特别表现在双关口语上。这种语言

01　陈刚著：《大众文化与当代乌托邦》，作家出版社，第22页。
02　冯建三译：《大众文化的述思》（*The Myth of mass culture*），第27页。

是依照上下文及功能而定，目的在否定正式的语言的规范，挣脱语言法则，将多重意义带到一个场合，愚弄习惯的语言，从日常生活中的脑筋急转弯可以看到许多相关的例子。

大众文化予人最大的诟病为其"鄙俗"、"肤浅"及"矛盾"。研究大众文化的学者则不以为然，他们认为大众文化之肤浅正是其价值所在。"肤浅"是不提供真知灼见，让文本悬而不决，给予读者自己诠释的空间，使得大众文化有其自由的活动空间，构成大众文化的意义。至于"低俗"，是来自其商品的中介地位，商品很少被认为是精巧的，本身既不完整也不充足，只有在被大众拥有并经解读之后，才能显示出其价值。譬如研究歌手伍佰就会发现，他本身并不完美，而只是一个煽动者，对他的表现，有不同的看法，但他所赋予的意义与快感，在不停的变化和形成之中就构成了大众文化的精神。最后是"矛盾"，这种矛盾来自大众文本的复杂性，因为大众文化的主体不是文本本身，而是读者产生的，不同的读者有不同的看法。例如对电视剧的反应，一部充满矛盾的作品，刺激观众在剧中加入自己的意义，建构了自己的文化。

对大众文化的理论批评可以分为三方面：第一种是批判性理论：持批判性理论的学者认为大众文化是从上而下，观众是消费者，参与程度在买与不买的选择之间，麦克唐纳（*Dwight McDonald*）是这种学说的理论代表，他认为大众文化是标准化的、程序化的和机械复制产品，是一种刻板、琐细和流水线生产方式、文化商品化的必然产物。人们为了虚假的感官快乐，牺牲了许多历久弥新的价值观。[01] 另一位重要的代表人物是英国女批评家利维斯（*Leavis*），她认为 18 世纪和 19 世纪是一个阅读的时代，20 世纪是阻碍阅读的时代，读者俱乐部不是在提高读者的趣味，而是将读者趣味标准化。电影、流行杂志、舞厅、流行音乐透过传媒固定化了、标准化了思想和情感的模式。大众不再接触那个时代最好的文学。其夫婿利维斯（*F. R. Leavis*）[02] 甚至指出，大

01　D. McDonald, *A Theory of Mass Culture*.
02　英国《细绎》（Scrutiny）季刊的创始人。

众文化是美国文化对本土文化的入侵。第二种是霸权理论，以葛兰西为代表。他认为在历史发展中，统治阶层为了确保他们在社会和文化的领导地位，利用霸权作手段，劝被统治者接受它的道德、政治和文化价值。霸权观念不在强迫大众违背自己的意愿和良知，屈从统治阶级的权力压低，而是让个人心甘情愿积极参与，被同化到统治集团。葛兰西认为，大众文化和大众传媒通过市民社会，包括文化再生产及消费，为霸权服务，市民社会标榜自由和民主，大众传媒利用这种民主机制，为霸权行事。所以说，霸权是社会之支配集团为确保对被支配集团的领导权，而不断变换手法予以推动的观念。推动霸权的是知识分子。第三种是传媒理论，大众文化研究的中心为传媒，[01] 并以电视为主，主要的代表学者为霍尔（Stuart Hall），其代表作为《电视话语的制码译码》，内容讨论电视话语意义的生产与传播。他将电视话语的流通，分为三个阶段：第一个阶段是制码阶段，这一阶段表现出加工者对世界的看法，如世界观、意识形态。制码的关键为代码（code）。代码是一种自觉自然的过程，往往不被意识到存在。如不懂语法的人照样会说话。它往往存在加工者的脑海之中。第二阶段是成品阶段。成品完成，电视话语即出现意义。这种信息是多义的，意义系统是由接受代码决定的。第三阶段是解码阶段，包括观众的世界观和意识形态。观众必须译码才能获得文本的意义。霍尔理论说明了意义不是传递的，而是接受者生产的。观众可以赞成，也可以反对。改变了文化被动的认知。

　　历史是人类活动的综合表现，大众文化代表 20 世纪人类历史活动的趋势，奠基于大众的需求，通过"展现"而非指导的方式建构一套民主文化，肯定下层人士存在的尊严与价值。崛起于 20 世纪下半叶，受惠于计算机信息的普及，敌视中产阶级审美文化，将中产阶级文化视为一种霸权，从"参与"的角度，以大众为基石，商品为中介，颠覆传统的认知方式：包括语言、信仰、习惯等，这支西方新文化运动透过美国的强势国力，发展为全球化的趋势，不仅影响上下阶层的互

01　陆杨：《大众文化与传媒》，上海，三联书店，第 67 页。

动,更造成文化的冲击。

大众文化以消费为基础,孕育了西方社会新个人主义(New Individualism),这种主义与以前生产型的个人主义不同,不重视理性,执着感官的享受,在消费的过程中,个人不必与他人合作,只要"我喜欢"就可以了,这种无视于他人存在的认知,往往造成现实生活人际往来的挫折,影响社会的和谐。毕竟社会运作有赖个人之间的合作,这或许是大众文化令人疑虑之处。

总之,大众文化与贵族文化、中产阶级文化一样,是时代的产物。对大众文化不能站在怀古念旧的立场,大肆挞伐。时代的变迁往往先于思维的转变,认识当代的情境将有助于对大众文化的了解。

第二节 消费文化

消费文化是西方历史的产物,呈现了西方精神的特色,有关其成因有不同的看法,第一种是"原欲"的解放。在西方社会中,"原欲"一直处于被压抑的地位,甚至被认为是一种"原罪"。在《圣经》的记载中,亚当、夏娃因偷吃禁果,而遭天谴,背负了人的苦难。因此对于人的欲望,长久以来采用禁令的手段。随着德国心理学家弗洛伊德提出原欲的学说后,人的欲望得到合理的纾解管道,进而为消费建立了合理的基础,以前被视为不合理甚至不合法的情欲,如今都获得存在的价值。消费文化即在这种转变过程中找到其存在的空间。其次是西方"自由"精神的落实。从西方历史的结构来看,各个时代尽管表现不同,但共同的期求是追求"自由",免于恐惧与束缚的自由。这种追求自由的过程依时序由免于自然的束缚、到免于宗教的束缚再免于社会的束缚,它孕育了新个人主义的消费文化诞生。"自由"与"自在"不同,"自在"是一种自然状态,"自由"来自反省与反思,具有一种叛逆的个性,它促进了进步的思维,将西方文化由一元拓展为二元,再发展为多元。消费文化就是一种多元取向的生活价值观。第三是当代西方文化的多元精神。当西方传统社会封闭的价值系统被质疑,甚至被推倒之后，文化中被压抑的部分，也是被隐藏的一面获得释放，即出现多元的精神。消费文化即是在西方文化传统价值体系动摇之际，所展现的文化现象。它体现了后现代社会的诉求，消解了日常生活与艺术的界限，消弭高雅文化与大众文化的差异，强调无深度文化，重视折中主义与符码的混合风格，强调欲望、本能与享乐的一种反规范倾向[01]。抛弃以"过去"来认识现代的理路，改为从"未来"来认识现在。由"过去"来建构现在，有"超越"的观念，超过历史的经验，超过具体的对象；由"未来"定位现在，既不具体，也无经验可超，而是出于一种幻觉、想象，因而有多元的陈述。

（1）消费文化源起

20世纪60年代消费文化之出现与社会组成分子的改变有重大关系，特别是学生阶级及女人角色的出现。在人类历史进展过程中，社会阶级一直不曾有学生这个角色，尽管有学生存在但并未构成社会力量。但二次世界大战之后，由于学校快速增加，就学人口增加，就学年限延长，使得学生成为一种社会角色，并形成一种阶级。这种新兴阶级与传统基于生产能力来区分阶级的观念不同。为了寻求其存在的价值与意义，消费成为新兴阶级的认同对象。此外女人地位提升也刺激了消费的成长。女性自二次世界大战后进入职场的表现增加了女人在社会的活动及消费能力。女性的消费心理因素大于物质需求，女性长期以来因生活环境受制于有限的空间，因此在心理方面存在寻求获得解放的饥渴，一旦获得解放之后，即从消费方面满足其被压抑的苦痛。

消费文化的消费者为大众还是群众，是一个有趣的问题，在英文的书写中，*mass*原来是乌合之众，一群毫无目的、也无关系在一起的人，但自从传播媒体将这一群人，赋予一种意识，将其汇集在一起，

---

01 Mike Featherstone, *Consumer Culture and Postmodernism*, 刘精明译：《消费文化与后现代主义》, 南京, 译林出版社, 2000年5月, 第10页。

出现共同目的[01]，即形成大众传播（mass communication）或大众文化（mass culture）。消费以大众为基础，即是表示，消费不是无目的行为，而是有意的行为，是一种经过教育而有意识的行为，譬如到商店指定要买某一种产品的物品，购买的动机与目的不是商品本身而是商品的品牌。大众本身并无意识，所以会产生意识主要系受"媒体"影响，若缺乏媒体，就不可能有大众。在这里，有一群新型文化媒体人，生产新的符号商品和消费商品，并对使用这些商品的人提供必要的解释。这群新型文化媒介人，从事符号商品服务、生产、市场开发与传播。

消费文化的媒介有三：首先是货币，在工业化的社会中，货币是一种工具，本身并无价值，但却代表了理性的能力及无止境的拓展。作为消费的主要媒介，它造成了现代人无止境追求所形成的焦虑。有钱代表有购买力，金钱能力的表征主要呈现在商品之上，个人的本领往往以所拥有的钱财或商品来衡量，没本事赚钱或花钱的人就被视为没头没脸的人，而有办法的人则一掷千金，四处受到欢迎。德国学者西梅尔（Georg Simmel）对此有深入的看法，他认为消费是将物品的地位提升到物品之上，进入一个互动领域，并以货币作为互动的形式，它创造了人与人之间的内在联系，将众多的个体带入社会群体之中。他更指出，现代经济的交换不是以生产为基础，而是消费，由消费创造价值。消费之扩张系依赖客观文化的增长，物品越客观和非个人性，越适合更多的人。消费物不为主观的喜好差别而设计，只有生产严格的分化，才能生产出既廉价又充足的东西。[02]货币使得生活风格客观化，使得都市人客观、冷漠、理性、缺乏特点、缺乏质量。货币将人社会化为陌生人。货币将人转化为绝对的物品，转化为对象，媒介了消费文化。

其次是电视的问世。电视创造了一种新的部落文化，不同的年龄层对电视有不同的体验，下层及年轻人看电视，追求地位上升，中产

01　John Fiske, *Understanding Popular Culture*, 王晓珏译：《理解大众文化》，北京，中央编译出版社，1989年，第29页。

02　Georg Simmel, *Philosophie des Geldes*, 陈戎女译：《货币哲学》，北京，华夏出版社，2002年，第121页。

阶级则将电视视为社会园地,提供了媒体信息。它使得人从传统的文字文化中出走,由视觉进入触觉之中。[01]加拿大学者麦克卢汉(Herbert Mcluhan)对此有独到深入的解释,他认为电视的影响不在其所显示的内容,而是其过程。电视靠电力运作,处于内向爆炸状态(implosion)中,时间与空间差异不存在。它影响的不是人的肉体而是中枢神经,形成中枢神经延伸的时代,摧毁了以文字所建构的理性逻辑思维,刺激了一切感觉器官,为日常生活带来一种新的、更丰富的内容。与机器时代追求人的延伸不同,中枢神经延伸系经由技术刺激使我们与全人类产生密切关系,居住空间缩小,一切社会功能与政治功能结合起来,人由瞬间作出反应,承担义务并参与行动。在这个时代中,形象代替了过去纯粹观点的地位,万事万物和芸芸众生都在宣示自己的存在和个性。由于电视文化基于电力而非机械的延伸,使得人从原有的、理性的、序列的价值系统中转化出来,寻求分化、分割的个体,在此个人的多样性受到鼓励,人人对任何刺激都同时作出反应和相互作用,充满创造力,丰富多彩,激励了消费文化的发展。

第三是广告。广告是一种象征符号,更是一种心理手段,它的功能是使本来差的东西看起来更好。当它面对质疑时,不是收回产品而是要不断重复,让大众追随。[02]广告代表某种比它更贵重的东西,让人想象,一种美好的生活,想要什么就可以买什么。拥有购买力就能拥有某项产品,成为别人羡慕的对象,由于别人的羡慕将让他更爱自己。广告让大众对他目前的生活方式感到不满,不是对社会生活方式不满,而是对自身的生活方式不满。它利用人的焦虑,一种恐惧的焦虑,以为一无所有就一无所是的焦虑[03],只要买了某项产品,生活就可以变好。

01　Herbert M. McLuhan, *Understanding Media：The Extension of Man Mass*, University Press, 1994, p. 362.

02　George Santayana, *Sloliloquies in England Later Loliloquies*, 邱艺鸿等译:《英伦独语》, 北京, 三联书店, 2003年, 第236页。

03　同上书, 第170页。

广告所呈现的不是物品而是社会关系[01]，其魅力在让购买者成为"令人羡慕"的对象。它以真实世界作为诱惑，吸引还没有享用过的购买者。对购买者而言，广告提供了一种选择的自由，其实广告本身是透过语言传达一种提案，要我们购买更多的东西来改变我们自己或我们的生活。它以回忆或展望的方式刺激我们的想象力。广告影像是瞬间的，它必须不断推陈、不断更新。它指涉过去，并诉说未来，但一定不是现在。美好的未来也许永远不会来到，但广告还是会受到重视，因为广告的真实性不在它的许诺是否成真，而是是否能打动购买者，其作用不是针对现实世界，而是白日梦。它用未来式创作，拥有它将变得魅力十足，跟别人的关系将变得幸福美满、无往不利。广告通过个人的贪婪变成公共利益，市场研究员成为今天的暴君。消费文化因着广告的心理意识作用，左右了消费行为的进行。

消费文化是在背离现代文化的主流趋势之下而出现，强调现代的边缘的或是遭否定的文化。"消费"作为文化的价值，与过去生产的消费观念不同。过去的消费是指"摧毁、用光、浪费、耗尽"[02]，透过游戏、宗教、艺术、战争、死亡等方式进行。今日的消费通过礼物、供祭、消费竞赛、狂欢、炫耀等方式完成。这种消费观念所消费的不是物品而是梦想、影像与快感，消费的方式以方便为主，认同的是品牌，区别的是价格，强调生活方式对社会地位差异的区分。商品被用来标识人的社会差异，通过对商品使用，划分了社会关系。在消费文化中，商品逐渐走向非商品化，商品的无价性、稀有性，反而成为商品交易的最大诱因。

(2) 消费文化的特性

首先是唤醒人的感性，而非理性，重视观看性与复制性；注意消费者的意识和潜意识。从历史的进展来看，语言中的书写与言说一直

01　John Berger, *Ways of Seeing*, 吴莉均译：《观看的方式》，中国台北，麦田出版社，2005年，第158页。

02　同上书，第30页。

是人类文化的主体。自18世纪理性中心主义当道之后,书写的绝对性主导了文化的表述,且未曾引起怀疑。但这种依附理性的书写形式到了20世纪,受影视产品的冲击,受到质疑。法国哲学家德里达以"书写先于语言"对理性的书写展开挞伐,认为这种"不在场"的理性抹煞了事实的真情与真相。消费文化即在这种基础之上,重视感官的经验,强调观看的表达,以复制为对象,如莫内的画作被染制在T恤之上。观看与语言不同,它先于语言而存在,表现出事物与看者之间的关系。所有的影像都是人造的[01],观看的方式展现了对象过去曾经如何被别人观看,让我们直接看到某些人物在过去某段时间身处的那个世界。观者的眼睛将所有的事物吸收进去。自照相机问世之后,人们改变了过去观看的方式。照相机的作品与过去绘画不同,原作的独特性只是某件复制品的原作,画作的影像独特性被摧毁,价值取决于市场价格,艺术殿堂地位不再。这种视觉文化构成了消费文化的大众化。

其次是关注消费者的意识和潜意识。意识是一种心智状态,一种个人或团体知道什么或思考什么,以及如何思考。[02]在现代社会中,消费的意识受到主流意识形态传播的影响,反映出大众媒介意识形态再现的主题和模式。意识形态具有内在连贯性的思想方式,是"社会权力者持续操纵公共信息和意象,以便维持创造者之物质利益",透过劝服的方式达到其目的,广告即是采用这种方式进行推销,使得大众处于选择的地位。潜意识是一种无法意识到其存在,无法用理性的方式来制约。消费文化往往所呈现的是一种"下意识劝服",渗透人类潜意识方式,操纵其行为,最常见的例子是刺激潜意识释放那些受到压抑的性能量。

第三是显现出一种社会性的结构。人们在消费商品时,就会显现出社会关系。消费者对商品的态度是透过交换价值取得声望。消费文化含有个性、自我表达以及风格的自我意识,显现在一个人的身体、

---

01 John Berger, *Ways of Seeing*,吴莉均译:《观看的方式》,中国台北,麦田出版社,2005年,第12页。

02 James Lull, Media, *Communication*, *Culture*,陈芸芸译:《媒介、传播与文化》,中国台北,韦伯文化图际,2002年,第38页。

服饰、谈吐、饮食、家居、汽车之上。追求的是时尚，而不是风格，意味着人们正在走向一个群体地位未能固定的社会。消费社会反对统一，在此人们对事物的了解没有规则，只有更多的选择。对消费者而言，消费并不是在满足自我，而是在履行社会责任。消费者重视品味、具有独特判断力，以知识或文化资本进行对品味的分类，而分类者在此也被分了类。地位性商品（positional goods）使新商品生产率不断提高，上层社会人士为了保持与原来社会的距离，投资新的商品，使得商品的文化价值愈来愈重要了，从事符号商品服务、生产、开发与传播的人员愈多。

第四是消解了艺术与日常生活的关系，如达达主义或超现实主义。他们挑战艺术作品，击碎艺术的神圣光环，并挑战艺术品在博物馆与学术界受人尊敬的地位，任何艺术可以出现在任何地方、任何事物上。将生活转化为艺术作品，生活中最伟大的商品是由个人的情感与审美构成。艺术不再是单独的、孤立的事实，进入了生产与再生产过程，使得一切事物都可归于艺术记号之下，成为审美的对象。影像透过偶像化，指涉某些意义，使得平凡事物可以自我陶醉。总之，在学者的认知中，消费文化将使生活方式不需要任何内在的一致性，新型的文化媒介人不是去努力促进一种单一的生活方式，而是向观众和消费者提供和扩展各种生活风格与生活的可能性。

整体说来，消费文化下的社会具有两大特征：个体与产品疏离，时尚变化及风格多元。从个体与产品的疏离来说，商品数量尽管多元但却多短命，商品的多样化形成一个商品封闭世界，主观心灵找不到表达意愿和感情的地方，使得消费者的感觉能力麻痹，处于催眠状态，只能借由刺激和欢愉来弥补沉闷。在时尚变化方面，人具有两重性：同一性和分化性，即"生活的对抗性倾向"、"模仿的心理倾向"。社会阶级的内部，存在着社会的差异，由于人们希望借由商品维持阶级的身份，加强了时尚的变化。风格多元看起来是一个独立的现象，但事实上，它是人由模仿取向走向目标取向，同时体现了社会的平均化的趋向，以及社会分化的趋向。时尚的扩张或者延伸将导致自身的毁灭，使得时尚走到一个时尚不复为时尚的顶点。

(3)消费文化的论述

在审视有关对消费文化理论探讨的书籍及论文中发现，类似的论述多从后现代主义或大众文化角度着手，尽管所见略有不同，但大体说来，大同小异，有共同的期待，又有差异的分辨。本文将以英国学者费瑟斯通（Mike Featherstone）及法国学者博德里亚的论述为主，加以介绍。

费瑟斯通的观念可以由其代表作《消费文化与后现代主义》（Consumer Culture and Postmodernism）一书中观之。这本书主要的论点是将消费从商品的物质面走入商品世界的结构，讨论商品的交换者，以及文化产品在生活领域中的地位。消费被视为是一种沟通工具，一种声望经济（prestige economies），象征一个人的阶级身份，持有者透过商品，进行身份分类。费瑟斯通从社会阶层的观点出发，重构传统的等级制度。他认为等级是维持社会运作及建构社会秩序的主要依据，在历史的记载中，早期的社会等级建立在血缘之上，以后则以财富为标准，但进入工业社会晚期之后，信息或形象成为新的等级基础。它推翻了过去以特殊团体来稳定社会的生活方式，终结了过去社会与文化之间的决定性连系，强调分歧而非统一的社会观。在消费文化中消费的不是物品，而是使用影像、记号和符号的商品，它体现了消费者的梦想、欲望和幻想[01]，使得生活方式不再需要内在的一致性。新的社会媒介不是在促进一种单一的生活方式，而是向消费者提供和扩展各种风格与生活方式的可能性。

费瑟斯通的消费文化论建立在生活方式及审美的条件上。以审美及影像为基础建构的消费文化，提供消费者更多的选择，当审美尺度由艺术领域转入生活之中，艺术品的光环，及其过去在学术界及艺术界的地位受到挑战。大众文化中琐碎物、卑贱的商品被赋予艺术的地位。日常生活审美的象征符号不再只是"世俗化"，也可以是神圣的。现代人的身体、行为、感觉与激情都成为艺术品。这种关注审美消费

---

01 Mike Featherstone, *Consumer Culture and Postmodernism*, 刘精明译:《消费文化与后现代主义》, 南京, 译林出版社, 2000年, 第39页。

生活，将生活融入到艺术的审美，构成了消费文化。

费瑟斯通的消费文化论激发作者对现代社会秩序进行深切的反省，即在晚期工业社会中，旧的社会秩序是否应有所调整？从历史的记载中可以发现，在每一次社会动乱之后，总有许多学者讨论新社会秩序的建构问题，有主张维护旧秩序，有主张建构新秩序。其中最让人印象深刻的是14到16世纪的意大利，半岛上共和国间的斗争，掀起了文艺复兴运动，中产阶级出现，掀起一股新文化运动，即"人文主义"运动，提倡"方言文学"，一批社会的新贵开始从审美及生活方式上建构新社会秩序，彼时彼景与现代的消费文化有诸多相近之处，由语言的活化到生活型态的转变。此外也可以由法国大革命之后欧洲社会之重建中发现，"浪漫主义"精神所带动的新文化运动。这在在说明了费瑟斯通的论述对当代文化省思的影响。

另一位代表人物为法国学者博德里亚（*Baudrillart*）[01]，这位被誉为"后现代主义的大教士"（*high priest of postmodernism*）的思想是将马克思思想从经济的基础之上，加以延伸，以符合于当代的社会状况。他认为，当代由于信息及广告的迅速发展，过去的知识体系已渐不符使用，必须加以调整，让马克思的商品经济理论再现。现代最主要的"产品"是符号，地位相当于之前的"物品"，同样都具有"商品"的功能。在高科技社会中，人们生活在一个由语言符号构成的"幻象的世界"中，这是一种虚幻存在，一种"超现实"或"超实在"（*hyperreality*），宏大的实体不再被注意到，剩下的只是符号的交换，符号引出新的符号，新的符号又引出新的符号，根本不知实在为何物，而只看到象征符号，也就是"幻象"（*simulacrum*）的体系中。

博德里亚的消费文化论建立在"仿真"（*simulation*）的认知下，他不从社会物质生产的层面去考察产品，改从消费的意义层面、符号的角度，对商品进行探讨，并考察当代资本主义消费的意义结构。他将

01　1929年生于法国的兰斯（Reims），早年热衷文学批评，后致力社会学研究，20世纪80年代后在英美学术界受重视，主要作品有《生产之镜》（*The Mirror of Production*）、《物品的系统》（*The System of Objects*）、《消费社会》（*Consumer Society*）。被认为是最有影响力的法国思想家之一。

现代社会视为能动的关系结构（an active mode of relations），消费的不是物品，而是一种"系统活动形式"，一种整体性的反应。[01]消费的物品构成一个分类系统，它是一组代码，也是一种标志，是一种掌握符号的系统行为。在商品—记号的关系中，消费操纵记号，记号透过对广告或媒体的主导，游离物体本身，表现在多样性的关联之中。从重视生产成为重视再生产，消费从本质变成了文化的东西，固定的对象意义丧失，实在改以审美的方式出现，消费为记号和影像所充斥。记号与影像的激增，消解了现实与现象世界之间的差别，导致社会死亡、真实现实消失。

  消费文化改变了人类的生活方式与生命态度，从正面来说，它促进了人与人的平等地位，任何人只要拥有相同财富，都有消费同一对象的可能，也解放了人类长期以来被压制的欲望。经由感官的感受与感觉，抒发个人的感情，同时在自由的开放过程中，人也学会自我管理的重要性。但从负面来说，消费文化所建构的社会，是一种矛盾的社会。因为消费包括能力与行为两者，消费能力是一种理性的过程，消费行为则是一种非理性过程，两者之反差构成了现代人存在的荒谬。商品在满足人的欲望过程中，拉近了人的关系，但商品的价格却区隔了人与人的距离。商品透过广告媒介的影响力，让人永无止境的存在"想要"的过程中，忽视了人的有限性，使人陷入紧张的焦虑之中，并让人与人的紧张关系处于比较的竞争中，深化了人的忧郁心理。

  目前对消费文化探讨多止于文本的诠释，少有从历史的层面着手，负面多于正面。历史的书写由实证史学经情境史学到语境史学，传统的阅读与叙述在影视的挑战之下，面临反省。任何学者由窗口所获得的视野再衍生的视讯均将面对"绝对"的质疑。建构于18世纪以"整体性"史学在面对"个体"与"差异"的文化挑战之际，应如何看待或诠释问题，将是史学写作者研究的一个新方向，消费文化也为史学研究开拓一条道路。

---

01 盛宁：《人文困惑与反思》，北京，三联书店，1999年，第271页。

第三节　学生次文化

　　当代文化不再由主流文化独断，次文化逐渐受重视。次文化种类繁多，但学生文化表现突出。在人类历史活动中，学生一直不成为一个社会团体，或成为一种阶级。早期社会结构中，只有小孩与大人之分，没有学生。贵族社会里，少数人在成长阶段有一个特定的学习过程，但不足以构成学生阶级。学生所以能成为一种阶层是在工业革命发达，教育普及化之后，由于专业分工的需求，知识不再是做人的准则，而是做事的依据，而发展出的一股力量。论及学生多半以欧洲中古时代的大学兴起作为始点。12 世纪时意大利及法国地区开始出现世俗的大学，如意大利的波隆那（*Bologna*）大学、沙里诺（*Salerno*）大学、法国的巴黎大学、英国的牛津（*Oxford*）大学、剑桥（*Cambridge*）大学等，以后大学在各地蓬勃成长。继大学之后，中学、小学也随之发展。至 20 世纪 60 年代之后，学校普遍设置，学生人数增加，学生入学年龄降低，学生的重要性日增，学生意识成为社会的动力。学生权力（*student power*）乃至学生文化成为论题，在美国甚至全球各地受到瞩目，引起世人侧目。由于学生长久以来位于社会边缘，因此当这个文化初起之时被称为学生反文化（*counter culture*）或次文化。

　　学生问题以大学生为主，特别是美国大学生问题被作为研究指标。根据统计，1940 年代美国大学生只有一百五十万人，但到了 1960 年代增至七百万人，美国学生问题原因极其复杂，不过与美国的历史处境：后资本主义社会的影响、消费社会的刺激、越战问题、种族问题的僵局等有关，凡此种种激励了学生运动的进行。大致说来由 50 年代沉静的一代（*silence generation*）、经 60 年代垮掉的一代（*beat generation*）、反抗的年代（*A Decade of Defiance*）到批判的年代（*A Decade of Critical*）。学生反对理性的中心思想，也反对自私的个人主义思想，对主流社会思想进行反省与批判。他们对责任之期许以及对大众社会的无奈，使得他们热衷自我价值的肯定，进而关心弱势团体，特别是黑人民权运动。黑人在美国社会中一直处于劣势，尽管内战让黑人获得了公民权，但在社会上，仍受歧视，白人对黑人采用分离且平等的隔离分治方式，黑白不能在同一所学校上学，不能在一起工作，连坐车也分座。到了60年代，反抗声浪不止，但情势依旧，直至学生加入后，有了转机。1960年2月，四位黑人学生在北卡罗来纳农工学院福利社只许白人坐的餐桌前坐下来，一直到被捕为止。这项静坐（sit-in）点燃了美国学运。4月"学生非暴力支持委员会"（Student Nonviolent Coordination Committee）成立，稍后美国学运的最重要组织"学生民主社会同盟"（Student Democratic Society，SDS）成立，象征学生文化的诞生。该同盟成立的主旨是"创造一个对教育和政治持续关心的社团，将自由主义者、激进主义者、行动主义者、学者、学生、职员等联结在一起"。至1960年底，该同盟在美国只有八所校园有分支机构，会员不过二百五十人。到了1968年，已有了三百五十个分支机构，会员也增至十万人。主要目的为攻击社会的保守心态、攻击核武、抨击自由主义，主张新的激进主义。1962年该同盟发表了长达六十六页的"宣言"，即著名的《休伦港宣言》（The Port Huron statement），用了五分之四的篇幅批评美国的现况，并提出改革的建议；五分之一的篇幅说明批评的基础信念及对新一代的召唤。内容强调"参与民主"，不强调意识形态的僵固不变，注重行动的有效性，攻击共产主义与其他种种的独断主义和权威主义，期望学生、学术工作者和知识分子参加新左派，以大学作为根据地和媒介，推动一个改变社会的运动。

在学生民主社会同盟指导下，美国学生运动于是如火如荼地展开，1965年以前属于理论阶段，除了《休伦港宣言》之外，1964年在加州伯克利分校进行的"自由言论行动"最受瞩目。这项行动的兴起是学生有想讲什么的冲动，想要为自己生活的社会做些什么。[01]学生在9月14日宣布，禁止校外的政治活动命令在校内采用。学生不只针对大学，更对美国生活方式进行批判，他们不要私人企业、学术、计算机、管理技术、金钱的美国梦，甚至攻击它的信仰和假设。美国学者赛尔评

---

[01] 南方朔：《愤怒之爱——60年代美国学生运动》，中国台北，四季，1980年，第93页。

论说"加州事件来自学生对美国梦的幻灭"。[01]

早期的学生运动与校外的黑人运动结合，后转为校园言论运动，1965年之后成为反越战运动。1965年4月，在"学生民主社会同盟"的策划下，在华府举行了大规模的反战游行，从此学生运动被激化为反抗行动。1968年后更进一步发展为革命，唯自1970年后，学生运动逐渐式微，追究其原因，系美国的自由传统得以包容不同的意见，大学校园进行改革，政府放宽选举年龄，学生就业的困难等造成。

在美国学运发展过程中，另有一群对社会不满，但不从事积极抗争而只采消极对应方式，自我放逐的嬉皮（Hippies）。他们敌视一切权威，试图以艺术、文学的方式来改造社会。这批人标榜"和平"与"爱"，由美国西区到东区，流浪度日，小说家凯鲁亚克（Jack Kerouac）的经典之作《在路上》（On the Road）描写青年学生萨尔为追求自由，与一群伙伴开车横贯全美，一路狂喝滥饮，耽溺酒色、流浪、吸毒、性放纵，经过漫长开放的生活后，开始接受东方禅宗，领悟生命的意义，被美国青年奉为生活教科书。由于嬉皮反对一切社会现状，进而敌视一切文明的表现，因此他们在穿着、打扮方面，一反文明束缚，留长发、穿着破烂、不洗澡、吸大麻，强调性友谊，带动美国社会一股"反文化"（counterculture）风潮。他们不关心阶级斗争，重视疏离感（Alienation），拒绝竞争及积极的个人主义（acquisitive individualism），不再延续父母的生活方式。他们热衷药物、音乐及性生活。随着60年代的消失，"反文化"由否定的思维进为正面的思考，新的文化中心理念为"新个人主义"（new individualism）：追求个人权利，个人自主（individual autonomy）。与过去不同的是，这种个人主义不是挣脱束缚的权利，而是一种"权利革命"（rights revolution），个人可自行决定该如何消费、赚钱、过日子、与人来往。一言以蔽之，新个人主义是让人做自己的事情。在新时代中，人们不再要求回到以往的道德价值中，向往个人的实现（self fulfillment），讲究更大的包容、追求更自由、更欢乐的社会。这

---

01 南方朔：《愤怒之爱——60年代美国学生运动》，中国台北，四季，1980年，第94页。

个时期关心的是个人的命运，关心在大众化、信息化、官僚化的社会中，个人究竟还有多少空间？人们热衷消费，有作家指出，有了冰箱之后，人们不再抱怨，有了电视，人们不再幻想。大众传媒让少数人对个人的认知产生疑虑，在广告、通俗小说、电视、摇滚乐的影响之下，个人的抗拒力由自我的觉醒进为对物质的追求。

第四节 女性文化

女性在现代文化中是一个受人重视的议题，女性文化被视为多元文化的一股新兴势力，究竟它是女人争取来的，还是社会环境改善使之然？在在引人关注，特别是女人之觉醒、女权运动与女性主义，由女人的特质到女人的社会处境，再讨论到女性的文化，包括语言与思想模式。

有关女人的特质，西蒙·波伏娃（Simone de Beauvoir）是重要启蒙者之一。波伏娃为法国人，1908年生于巴黎，1986年去世，享年七十八。终身未婚，与哲学家萨特同居，著作等身，有小说、戏剧、游记和学术论文，特别是《第二性》（英译 The Second Sex），被誉为"有史以来讨论女人中，最健全、最理智、最充满智慧的一本书"[01]。此书对女人有细腻、详尽的描述，由女人的形成、处境、主张、解放，说明女人的一生及其特性，为后来的女权运动及女性主义奠定了理论的基础。

波伏娃探讨女人目的在建构女人的社会地位，为传统以来女人次于男人的地位，找出根源。她认为，女人的次等地位并非由先天"女性"特质所决定，而是由男人控制下的社会与教育环境所造成，女人困境在女人很少能获得自由、独立的人性尊严，不能和男人站在同一地位发展自我，超越自我。她深入探讨女人的一切隐秘，并进一步驳斥传统社会、传统教育赋予女性角色的真价值。

---

[01] Simone de Beauvoir, *The Second Sex*, 欧扬子译：《第二性》（第一卷），中国台北，志文，1992年，第1页。

她发现，女人的不幸来自母亲的教养，要将自己的女儿安排进入女性世界，将她们塑造成和自己相同的女人，将自己变成是"物"[01]，取悦别人，让别人喜欢。做一名女子受到种种限制，被固定在"家庭主妇"的角色中，停止生命的发展，快乐被剥夺。女人在婚姻和母亲的角色中度过了一生，婚姻是件光荣的事业，女人经此保持社会尊严，获得性满足。女人若要在男人眼中抬高身价，不是在增高自己为人之价值，而是凭借男人的梦想而塑造自己。

波伏娃认为女人种种脾气烂行为是由她的处境所造出来的。因此要解放女人必须由处境着手，她们必须对人类的命运提出异议，首先要学会的是在焦虑和骄傲中学习孤单和超越[02]。不能再生活于依赖性、卑微中。不能再被动性地去寻求拯救之道，应积极地寻求独立自主的权利。

女权运动是社会运动一支，以要求参政为主，在美国的表现最受瞩目。美国是一个由移民所建立的国家，在新大陆西向移民时，由于男性生活单调，工作辛劳，酗酒问题严重。女人为了阻止男人酗酒，纷纷向教会求援。在牧师劝阻无效之余，她们走向街头抗争，由希望争取禁酒立法，演变为争取参政权。1948年，妇女代表在纽约州的塞尼卡·福尔思（Seneca Falls）举行"第一届妇女权利会议"（The First Woman's Rights Convention），发表女权宣言（The Declaration of Sentiments and Resolutions），号召妇女组织起来，争取平等。她们的努力改变了美国妇女的政治与社会地位。政治方面，1920年美国通过第19条宪法修正案，给予妇女全面投票参政权。此外美国妇女的工作权也随之提高，工作条件改善，由工厂进入办公室。

1960年代美国女权运动随着学运的发展，进入另一个高潮。主要的代表人物为贝蒂·傅瑞丹（Betty Friedan），主张采用非暴力，以静坐与示威的方法为女性争取权利。傅瑞丹于1963年出版《女性的奥秘》（The Feminine Mystique）一书，唤醒女性自觉，敦促妇女开展自己的

01　Simone de Beauvoir, *The Second Sex*, 欧扬子译：《第二性》（第一卷），中国台北，志文，1992年，第21页。

02　同上书（第三卷），第132页。

潜能与天赋，为自己找份工作，过有意义的人生。1966年"全国妇女组织"（National Organization for Women）成立，抗议政府及各公司行号让女生践踏自己的所为。该组织并主张"妇女有生育自主权"、"堕胎权"。女权运动随着女性人口成长，讨论的议题也逐渐扩及女性的"自觉"，带动了女性主义的发展。

有关女性主义的议论，根据英国学者罗思玛莉·佟恩（Rosemarie Tong）的看法可以分为自由主义、马克思主义、激进主义、精神分析、社会主义、存在主义、后现代主义等不同的解释[01]。自由主义学者为数最多，以玛丽·沃斯顿克拉夫特（Mary Wollstonecraft，1759—1797）、密尔（John Stuart Mill，1806—1873）、贝蒂·傅瑞丹（Betty Friedan）影响最大。沃斯顿克拉夫特为英国人，从事教育与翻译工作，1792年出版《女权辩》（A Vindication of the Rights of Woman），被列为女性主义最早的一部代表作。该书在对18世纪已婚的中产阶级妇女因遭工业革命冲击，家庭工作外移，失去工作机会，成为"插羽族"（the featheredrace）而激起惶恐，进行反省。由于女人丧失工作机会，智能不能得到鼓励，转而重视自己的身材、容貌，进而取悦别人，成为男人的"方便工具"。她鼓励女人接受教育，培养理性，找回女人的地位，坚持只有理性才可能帮助女人善于体察、情深款款、忠贞信实、深明义理，成为自己的决策者。在拥有与男性一样理性天赋的认知中，她构思出一幅新女性图，一位身心勇健，既不受限于情感，也不听命于丈夫与子女，而将自身从"多愁善病"、"自恋和甘于受玩弄"的压迫性角色中解放出来的女性。她的存在不是为了成全另外一个人的快乐和完美。

马克思主义女性主义将女性受压迫归咎于政治、社会及经济与资本主义连结后产生的结果，鼓吹女性进入公共事业，强调家务与育儿完全社会化，反对家庭作为经济单位，关注女性的经济利益与经济地位。

01　Rosemarie Tong, *Feminist Thought*，刁筱华译：《女性主义思潮》，中国台北，时报，1996年。

激进主义成员复杂，见解不一，但多同意女性受压迫是最早、最普遍、影响最深的一种人类压迫形式[01]，激进女性主义学者关注男性对女性的身体操控，强调男性为满足自身种种需求、欲望、利益，操弄、摆布女性的性意识及性活动的各种手段，男性剥夺了女性对自己身体的操控权利，以及作为人的资格，使女性丧失了人的属性。她们坚持女性要重新构想、定义女性的性意识及性活动，当女性可以由被男性定义及受男性操控中获得解放，女性精神即可出现。她们借由各种方式，参与、缔造了女性在宗教、科学、艺术、诗、文学等方面的表现。

精神分析女性主义主要是对弗洛伊德的"伊底帕斯情结"与"阉割情结"的批判进行[02]。精神分析女性主义认为，女性要从被压迫势力中获得解放，靠争取公民奋斗是不够的，必须要深入探测内心底层，将"原父"（the original primal father）从心灵驱逐出去，从此女人才会有空间去思考自己，且有力量成为自己。

后现代主义女性主义的论述则不再执着社会的不平等，开始关注将女性置入不利地位的意识形态结构。后现代的女性主义向语言、法律、哲学中的性别偏见提出挑战，如西克苏·海伦妮（Cixous Helene）、吕斯·伊利加莱（Luce Irigaray）、克莉丝蒂娃（Julia Kristeva）等人，不要再以二元对立的方式思考两性问题，试图透过书写及言说来克服二元对立，克服中心主义及理体中心主义，让人类在观念上来一次革新。

---

01 Rosemarie Tong, *Feminist Thought*, 刁筱华译：《女性主义思潮》，中国台北，时报，1996年，第123页。
02 按弗洛伊德的说法，小男孩的伊底帕斯情结来自母亲的哺喂、养育，对母亲的自然依恋，小孩子想占有母亲并杀掉父亲，因为父亲分夺去母亲对他的关注。但这种情形过了一段时间就变了，在看过母亲的裸体之后，小男孩开始怀疑母亲没有阳具是遭父亲阉割，更害怕一旦对母亲有欲望，也会被父亲阉割："阉割对小男孩所造成的威胁，结束伊底帕斯情结，但女孩子因缺乏阳具，反而易引入伊底帕斯情结。"

第五节　网络文化

　　网络文化是20世纪下半期以来影响人类行动最重要的文化趋势，一般称之为"数字文化"，它是根据计算机数据的计算单位"位"（*bit*）发展而成。"数字"将过去单向的传播方式转为互动的方式，打破了时空的局限，缩短了沟通的距离，改变了传统以来的伦理学由上而下的道德体系，动摇了传统学习的方式与管道，影响社会的秩序结构。学者将这个时代称为网络世代（*Net Generation*），简称为N世代。

　　网络是一组相互连结的节点（*nodes*），是曲线本身相交之点。在美国国防部先进研究计划局（ARPA：*Advanced Research Projects Agency*）的推动之下而大力发展。1957年苏联发射了第一枚人造卫星至太空，刺激美国加强研发拦截系统并研究将数据分散处理，以防范大型计算机遭苏联攻击的威胁，促使网络诞生。至1990年代初期，单一芯片的微电脑开始具有大型计算机一样的处理力，中央式的资料储存与处理从此走向网络化，加上电传通讯技术发展，使得网络社会逐渐形成。

　　网络文化在人类历史中的地位与农业革命、工业革命相当，甚至有过之而无不及。由于网络动摇了传统的社会体系，因此对网络的忧虑也特别敏锐。它为人类带来结构性的转变。按照马克思的说法，生产工具决定了社会的发展结构，当社会进入以计算机为主的互动时，文化意识自然也出现变化。网络社会基于计算机科技而发展，当计算机进入数字运作时，客观的环境改变了，传统的社会型态，特别是社会的结构面临冲击，过去垂直的人际关系改为水平的人际互动，彻底改变了当前社会所有的沟通。孩童及青少年是网络先驱代表，他们不是被动的存在，而是主动掌控，展现自我的意识形态，在新的媒体互动中，他们沟通、玩乐、学习、工作及思考，建构新的价值观，比长辈拥有更多的知识，更关心社会议题，根据美国人"青少年研究无限机构"的研究报告，由1994年到1996年，美国上网的青少年增加了百分之二十四，至1997年增加了百分之三十八，显见网络成为新生代的学习与生活指南。

网络文化之特色有三,首先是打破了传统的时空局限。在人类文化的表现中,可以发现"时间"是变革的重要依据。农业时代人们的作息时间依太阳之起落、月亮的圆缺,"日出而作,日落而息",没有时辰分秒的概念。进入工业时代,随着机械之发展,人对时间有了不同的概念,时钟的出现将人带入人文的作息之中,一天二十四小时,一小时六十分,一分六十秒,凡事井然有序,从此人活在人为秩序的安排中。网络时代,人类打破了时钟的制约,虽然计时算分的概念依旧,但对时间的处理迥然不同,以前线型、不可逆转、可以度量、可以预测的时间,逐渐丧失主权,网络时间混合了各种时态,强调随意而非循环的方式运行,并以技术逃脱现实的时间,达到无时间的时间,弹性管理的时间。网络也改变了空间概念,网络的空间,是一种流动的空间(space of flows),而不是固体的空间。不是一种形式,而是一种过程,受流动空间的结构性支配,其空间不是以地理而是以知识为基础,在网络系统运作之下,空间的内、外、近、远、这里、那里的区别都不存在。

其次,网络系统打破了上两个世纪所建构的"理性文化",唤醒了"感觉"的重要性,刺激"中枢神经"觉醒,使得幻觉与真实感觉出现混淆,分不清两者的关系与差别。在这种变化中,自我与他人、男人与女人、自然与机器甚至生与死之间的界限都出现动摇。物理世界中的真实丧失了意义。网络文化中,真实只是暂时的共识,只是一个过程中的一小段,连身体也不是真实的存在,而只是意识形态的混合物,包括态度、信仰、观念等。真实只剩下虚拟实境,呈现的是蜂巢状态的心灵主义(spiritualism of the hive)的人性。网络模糊了自我与他人的世界、感官的世界,真实与幻想的世界。

第三是网络文化形成了新超越主义(new transcendentalist),提供一个抽象,只能透过计算机屏幕而被感知的世界,动摇了过去以来所建立的沟通基础。传统的个人与社会角色失序,过去受物理世界限制,维持人际的关系松动,网络的角色不稳定,性别转换是常态,造成人格上的错置,传统以来的伦理体系遭到严重挑战,父母及老师在教育方面的权威不保。网络侵入了家庭从娱乐到相互的沟通，甚至购物。N时代进入一个新生活时代，其文化表现方式不同，被视为自我中心、缺乏社会价值、愤世嫉俗的一代。事实上，这种说法并不完全持平，因为网络所塑造的新生代仍有其重要性。

网络文化冲击了社会各层面，可视之为人类文明的第三次革命。影响重大，首先是网络代表"过热媒体的逆转"[01]。计算机科技被视为热媒体，具有机械性、统一格式，反复及专业性高。网络则将计算机冷却了，计算机变成私人化，和卧室一样，具个人特色。当联机进入别人网站时，会听到对方用各种声音或乐曲，也会看到对方以家人以及朋友的照片欢迎你。但也会设立各种保护程序，使外人无法进入。其次是教育角色替换。在过去，文化的传递者，透过教育体系，由上而下，由过去到现在的方式进行。但在网络文化中，教育体系颠倒，不再是由上而下，由过去到现在，而易为由下而上，由未来到现在。学生由受教的角色转换为教人的角色，子女超越父母和老师控制，严重影响社会的结构与价值观。美国全录公司首席科学家布朗（*John Seely Brown*）曾表示，"现在可以说是历史发展上一个极独特的时期，孩子在家中所扮演的角色正在改变"。过去父母决定事物的权威动摇，尽管父母还有权威，但谈话的议题主导权已落入小孩手中。由于主导权易位，家庭成员开始学习互相尊重。第三是互动性文化日趋重要。由"虚拟社群"（*Virtual Community*）[02]中的"聊天室"及"电子布告栏"可以看到网友在此的互动激励，小孩子可从网络寻求同侪的帮助。"聊天室"同步进行，而且是立即的、持续进行，可随时加入或离去。"布告栏"又称为"论坛"，进行异步的讨论。网络世代渐渐不把科技视之为技术的一种，而视为人群、信息、游戏、应用软件、服务、朋友及主角人物。眼睛注视的也不是计算机屏幕，而是朋友的讯息、杂志内容、讨论团体、在线游戏或异域文化等。第四是代沟情形严重。"代沟"出

01　McLuhan, *Understanding Media：The Extension of Man*，麦克鲁汉：《了解媒体：人的延伸》，1964年，第185页。

02　此词系雷因哥德（Howard Rheigold）所创，意思是"一定规模的人们，以充沛的感情进行某种程度的公开讨论，在网路空间中形成的个人关系网路"。

现于1960年代婴儿潮时期，在此以前，代沟并不存在，小孩在短暂的儿童期结束后，陆续进入就业市场。1960年代之后的小孩生长在一个富裕的时代，就学年限较长，有较多的时间推动自己的文化，如摇滚乐、留长发、穿着古怪、重视心灵改革。他们与父母之间出现文化断层，被认为是不可信赖的、贪婪的物质主义者，电视是他们的主要生活工具。1990年之后再度出现新的文化代沟，这次代沟是与1960年代出生的父母所产生的代沟，计算机对电视的挑战。电视是透过一定的制作过程并经监督而传递给观众，父母对子女的收视有控制的余地。但计算机不同，父母丧失了控制权，对孩子手中握有强而有力的新工具深感不安，老师担心"学生在网络上浏览到不该浏览的信息"、"孩子将成为一些病态入侵者的目标"。他们对新一代所拥抱的新科技感到不安，对新媒体不放心。

　　网络将是人类未来活动的重要领域，从生产到消费，从相识到共处，都将重大的改变了人类传统的价值观，特别是对伦理学的冲击。它影响着现代人的生命态度与行为模式，特别是价值与意义的追求，尽管专家学者多所呼吁，但形势比人强，不能无视其存在，而是如何顺应潮流，建立新的文化准则，或者说新的伦理哲学，包括政治、经济、社会、人文、艺术，为人类的未来觅一通路。

第4章
结　论

　　现代思潮的西方文化研究通路是一个庞大的课题，以一个研究历史的工作者进行这类的写作有点自不量力。但在教学的过程中发现，学生在从事类似的课题学习时由于欠缺国人自撰的材料，以致入门之际困难重重，受限于翻译的名词，以及译文的艰涩，往往事倍功半，甚至是不知所云。从历史的研究过程中发现，现代历史的专业以及其立论的依据："史料"，随着书写地位的松动，口述与影视历史的出现，已不能不有所改变，而"文化"是形成转变的重要关键，经由对文化的理解，将有助于对历史的重新建构。

　　在文化的论述过程中，对"文化"一词的界说及其指涉的范围，有不同的解说，并出现重大的争议，因此在讨论这个命题时往往因对象的不同，而有落差。本文讨论文化亦不免有此困扰，因此舍文本的争议，改从历史的宏观着手，探讨西方，尤其是当代文化的特色。文化是人的创造物，是人与动物的区别所在，它反映了人文社会的情境与状态。过去对文化的认识多限于"结果"，现在对文化的认识多重视"过程"，两者不同。依据德国历史学者斯宾格勒（Oswald Spengler）的说法，文化应是"成长中"（becoming），而不是"已成长"（become）。当文化走出文学、艺术的领域之后，与社会发生互动，人类学、社会学开始关注文化的内容，注意文化的意识与结构问题。文化的社会意识涉及范围广泛，但多与社会秩序的稳定与否有关，当社会秩序发生变动时，文化将面对挑战。由于社会的变动不是全面一致，也无法有立竿见影之效，因此文化的改变也是层次不同，参杂不一。从整体趋势来看,人类社会发展的共同趋势是追求"人人平等"。早期基督文化宣称上帝创造万物,皆为上帝的子民,为众生带来了平等的信念。这种来自上帝的平等是一种互助的平等。尽管社会上有贵族、教士、自由民、农奴等不同身份,但在心理上是平等的。进入人的理性时代之后,基督的理论遭到质疑,但平等的理念并未被遗弃,启蒙思想家由社会的角度,批评基督的平等并不平等,进而主张社会平等,这种人生而平等的观点,是由人创造出来的平等,从此平等存在适者生存的理念中。在优胜劣败的竞争之下,以革命为手段,寻求平等。这种来自社会的平等理念,奠基于"心理上的不平等",造成18世纪以来人类社会的动乱与失序。进入后现代,平等仍是人类文化思维的重心,"人权"、"民主"是建构平等的管道,但这种奠基于西方文化的理念是否能达到真正的平等仍有待验证。

　　文化的建构与解构是历史发展的趋势。由早期神学的形上思考建构、到宗教改革时期对"基督教会"的解构;18世纪启蒙理性主义的主体建构,20世纪对理性的解构;乃至后现代的个人主义建构,说明了文化的变迁性。在宗教社会中,宗教伦理学的"道德"观,确立了生命的本质,维持了社会的秩序。"神明"的绝对价值观,建构了"神权"的文化体系,不论是"耶稣基督"还是"阿拉",皆位于社会的顶端,俯视众生。"信仰"是生活准则,"经文"是奉行的依据。迨16世纪宗教改革燃起之后,"神权"地位动摇,尽管宗教信仰犹存,但传统的教会规范已不足以应世。人们在"启蒙理性"的引导下,开始建构新的文化标准,以"百科全书"取代"圣经"作为认知的准则,社会的行为依据。从此知识分子取代教士和贵族成为社会的中坚,他们建构了"审美"的文化观,并在"审美"的基础之上,建立了人文社会。由意大利的文艺复兴运动开始,人文与方言成为新文化的内容。迨进入20世纪之后,人类遭遇两次世界大战的浩劫,苦难的大众感觉到生命的无奈以及理性的荒谬,进而反对整体的理性观,要求尊重"差异"与"多元"。学者抨击过去理性文化所建构的"审美"独占地位,要求将"审美"的特权下放,将"审美通俗化"、"审美民粹主义化",以消除传统高雅文化与大众文化的界限,建立一个后理性文化时代。新一代的学者否定理性文化奠基在语言以及结构之上的霸权，避免人们在遭宰制之际仍浑然不知，致力打破语言与结构的独占性，希望在整体消融之后，个体得到充分的表现。但这种一反传统西方形上思考与理性主义的一元整体观，试图打破思维的框架，为当代建立新秩序，为长久以来被压抑的个人找到生机，让西方人与其过去历史挥别，也造成现代的文化失序，并带来危机感。

西方文化的通路，可以"理性"一词贯之，学者好以"知识论"称之。但"理性"是什么，却难有共识，上帝的存在是理性，人的创造是理性，语言的表述是理性，究竟理性意味了什么？简单地说，西方的"理性"是以"逻辑"来认定"合理"的状态，换言之，必须合乎三段论法的命题规范，由大前提经小前提而获得结论，才是合理的。这种"理性"建立了宗教的形上学、启蒙的历史学、后现代的语言学，维系了人与人之间的互动，也带来了人与人之间的矛盾与冲突。其实，这种将大前提的存在视为必然，是否正确有待说明，如果大前提的地位动摇，丧失绝对性，自然影响小前提的推论，结论也就无效。例如人是会死的，苏格拉底是人，所以苏格拉底会死，表面看来，这项推论是有效的，但以人是会死作为大前提是否正确则不无疑问。再如，上帝是永生的，耶稣是上帝的化身，所以耶稣是永生的，其中大前提上帝是永生的也有讨论的余地。此外理性以部分代替全体，也制造了困扰。上帝的理性并不等于理性，人的理性也不等于理性，试图将上帝的理性与理性划上等号，就抹煞了上帝之外的其他理性，同样将人的理性与理性划上等号也抹了其他理性。这是西方文化通路的最大谬误所在。

观察西方文化的通路可以发现一条由上下垂直的关系，演变为平行互动的关系，由血缘的部族社会走向小区的国家社会。其中的关键为历史主义与马克思主义。历史主义让人摆脱了上帝与人的垂直关系，马克思主义让人由部族社会思维进入小区社会思维。在历史主义问世之前，神是万物存在的"第一因"，以后随着社会的变动，人的自觉意识抬头，"历史"而不是"神"成为存在的"第一因"。由黑格尔的"历史哲学"开始，哲学的始点不再是形上学而是历史，以后历史的内容由精神现象层面进入物质层面，马克思的哲学引起重视。严格说来，历史主义并未改变形上学的基本精神，而只是从人的角度说明各种社会制度的起源、发展及未来演变。奥国社会学家波佩尔（*Karl Popper*）批评历史主义为命定的神话，呼吁摆脱历史主义狭窄视野，要从未来的宏观看社会，提出"开放社会"的论述与见解。由自由讨论、理性批判、社会制度方面开创一个多元化、机会均等的社会。在这个明理的社会中，冲突可以用愈来愈合理的方式解决。

马克思主义是西方文化思路走向现代化的关键。在西方文化理路探索过程中，马克思主义居枢纽地位，学者看法尽管不同，但多以马克思的学说中的人性尊严、社会结构、意识形态作为议论的焦距，有人力捧，有人批判。姑不论是非对错，马克思站在人道的立场，关切社会生活，透过哲学的析辩，批评资本主义，并进行对未来世界的改造，希望在知识中看到一种促进人类进步的方法，则是不争的事实，它扩大了人类的视野，开创了新理路，将传统的人际关系由垂直互动转变为水平互动。马克思以商品及钱财作为社会身份的认定标准，取代了过去以血缘作为身份地位的认定，改变了社会的结构与发展。人们经由自身的努力改变生命的意义与价值，深深影响了现代人的思维与生活态度。

文化的变迁随着时代的条件改变而有所不同，早期的农业社会、中期的商业社会、晚近的工业社会以及现今的信息社会，每个社会都有其生存方式，因此文化不能维持在固体的封闭体系中，必须呈现在流体的开放状态中，20世纪60年代人类社会迈向新趋势，社会生活型态转变，特别是工业发展转型，从机械进步为计算机，冲击了传统的社会结构，以及伦理价值。过去被视为受雇阶级的次级团体地位获得改善，女人、学生受教情形改善，自主性提高，影响力日增，文化由少数人的专利发展为多数人的权利。大众文化、消费文化、网络文化崛起，显现了现代人的处境以及现代文化的价值。

文化研究是一门探讨人类生活的学问。人与动物不同，动物是"给予"的存在，人是"知道"的存在，动物不会自杀，但人会自杀，自杀的理由是"缺乏意义"，换言之，人是有意义的存在，这种意义尽管在生活方式表现上有所不同，但生命的意义并无差别。人的存在有其"需要"的一面，也有"想要"的一面，"需要"延续了生命的传承，"想要"创造了生命的价值与意义。"需要"诞生了"文化"，"想要"创造了"文明"。资本主义满足了人们的"需要"，但也激发人们的"想要"。现代人将"想要"误为"需要"，生活在资本社会中，被资本家"收买"、"支配"而不察，导致生活的不快乐与烦恼。如何摆脱"想要"的迷失有待开启文化的"窗口"、扩大文化的"视野"。本文书写即试图经由对西方文化通路的梳理，打开一条生命的道路。

附 录

年鉴派史学

在史学这一门学科中,学派与学理经常令许多教学者感到困惑,尤其是西方史学的理论,因此在讨论史学学派之一的年鉴学派时,不得不先对西方史学作一简略说明。

探讨西方史学,一般多追溯史学源头至希腊罗马时期的叙述体史学、中古神学的"形而上"观念史学、文艺复兴时期的人文史学、再进入近代的历史学研究。近代史学是随着科学的发展而产生,脱离了神学、哲学的系绊,成为一门独立的学科,但与科学的关系随着知识的分际,由合而分,朝向不同的层面发展,并与自然科学的认知有了不同的诉求:科学重效能、讲功利;史学重意义、讲价值,从此历史成为不同于自然科学的人文科学一支。

一、年鉴学派崛起的历史背景

年鉴学派是近代科学实证史学之后的一种新史学观,大约在20世纪初期开始进入史坛。实证史学试图将历史学与科学理论结合,以科学的方法进行史学研究:分析选择历史事件,对历史事件进行分类,对事件进行定义和定性,分析各定义与各事件之间的联系。其中以德国的兰克史料学影响最大。兰克把历史当做一门科学,因此被视为"以科学态度和科学方法研究历史的第一人",是"近代科学历史学之父"[01],兰克强调运用原始资料、考证和辨析史料,主张史料考证是历史基础,成为实证史学的代表人物,尽管后来的史学家对兰克的史学观念有不同的看法[02],但实证史学所激发之个别性、个体性的史学研究,却成为主流趋势。实证史学重视史料导致历史研究独厚政治,由于过去人类活动所遗留或记载的事迹多偏向政治面,影响史料保存也多局限在政治方面,使得历史研究成为政治史的化身。

20世纪初,重视史料和完整无缺的史学研究虽然在史学方法论中有着极重要的意义,但在实践中却出现历史微观化、封闭化的危险[03]。史料的至尊地位随着心理学、语言学、社会学的重要性增加,逐渐松动。史家开始怀疑史料的精确和完整的可能,质疑文字材料是当事人记载下来的,在记载的同时就溶入了史家的选取标准与个人的好恶,不同的学者对同一事件因个人的视角、立场、层次而反映不一,使得史料出现矛盾,影响到史料学及实证史学的地位。史学研究者在批判实证史学的不足之余,从不同的方向提出不同的史学理论,大致可以分为唯心与唯物两派,唯心派的代表有德国学者狄尔泰(W. Dilthez)将历史视为一种精神科学;意大利学者克罗齐(F. Croce)将历史解释为思想的产物,更据此语惊四座的提出了撼动史界的一句名言"一切历史都是当代史";英国史家科林伍德(R. Colingwood)则喊出"一切历史知识都是思想史"。唯心派史观认为过去已不存在,其所以会成为历史是它与现代产生直接或间接的关系,倘若没有任何关系就不构成历史。唯物派史观以德国社会学者马克思为代表,他认为历史是一种实践过程,马克思唯物中的"物"不是物质,而是实践,经由辨证过程找到历史的意义;法国学者涂尔干从社会的角度看待历史。就在这种对实证史学的全面批判之下,历史研究众说纷纭,法国的"年鉴学派"也就脱颖而出,成为一重要派别。

01　张广智、张广勇:《西方史学史》,复旦大学出版社,2000年,第221页。

02　Benedetto Croce, *History Its Theory and Practice*, New York: Harcourt, Brace and Company, 1923, p. 235-239.

03　姚蒙,《法国当代史学主流》,中国台北,远流出版社,1988年,第8页。

二、年鉴学派的发展

"年鉴学派"（Annals）崛起于1929年法国斯特拉斯堡（Strasbourg）大学，由吕西安·费夫尔（Lucien Febvre，1878—1956）与布洛克（Marc Bloch，1886—1944）两位教授创办了《经济社会史年鉴》（Annals：Economy，Society，Civilization）而得名。该杂志成立目的在对抗实证史学，广纳各派理论与学说，成立综合研究讨论会，从事跨学科研究，推广历史的整体研究，成为法国最重要的史学派别。20世纪五、60年代后受新思潮的冲击，学术分际更加细腻，年鉴学派无法概括各种理论，以致影响力减弱。

"年鉴学派"的发展依大陆学者张广智、张广勇的看法可以分为三个阶段：第一阶段由1929年到1945年；第二阶段由1945年到1968年；第三阶段在1968年[01]之后。第一阶段的代表人物为吕西安·费夫尔（Lucien Febver，1878—1956）与布洛克（Marc Bloch，1886—1944），他们俩人创办了《年鉴》杂志。费夫尔曾任教斯特拉斯堡大学及法兰西学院，布洛克则曾任斯特拉斯堡大学及巴黎大学教授。他们有鉴于实证史学的封闭与不足，提出总体观的史学，将历史学扩及地理环境、气候、社会、经济、文化、思想、情感与政治等，注意社会结构分析。第二阶段代表人物有费尔南·布劳代尔（Fernand Braudel，1902—1985）、查尔斯·莫拉泽（Charles Moraze），其中又以布劳代尔最富盛名。他于1949年接替费夫尔任法兰西学院近代文明史讲座教授，1956年至1968年担任《年鉴》主编，而《年鉴》早于1946年易名为《经济、社会、文明年鉴》，将研究的主题由经济、社会延伸至文明。费夫尔去世后，他成为《年鉴》学派领袖，进一步拓展了历史研究的领域，扩大了总体历史的规模，促进了历史学与社会学、人类学、经济学的交流。第三阶段的代表人物为安德烈·比尔古埃（Andre Burguiere）、勒高夫（Jacques Le Goff）等人，主要的代表作有《创造历史》、《新史学》，他们热衷研究历史人类学和精神状态史，十分重视历史认识论和

01　张广智、张广勇：《史学：文化中的文化》，上海，商务，2003年，第312页。

史学方法，进一步拓宽了历史的领域，但也把历史弄得支离破碎。第三代的年鉴史学家由于研究的范围过于宽广，丧失了学派的精神，成为一种运动[01]，新史学自1968年后成为法国史学的主流。

三、年鉴学派的主要思想

年鉴学派主要思想有二：

（一）重视历史中的人，但不是个别的人，也不是孤立的个人，而是要了解什么属于人，什么依赖人，什么是为人服务、什么可以表示人，人不是抽象的而是社会的。如何了解人？年鉴学派主张把人及生活的实际和时空中的一方放在一起理解。布劳代尔认为"历史创造了人，人承受了历史"，历史的主体已是人和其他，甚至历史的主题由人转为其他，这里的其他指的是土地、气候、生态变动等。因此可以说，年鉴学派至布劳代尔时已走向环境和生态历史，使得历史学与社会学搭起友谊的桥梁，影响史学迈向一个新方向。

（二）突破过去以政治事件为主轴的历史思维，布劳代尔的《腓力二世时期的地中海世界》对此有精辟的解说，他一反过去以政治人物或政治事件为主的历史写作，改以地中海为中心，从地中海的地理环境，讨论该地区所形成的人口、商业、物价、运输等情形，以及在地中海活动的两大帝国：土耳其和西班牙的政治、社会情形。此书的特色改变了传统的历史叙述方式，不再以政治事件作为历史时间的演进方法，而易以社会、经济的变迁，作为历史时间的叙述手法，将历史的时段分为"短时段"、"中时段"、"长时段"三个期间。"短时段"的历史是指以重大事件为中心的历史观，包括政治史、军事史的研究。布劳代尔认为这类历史研究，瞬息万变，只是喧嚷一时的新闻而已，"事件虽发出了光亮，但这种光亮却不能穿透这深沉的黑夜"[02]。"中时段"的历史是一种较广的时间度量，它超越了短时段事件，包含了更

01　张广智、张广勇：《史学：文化中的文化》，上海，商务，2003年，第316页。
02　同上书，第320页。

长的时间，特别表现在经济史与社会史的叙述中。"长时段"指的是结构，它对人类生活及行为有决定性的影响，如地理环境、生态结构对历史的影响、心理结构对人的影响。唯有从"长时段"的认知中，才能找到历史真正变动的因素。这就好像到海边看到海水表面，波涛汹涌，起伏不已，但潜入水中，则波动较小，起伏不大，到了海底，一切静寂，井然有序。海水表面是短时段的历史，海里的水是中时段的历史，海床是长时段的历史。布劳代尔的史观是重视长时段历史，只有借助长时段的历史观，才能深刻地把握和理解人类生活的全貌。

年鉴学派除了扩大研究视野，对研究方法亦带来重大影响。由于该派学者重视文明的进展，而不再偏爱政治人物对历史的影响，因而在写作时必须利用大量的计量方式来说明社会结构和情势的变化，使得计量经济学、人口统计学、社会心理学等方法成为历史研究的重要辅助科学。此时的计量不再是简单的统计方法，而是利用各种现代数学、统计理论和手段，在研究意识上对传统史学模式革新，从数据的计量分析开始使历史丰富化、层次化和精确化。[01]它使得单独的史料不再具有意义，史料的意义只有在前后相关的系列中才可见到，导致必须对历史研究材料进行系统、集中地分析和统计处理，不仅是有关经济、社会阶层等易于统计的资料，还有诸如文化、传统习惯、心态等非数量化的数据都包括在内。[02]

四、结论：对年鉴派史学的反思

年鉴学派扮演了法国实证史学到新史学之间的转承工作，由窄化的历史研究，走向宽广的总体史探索，从政治史的领域跨入社会史、经济史、生态史的思考。使得年鉴学派不再是法国的学派，而成为史学界重要的一支，对历史学与其它学科的结合产生了重大的贡献。

年鉴学派对英国的左派史学产生相当影响，其中最为台湾史学界

---

01 姚蒙:《法国当代史学主流：从年监学派到新史学》，第126页。
02 同上书，第127页。

熟悉的是霍布斯鲍姆（Eric Hobsbawm），他在《从社会史到社会的历史》一文中，承认受到年鉴学派的影响。他认为在历史的众多定义中，社会的历史是在社会生活的特殊群体，按社会学标准加以定义的人的历史。它是一种社会各色各样的历史，也是人类的历史[01]。他更据此发展出"由下而上"的历史研究，也就是从小人物或普通的社会现象着手研究，不着重精英人物，而是着重对社会下层和人民群众历史的研究。

年鉴学派尽管为史学界带来风尚，并成为一股浪潮。但随着时间的演进，也出现许多疑虑，主要的批判在它把历史弄得支离破碎，"全面的历史"似乎变成了"万花筒"，而不是一个整体，各类历史现象之间少了些内在的有机联系，过分重视结构[02]，并仅作静态的分析，忽略了质的变化，使得历史丧失了历史学科的特质：人的主体性。年鉴学派以反对政治史著称，但完全不重视政治，将使得历史的人缺乏主动的意义与价值，也少了创造的精神，人将和动物相近，只是被动的存在，而非主动的存在。

"历史学是一项具有凝聚力的智性工程"[03]，对历史的研究也就成为人文价值最重要的篇章。由西洋史学的发展途径可以看出，人类的智慧由神权时代崇拜圣神迈向人权时代重视人的地位与价值后，上帝的诗篇转为历史的篇章，历史的书写对象与方法受到关注。一种由上而下易为由下而上的历史趋势渐成风气，它不仅符合现实需求，更贴近人文的意义，年鉴学派开启了这扇大门，尽管它也在时空的转移过程中受到质疑，但对史学的贡献是毋庸置疑的。

01　霍布斯鲍姆：《史学家：历史神话的终结者》，上海，上海人民出版社，2002年，第82页。
02　张芝联：《历史学与社会学》，北京，三联书店，1995午，第187页。
03　霍布斯邦：《史学家：历史神话的终结者》，上海：上海人民出版社，2002年，第5页。

结构主义

对研究历史的同好而言，结构主义是一个既生疏又好奇的语词，它似乎是属于哲学或社会学的领域，究竟与历史之间有什么样的关系，颇令人关注。

结构主义法文为 *Structuralisme*，英文是 *Structuralism*。法文于 1953 年开始使用。*Structural* 这个词来自 *Structure*，14 世纪就有了。*Structuralism* 的意思是指"研究一个范畴的事实，应该研究其结构的理论"。二次世界大战后在西方蔚为风潮。在学界，一般将其起源，溯自瑞士语言学者索绪尔及法国的人类学家利瓦伊斯陀（*Levi-Strauss*）的结构人类学。法国哲学家里克尔（*P. Ricoeur*）认为利瓦伊斯陀的结构主义是把"语言学模式应用到人类学和一般人文科学"。因此法国被认为是结构主义的大本营，也因此在探讨结构主义时对法国的哲学思想变迁不能不有所了解。法国的思想奠定于笛卡儿的"我思"基础之上；由肯定"我"的主体到否定"我"的主体，由"我"是独立思维主体，到主体只是一个复杂关系的网络，由"我"是一位决定者到"我"是被决定者的过程。哲学史将之分为三个时期：一次大战前博格森的"生命哲学"，二次大战时期萨特的"存在主义"，60 年代的"结构主义"。法国哲学家福科认为在萨特时代人们热情投入生活、政治与存在之中。但到了 60 年代以后，出现了另一股热情：对概念和对系统的热情。这种热情就是结构主义。

一、何为结构主义？

何为结构主义？根据大陆学者李幼蒸的解释[01]，一个整体对象是由诸成分组成的，这些成分之间的关系总合就是结构。结构是整体性的

---

01 李幼蒸：《关于结构主义和符号学的辨析》，《结构的时代》，中国台北，谷风出版社，1986 年，第 64 页。

存在，其中个体的部分没有独立的个别属性，一切个体的性质都是由整体的结构关系决定的，个体只能传递结构力的作用。据此推论，世界不是由事物构成的，而是由"关系"组成的。

结构主义反对传统哲学中的抽象论述，认为真理存在抽象和具体之间，以及文化与自然之间，重视方法论的实践。结构主义论者将结构分为表层与深层两类，表层是外部的现象，只要通过感觉就可获得，深层则为现象的内部，必须通过模式才能认识。结构主义所探讨的是深层结构，可以从"社会学"与"历史学"的不同窥豹一斑，历史所探究的是事件的现象，讲述的是事件的因果关系，其中所指涉的动态大于静态；社会学探究的是事件的本质，讲述的是深层结构，其中所指涉的是静态大于动态。结构一词所探讨的深层大于表层，因此用于社会学多于历史学，但近年来史学在年鉴学派的影响下，也对结构主义出现重大的关注。

二、结构主义学说

严格说来结构主义不是一个哲学派别，也没有统一的理论基础，只是强调方法论的实践，因此在介绍其学说时，只能就一些学者的看法，提供参考。

（一）索绪尔语言学的结构主义

瑞士语言学者索绪尔（*Ferdinand de Saussure*，1857—1913）可谓结构主义的开山鼻祖。他在语言的教学过程中发觉到，语言不是个人心理的直接表现，而是一个符号体系，建构在社会网络之上。语言不是由语音和意义自身构成的，而是由语音与意义之间的关系形成的。语言与言语不同，语言是一种先验结构，而言语是一种经验现象，一般言语是受到语言结构影响。索绪尔将语言符号分为能指与所指两类，能指是语音，所指是语词。当我们说帽子就是能指的语音，当我们用帽子这个词时，就是所指的意义。他认为词是两种关系形成，一个是结构关系，另一个是聚合关系：结构是前后关系；聚合是替代关系。如太阳升起，太阳与升起可以结合为一个有意义的词，是在太阳与升起的关系，这就是结构。而用月亮取代太阳，变成月亮升起，则是聚合关系。把语言看成一种结构，是说明，个人只是根据语言的规律而进行言语的交流，言语是受到语言规律的支配。

（二）利瓦伊斯陀人类学的结构主义

法国人类学家利瓦-伊斯陀（*Levi-Strauss*，1908—）被视为结构人类学的奠基者，他将索绪尔的语言结构学应用至人类学方面进行研究，使得他成为结构学的一代宗师。索绪尔治学动机是要从混乱的现象背后找出一个秩序。他感觉当人谈论社会关系，只是说些经验材料，真正了解这些经验对象，必须有一个模式，透过模式，掌握结构，才可以认识到关系，所以社会关系只是社会结构的表现形式。利瓦伊斯陀从理性主义的角度，站在唯心主义的立场，以理智所构造出来的模式去理解结构。他认为结构是一种"真实"的存在，是一种"无意识"的产物，无意识的结构表现出来就是社会现象。他反对人本主义，也反对历史主义。

利瓦伊斯陀所以享誉学界，是在其利用结构主义的观点对古代社会的神话与亲属关系的研究。亲属关系是由血统与婚姻关系所产生，他认为决定亲属关系的不是成员而是结构，亲属关系的各个成员相当语言学中的一个词，词的意义来自前后的关系，亲属的意义一样来自结构的关系，是无意识建立起来的，即便在不同的社会也有相似的地方。这种理论显然就排斥了社会进步观。他也应用结构的理论对神话进行研究，他认为神话分为神话结构与神话故事两类，每一种神话都来自神话结构，由结构派生出各种神话故事。神话结构和语言结构一样，是无意识的产物，神话故事则是有意识的产物。他对这两方面的研究开启了结构主义的社会学研究新方向。

（三）阿尔都塞的马克思结构主义

阿尔都塞（Louis Althusser，1918—1990）是法国哲学家，试图从结构主义的角度探讨马克思，并重新诠释马克思主义。他认为马克思思想可以分为两个阶段：早期人道主义的马克思，与后期资本论的马克思。他反对人道主义的马克思，认为那是意识形态的马克思，而真正的马克思是结构的马克思、资本论的马克思。阿尔都塞以结构为基础，展开对马克思的理论实践解说，他认为，每一门科学或每一种意识形态都有一种理论框架，即理论的结构，这种框架支配它所能够提出的问题，它不是一种有意识的存在。

对历史唯物论起源问题，阿尔都塞主张它不是历史的承续（德国古典主义、英国政治经济学、法国乌托邦社会主义），不是意识形态的概念，而是结构的结合。他以多元的决定论，即结构性的因果关系，取代线型的因果关系。他认为，每一个结构都有自己的历史地位，通过泛泛的结构而集合为一整体，他以结构代替生产，否定人的主观决定性，将社会结构与变化视为一种命定，资本主义的剥削也就成了结构命定的一部分，这是维护马克思正统学说者无法忍受的。

（四）拉康（Jacques Lacan，1901—1983）结构主义

法国精神分析学的重要代表人物，20世纪初期的心理学争议为：人格的成长与精神病因是受生物学与无意识的影响，还是受文化因素影响？拉康研究的主旨是对主体进行结构分析。他在1936年提出他的精神分析理论，他将自我的发展历程分为三个阶段："镜像阶段"（Le Stade du Miroir）、"象征界"（le symbolique）阶段与"实在界"（le Reel）阶段。他认为婴儿的自我认识，经过三个过程，由与母同在，到与母的分割，再发现自我。在"镜像阶段"（Le Stade du Miroir）婴儿在镜子中看到的"我"，是自我异化的开始也就是"他者"出现。这种外在主体被对象化的镜像，显示出"结构化的功能"。镜像阶段打开了

婴儿的想象世界（包括映像与想象双重含义）。当孩子入世后，想象的世界就成为形象的世界，也是欲望、想象与幻想的世界，它是主体构成的基本层次之一。第二个阶段为"象征界"（le symbolique），从想象的主体走向真实的主体。孩子通过意识到自己、他者和世界，逐渐使本身"人化"或"主体化"的时期。按拉康的说法，孩子的成长分为三个阶段：首先与母亲合而为一，以后父亲的介入，孩子与母亲分离，转而与父亲同化。孩子与父亲的同化是透过"法"进行，包括语言、楷模和许诺。父亲是"认出"孩子的人，让他朝向未来，与社会、文化结合。这时孩子完成自身，并达到象征界，从自然进入到文化秩序。一旦幼儿进入社会和文化后，主体即告出现。第三个阶段为"实在界"。拉康对这一阶段解释不明确，只表示他指的"主观现实界"是欲望的渊薮。拉康的学说指出了主体是一种"能指"的系统，"是一种使我们反对任何从自我思想产生的原则，以及由其中获得的哲学经验"，主体不是与生俱来，也不必然存续，主体的存立取决于象征功能的发挥。

（五）皮亚杰的结构主义（Jean Piaget，1896—1980）

瑞士人，从小对生物学有兴趣，一生致力生物学与认识论之间的关系，探讨人作为主体，如何能产生逻辑与数学关系的推理法则。他的认识论是科学认识论，一种发生认识论，因为他认为认识有发生过程，与将认识视为一种孤立观察、纯属经验描写事实不同，是结构主义的。

皮亚杰的研究主题有二：人及整体性。他认为人是通过构造过程而来的；认识是整体的，起源于主客体之间相互作用的构造主义学说。在他看来，科学的结构主义不是一种学说、一种哲学论，而是一种方法，有无穷开放的精神，不存在排他性，不废除任何其他方面的研究。结构主义是从整体中来研究诸成分的关系与意义。

结构即科学的系统，结构分析是一种系统分析。整体不是由部分集合，部分是在整体之内，必须经由整体才能了解部分，而不能由部分来了解整体。

三、结构主义与历史

（一）人类学与历史学

结构主义应用在人类学与历史学的研究经常令人混淆，两者都是研究我们不在其中的生活，都是研究变化与差异性的科学。不同的是，人类学的研究是由人类生活的静态横面来研究社会的结构与结果，历史学则是由动态纵向层面来研究人的起源与演变。

历史是什么？人类学家的好奇有三：究竟是人不知不觉创造了历史？还是历史家写了历史？或者是哲学家对人类所写的历史的解释？人类学家利瓦伊斯陀从历史哲学的角度来解读历史。他要删除主观性的虚妄，认为"存在必须根据本身，而不是被理解"。历史只有在与可能性对照时才有意义，才能被理解。

（二）语言与历史

可以罗兰·巴尔特（*Roland Barthes*，1915—1980）为代表，法国人。致力研究历史话语，即历史著作的语言形式，希望透过符号学的分析来取消历史中的"事实"概念，讨论"事实"与"意义"之间的关系，提供了结构主义符号学研究历史的方式。

在语言结构学的认知中，所谓的"客观性"历史中，"现实"始终藏身于表面之上所指物背后的、未加表述的意义。历史话语并不顺依现实，只赋予现实以意义。"这件事发生了"所传达的意义只不过是某人作了这一断言。

四、结语

结构主义由怀疑历史的主观性到"反历史",否定了"历史连续型原则",影响历史家不能由外部去寻求客观的支点,而走往内向化。也就是不再追求外在的必然性,反而重视非连续性。

结构主义影响了历史采单一因果律的解释有效性,复合的因果律、静态的社会结构以及深层理论的结构将有助于历史学的开放性。

"意识形态"的历史地位

引言

在对西方思想史的发展过程探究中,可以感受到"意识形态"(*ideology*)的重要性,尤其是自从美国社会学者丹尼尔·贝尔(Daniel Bell)提出"意识形态终结"这一思维之后,"意识形态"一词再度受到知识分子的关注。究竟这个词汇在思想史中所处的地位、立场,对人类历史活动造成多少影响,备受关注,而其"终结"所指涉的意义为何?令人好奇,更耐人寻味。

"意识形态"与意识(*consciousness*)不同,意识是一种觉醒状态,属于个人的行为,与别人无关;"意识形态"则是"一种支配别人的思想"法则,与别人有关。换言之,"意识形态"是一个人试图影响别人的一种认知,它是社会运作的依据,如 19 世纪以来最为人熟知的资本主义与共产主义之争,被视为是一种意识形态的对立。"意识形态"一词是继宗教"信仰"理论之后,作为人类思想的准则。根据大陆学者俞吾金的说法,意识形态之出现是为了"消除偏见",特别是对上帝的认识,建构一种新的思想态度。意识形态与"宗教信仰"一样,具有强烈的"使命感",唯两者所宣扬的内容不同。基督宗教"信仰"以布道为手段，以原罪与救赎为诉求内容；"意识形态"则以革命为手段，以自由、平等、博爱为理念。两者之间呈先后出现之势。大致说来，宗教信仰在17世纪前是主流思想，意识形态则于17世纪之后成为主流。

一、"意识形态"观念的形成

意识形态理念是以"人"，而不以"神"为基础建立的"认识"论，强调作为人的"感觉"重要性，这种"感觉"不是"感官"，而是强调人的主体性。它承自柏拉图的"观念论"，以后培根的《新工具》与洛克《人类悟性论》，加以发挥，为人类的知识带来不同于宗教哲学的思考方向。其所展现的意义是，人类在摆脱宗教信仰之后，建立一套新"认识"论方向。简单地说，意识形态是一种不同于宗教的思维，其学说与宗教的"教义"不同，试图建立一种替代"教义"的"主义"，从解放个人的束缚，到开展人的精神主体，至社会的实证。

在西方哲学中，"意识形态"一词最早用于法语，系由法国哲学家特拉西（*Destutt de Tracy*，1754—1836）所提出，以后德国黑格尔运用了法文中的意识形态观念，但并未使用此一名词，一直到马克思才创造了德文的"意识形态"一词。因此在探讨此一词时，得由法德文化的发展说起：

18世纪欧洲的文化重镇为法国，德国于1789年法国大革命之际仍为分裂的农业国家，德国所面临的是走向"现代化"问题，因此法国的"自由、平等、博爱"新文化思维就成为德国思想家的"现代化"基石。黑格尔以"精神"作为人的本位，讨论表象与实体之间的关系，将人从宗教的思维中解放出来，马克思则以"实践"为本位，讨论人与人的关系，将人由传统的束缚中解放出来。这些人的理论建构了"意识形态"的历史篇章。

二、意识形态的发展

首先是特拉西，贵族名门出身，在法国大革命期间支持君主改革，与激进改革分子不合。在大革命恐怖时期，被囚禁一年，开始研究意识形态，后并与一批同道，聚集成派，与拿破仑唱和，他们在拿破仑统治期间拥护共和主义，批评天主教，但不久拿破仑与教皇修好，开始镇压这群人，指责意识形态家们破坏国家团结，称他们为"空想家"。

特拉西认为意识形态（*ideologie*）一词指的是"理念"与"逻辑"两个意义的结合，也就是观念学的意思。在抛弃宗教"信念"的状况下，重新寻找认识的起源、界限与可靠性。他主张人的观念来自感觉，所有知识中的观念如果不能还原为感觉，就是虚妄的，而人的观念如何还原至感觉，必须依靠意识形态。换言之，意识形态学是要建立"观念学"，通过从思想回到感觉的方法，摒弃宗教、形上学及其他各种权威性的偏见，从人的本性中，找到社会中合乎众人的利益。他认为，真正的教育是要摒弃缺乏感觉经验基础的虚妄观念，并在感觉的基础上发展出各学科的基础。

这种企图由感觉中获得观念的方法，对否定形上学的威权有其一定的贡献，但以感觉作为基础来建构一套思维则引人疑虑，问题在一个不确定的感觉要如何建立一个确实的科学基础，则有待严格的考验。

其次是德国哲学家黑格尔。他从人的精神层面，以"意识就是精神""全体的各个环节就是意识形态"来进行讨论。从他所写的《精神现象学》中可以了解到他的"意识形态观"。黑格尔认为精神发展可以分为三个阶段：伦理、教化、道德，而这三个阶段均显示出一种"异化"的过程，因此意识形态的建立是在"异化"过程。首先是伦理阶段：由神权到法权。人最先活在自然的社会之中，接受神的规律（祖先崇拜）。以后逐渐摆脱神律而走进人的规律，接受伦理规范，并出现人格。这种意识的出现是在逃避现实，由否定一切的怀疑主义，陷入"苦恼的意识"之中，寻求一个真实的世界，黑格尔认为这就是意识异化的实在性。其次是教化，它是自身异化了的精神，存在现实世界与信仰世界之中。黑格尔认为教化是自然存在的异化，换言之就是通过教化放弃自己的自然存在，与现实世界认同，进而获得支配现实世界的力量，也就是把自己变得符合现实。教化的目的形成服从国家的权力。黑格尔认为教化有赖语言，所谓普遍的自我，纯粹的自我只存在语言之中，但为了配合高贵的意识，语言往往变为阿谀的英雄主义，而产生了颠倒和异化，也就是中国人所常说的"心口不一"，所以教化是虚假的。即便启蒙运动批评神学的虚假，它也不可能真正克服异化。因此精神不能一味地向前、向外，必须回头，知道自己的界限。最后是道德，这是自我确定的精神。由伦理世界经教化世界而进入以善为目的的良心道德世界，它包括二种意识形态：义务的意识、品评的意识，但它却与人的本性自私自利对立。而人的自私自利就被视为恶的意识，其实恶的意识才是真正现实的意识，因为它诉诸行动。

综观黑格尔的看法，人本来应该是一种自然的存在，人要进入社会，就要透过教化，以语言为媒介，放弃自己的自然存在，而达到社会的存在。教化的本质是虚假的，颠倒的，人接受教化的过程就是异化的过程。

第三位是德国社会经济学家马克思。有关他对"意识形态"的诠释可以从他的《德意志意识形态》一书中获知。基本上说来，马克思所持的是批评的立场，将意识形态视为"观念的上层结构"。马克思的立论来自他对德国处境的反思。受法国大革命影响，他从精神层面跨入现实层面，主张社会是由生产和生产关系结合而成，作为国家建构的基础，也是观念的上层建筑（包括不同情感、幻想、思想方式、人生观），由物质条件和相应的社会关系创造和构成的。他批评黑格尔从精神层面讨论异化，认为应由社会现实层面讨论异化。

马克思认为意识最早是人对自然界的一种感知，而自然界是一种异己的存在，与人们对立的。人们对自然的意识是在一种自然的分工（如性别）之下，动物式的意识。随着生产方式的改变，意识不再是自然的分工，而走向精神劳动与物质劳动分工的意识形态，也出现了统治阶级与被统治阶级的区分。统治阶级根据自身的利益创造他们的意识形态，这种意识形态不可能经由精神批判而消灭，只有经由对社会关系的改变，才能把它们消灭。他认为这个词汇具有四种特性：总体性（包括所有的思想）、反映性（人对生活的反映）、语言性（意识与语言并存）、社会性（意识形态是社会的产物）及五意涵：具体的（有一定对象）、没有独立的历史、统治阶级的思想、扭曲现实关系、主张"观念统治世界"。

马克思哲学是一种批判的哲学，希望将人由过去中解放出来，将意识形态视为把思想化为行动的一条途径，运用异化的方式将上帝转化为一个普遍的概念，以人类学取代神学，认为宗教是假意识，哲学才是真意识，人不是依上帝形象造设，而是活生生的人，属于人，真理只有阶级的真理，真正的真理是革命的、理性的。

三、意识形态终结

20世纪下半叶，意识形态的宏观立论已无法面对当代多元文化的挑战，"意识形态"面临质疑之际，是否终结，引人话题。美国社会学者贝尔提出了划时代的看法。

贝尔的论点指出，由于人会死亡，因此对死亡的恐惧促成了人的宗教信仰。他引用霍布斯（Hobbes）的论点"对死亡的恐惧是良心的泉源，对惨死的恐惧则是法律的根源"，说明宗教的效用在于将情绪的能量象征化，将它从俗世引导至祈祷、礼拜仪式、圣餐、教堂之中。19世纪之后，人们改以意识形态释放对死亡的恐惧情感，将对宗教的能量，引导至政治上，一群知识分子试图以简化理性作为真理，提升了理性的地位，并改变了人的生存态度，从此党派及社会运动取代了教派与教堂。他认为意识形态是一种理念，具有普遍性、富人文主义精神，追求平等，向往自由等特色。然而到了现代，这种"使命感"的意识形态丧失了说服的力量，不再被视为真理，走向终结。贝尔认为，在西方，知识分子丧失了过去的热诚，对过去的议题也不感兴趣，他们对问题的态度，不再有启示录式的视野，而怀着一股深沉、绝望、几乎是悲哀的愤怒。但在亚非地区却出现一股新的意识形态，由政治领袖创造，属于地区性、重视工具性目的，缺乏西方普遍的"自由、平等、博爱"的革命理想。贝尔认为过去，工人的怨愤曾是社会改革的动力，现在工人却比知识分子更满足于社会现状。知识分子如何找到未来的改革热诚是当下之务，他认为意识形态终结不等于乌托邦终结，乌托邦是人类永远的理想，而如何在迈向乌托邦的途径时，避免"简化"的意识形态，是未来的走向。意识形态的终结象征上一代的结束，但"左派"的离去，并不代表社会改革的结束，只是"新左派"的路线该往何处？他同时认为，若是意识形态的终结能带给人们任何启示的话，就是要放弃"革命"修辞，尊重"属于活着的人"，"每一个时代，每一个世代，每一个生命都有其本身完满的状态"。

四、意识形态支配时期的社会中坚：中产阶级

意识形态是一群不满宗教"教义"统治的一群人，因此他们基本上是摆脱教士与贵族统治的新社会人士，可以中产阶级为代表，又称为布尔乔亚。这些人往往被视为具高度同构型的一群人，被称为"一"种阶级，但真正布尔乔亚是"一"中有"多"。严格说来，布尔乔亚的称呼不是静态的，而有一段形成过程。它指的是一群重视财富、特权、声望与社会地位的人士，多半是异常聪慧、异常幸运和异常不讲原则的人，他们渴望分享决策权。

奉行"意识形态"者多为法国大革命、1830年革命（路易菲力普）时的布尔乔亚。布尔乔亚的特质是知道必须如何控制自己，座右铭是"克己"，对快乐的追求是谨慎、温和和有节制的。知道喝醉酒给自己的痛苦大于给自己的快乐，他们不换爱人，因为他们认为每一次分手都会撕去自己一小片的心。他们的性格是建立在抑制上的。布尔乔亚的家庭，是将小家庭由一个事实变成一个意识形态。成员重视责任，父子之间因财富增加、普遍避孕、男女工作领域的区隔化而冲突不断。它带来了极端的个人主义，造成社会不稳定与道德，父母权威衰弱、宗教式微、共同体式微、家与工作场所分离。布尔乔亚的统治改变了社会的原有阶层，迈向阶级的社会。

五、结论

人类的文化活动存在一种认知过程中，如何认知，知的限度，往往决定了人的生活方式，甚至生活的内容。早期人类的认知以宗教为对象，信仰为手段；待宗教改革，教会地位没落之后，"意识形态"起而代之，建构"自由、平等、博爱"的普世化新思维，支配了19、20世纪的人类活动法则，但也形成意识形态的对立，一如早期的宗教信仰对立一样。至20世纪下半叶起，这种"理性"主义中心论受到多元化挑战，"意识形态"丧失了"革命"的热情。在"后理性"的思维之下，"唯一"（One）成为"之一"（one of），"一"由大写变成小写，人类的共识基础面临挑战，这就是后现代的困难所在。

现象学与存在主义

欧洲思想发展可以分为两个阶段：神学与科学。17世纪以前以神学为主，17世纪之后以科学为主。神学与科学之区别在人对自然的态度，当人生活在自然之中，人无法克服自然的威胁，因而追求一个超自然（神明）来帮助他处理自然的灾害。当人由自然走入社会之后，开始试图了解并克服自然，而诞生了科学，使得传统的思维面对新的挑战，有了反省。学者争论的是，这种自然科学的方式可否用来解决人的问题？换言之，是否可以利用自然科学所采用的实证原则和归纳法来研究人的意识及人群的社会问题。不同学者有不同的看法，多数学者认为社会与生命现象和自然现象在本质上是不同的。从德国的康德开始，有了积极的表现，特别在德国及法国两地，学者由关心自然科学，进而区别生物学、心理学与自然科学的不同所在。现象学、存在主义就是在这种历史条件之下出现的思潮。现象学发展盛行于20世纪30年代，主要代表人物为胡塞尔。存在主义流行于30年代至60年代，以海德格、萨特为代表。

一、什么是现象学？

在探讨现象学之际，常萦绕心头的问题是：什么是现象学。基本上说来，人与动物之不同在于人有认知能力，而认知的面向有二：一为对象，一为现象。对象是人以外的事物，透过人的感官以及感觉，就可以明白，是属于经验的范畴之内；而另一种是现象，无法经由感官获得，得由直觉，循精神层面发觉，属于意识的层面。换言之，对意识的探讨促使"精神现象学"诞生。意识无法由对象获得，只能由现象中摸索，因此不是个别性的，而是普遍性，精神现象指的是意识的普遍性。学者好奇的是，意识怎么可能被发掘？19世纪以来人文科学家一直在探究其可能性。首先必须问的是：意识在哪里？其次要问的是：意识的内容为何？意识在哪里？胡塞尔认为意识是事物本身，是现象本身，是"经验一般"[01]。意识的内容有三：数字概念、综合事物的概念以及反省的概念。怎么出现在人的认知中？又如何影响人的认知力？胡塞尔强调"现象"不是客观事物存在物的表象，也不是主观的心理经验，不是个别经验，不是具体的经验事实，而是事实体现的"本质"，称为"现象本质"或"纯粹经验"。现象学的任务是"回到事物本身"，不是回到经验事实，而是回到现象本质。

继胡塞尔之后，对意识的探讨由现象学转往存在主义，主要代表人物为海德格及萨特。海德格将意识视为一种存在，一种结构性的存在，他提出的"人的存在是世界的存有"说明人创造了历史，但历史也影响了人，他以为人是由走向未来（死亡）来建构现在，说明意识是一种虚无。萨特则将意识视为人的存在，由否定的情意之中肯定存在的空无。

01　李幼蒸：《结构与意义》，中国台北，联经，1994年，第21页。

二、现象学的代表人物

现象学崛起于 20 世纪，影响至 30 年代以后的存在主义，主要的代表人物为胡塞尔（Edmund Husserl，1859—1938），被视为现象学的创始者。胡塞尔是德国犹太人，幼年喜好数学，后转向人生真理的探讨。受纳托普（Paul Natorp）的影响，他认为真理不存在于客观世界，也不存在于先验的主观世界，而存在具体的明证性的直接经验之中。这种直接的经验就是意识。现象学即是对意识活动的反思分析，主体的对象必须是心理上存在的事物。他企图在逻辑与伦理之间建立机械性的、简单化的联系。从内省心理学的角度去寻找数学的逻辑，他关心真理胜于关心伦理，认为哲学家要服从真理，不能因实用而曲解真理。

胡塞尔的现象学主张：意识并非来自经验性，而是根据"意向"，现象指的是心理事实的本质，是不变的，这与柏拉图的本质相近，真理不是经由对象的比较而得到，而是通过对特殊事例进行某种细察或直观获得。因此现象本质是绝对的，用直观、描述和分析经验物和现象本身。由于人的意识不能直接把握自身，必须靠"意向"（intentionality），包括概念、观念、幻想、渴望，只有分析这些意向才能发现意识本身。现象的意义既然是由意向的结构决定，意向关系就成为意识界的中枢机制，管辖一切现象。现象学阻止了人与过去的因果关系，让人不是由过去，而是从未来找到现在。主体不再是一种理智活动，而是一个想象与情绪的具体的人。现象学也从此扩大到了历史、文学、艺术领域。胡塞尔的现象学属于先验唯心主义的学说，他把自己的主观唯心主义的哲学看做是避免主观主义与客观主义分裂的唯一哲学，但由于过分自信，遭后人批判。

三、存在主义及代表人物

存在主义是继现象学之后，讨论"意识"是什么的学派。这批学者关心的是世界是什么？人是什么？我是谁？存在是什么？他们的思想是由反省当前的危机为出发点。人怎么发现自己？是人制造了世界，还是世界制造了人？这是20世纪30年代出现在西方世界的一股重要思想，主要的代表人物有海德格、萨特。

（一）海德格（*Martin Heidegger*, 1889—1976）于1927年出版《存有与时间》探讨存有的意义。他认为存有与人有关，因此在了解存有之前必须先知道人是什么？海德格的名言是："人是在世界中的存有"，即人不可能脱离世界而存在。什么是存有，一切东西都是一种存有，但存有不能说是一个什么，这关系到"是"（*to be*）是什么？人是生活在"对『是』的理解"中，海德格哲学探讨的就是这个"是"字。究竟人"是"身体，还是人"有"身体？人能够行动、感觉、意愿、思考，特别是挂念，往往是先于哲学的。海德格特别指出人的两种情绪：害怕与忧虑，害怕有对象，比较容易理解；忧虑没有一定的对象，会突然出现，人在忧虑中面对的是空无，显现一切存在物与所有的努力之空无性。空无就是去除存有者之后的存有。

海德格对存在的探讨系以"关切"为中心，触及"人的存在"（在世界中的存有）、"可信的存有"两个命题。"人的存在"透过"被发现"、"语言"、"理解"而获得。人的存在作为一个整体认知必须透过死亡才能理解。这不是肉身的死亡，而是趋向死亡的存有，死亡是由我之存在所确定。死亡是人的存在终极，但只能是"我自己的存在"，因为死者是不能被取代的。至于"可信的存有"则包括良心、罪恶、决意。

"关心"是海德格的"本体论意义"，他认为自我不是一个实体，也不是一个主体，而是一种"关切"，也就是他指的"时间性"：未来、过去、现在。他认为未来不是一个尚未到来的现在，未来是存在"人之存在"对自己的潜能活动上，使"人之存在"可信的成为有"未来"之存在；过去不是一个曾经有过的过去，过去存在人"有罪"的自觉上，这种有罪感意味着人的过去；至于现在则藏在未来与过去之中。

在海德格学说中另一个被讨论的问题是"真理"，什么是真理，他认为是一种"对应"的符合，一个陈述与一个给予东西间的符合。但陈述使某一东西成为对象一定要有一个起头，然后再由开头的基础上探讨。这个开头,海德格将它归为"自由",于是构成了他的名言"真理的本性是自由"让"如此存有的东西如此存有"(如其所然)。

海德格探讨的存在是一种意识问题,他认为只是对意识活动的分析是不够的,应研究意识背后的基本结构。通过结构就有了解意识及先验自我的可能性,因此他提出存在者的"存在"思维,开创了存在主义的现象学,影响萨特的存在与虚无的学说。

(二)萨特(Jean-Paul Sartre,1905—1980)法国人,他使得存在主义脱离哲学的领域,走入文学的道路。1905年出生,二战时曾遭德国俘虏一年,后加入法国的反抗军,战争的悲惨伤痛让他对人生有所启悟,而写出自己的哲学,其代表作为《存有与空无》(Being and Nothing)。

萨特所关切的是德国人对法国的肆虐残暴,以及德国的特权,他提出自由与荒谬两个重要的观念。首先是自由,他认为自由不是与必然对立,而是与强迫对立。自由就是不受强迫,在一个强迫的环境下,才能体验到自由。人在孤独的深处,保护别人,就会有自由。每一个人在面对压迫者站起来,自由地不动摇地为他自己而活,在自由中为自己选择,也为所有的人选择自由;其次是荒谬,能对压迫者说"不",才能体验到反抗中的自由,因此"实在"是在"不"之下出现,这就是"荒谬"。萨特透过三个概念来说明他的论点:否定、自由与情境,其中以否定最重要。他认为,"不"是对存有的一种自觉,空无永远不断来到存有中。他举了一个例子来说明情境与空无的关系;"小明"要来冰店,但小明没有来,虽然是一种否定,但却又改变了冰店的"实有"。在这里,萨特所讲的有,指的是"情意感受之有",建构了以情意为中心的哲学"对人存在之万有,永远通过情意而呈现"。"人作为在世界中之存有,是他自己的无,而且通过人,无就进入世界"。萨特认为,意识不应包含内在性的内容或本质,而是"虚无"。虚无的意识使本质先于人,其先验的条件是存在,故存在也就先于本质。

对"后现代"概念的反思

后现代是目前学界所流行的术语。言谈之间，阅读之际，研讨时刻，后现代一词往往是争论的焦点。有人推崇，有人质疑，但普遍的结果是各说各话没有交集，有人将后现代视为后现代主义，有人视为后现代性，分别就其所专，或文学、或艺术、或思想，将其解释为一种思潮或者风格，然而多只论及其中片面。有鉴于此，本文将对后现代作一番反思。

后现代一词所面对的难题是它应在现代之中，还是在现代之后。是一种"世纪末"还是"世纪初"的观念？现代是一个无限延伸的概念，在现代之中，所能指涉的只是现代的一种思潮，或称为现代之一。如果是在现代之后，其作为分期的基础何在？令人好奇，将后现代视为反现代是普遍的看法，这多从哲学或文学、艺术的视野探讨，而少有从历史的层面论述。后现代不同于过去在其往未来看而非往过去看，因此是处于现代之中，还是一个新的断代，值得探讨。

一、后现代名词由来

后现代这一学名出现在何时，是讨论这个问题首要工作。或许在语言和语词尚未出现之前，已经有部分所谓的后现代现象存在，但究竟是什么？为什么是"后"而不是"超"？将后现代视为"后"而非"超"的概念，是由美国学者贝尔（*Daniel Bell*）提出[01]。在西方的学术发展历程中，思考的方式可以分为向过去看与向未来两个面向。向过去看有具体的对象，被视为一种超越；而向前看缺乏具体的内容，多出于想象或幻想，以致有一种模糊不清，甚至焦虑的不确定感，因此被称为"后"。贝尔即以"后工业社会"来说明"后"的状态。有关后现代此一语词究竟指涉的是什么，必须在词汇运用之后，才可能凝聚

---

[01] Daniel Bell, *Post-industrial Society*，丁庭宇译：《后工业社会的来临》，中国台北，桂冠，1989年，第59页。

为一种普遍沟通的观念,进而成为一种思潮,更影响社会的发展,因此在讨论此一问题时,必须从语言或词汇开始。

后现代主义一词最早出现在何时?普遍的说法是在1870年代艺术界开始使用了这个词汇,但被学界视为正式的开始是狄欧尼斯(Federico de Onis)在1934年出版的《西班牙及美洲诗选》一书中采用了 Postmodernism(西班牙文为 postmodernismo)一词[01]。1954年英国史学家汤因比(Arnold Toynbee)在撰述他的《历史研究》(The Study of History)第八卷时,将"普法战争"命名为"后现代的年代",是英美语系采用后现代一词的开始。50年代美国社会学家米尔斯(Wright Mills)及豪(Irving Howe)将后现代解释为自由主义和社会主义的现代理想瓦解年代,在后现代社会中,理性和自由分家,只剩下盲目的潮流和空虚的服从。60年代美国的菲德勒(Leslie Fiedler)为后现代主义提出了新的概念,他认为60年代的年轻人已由"历史中出走",后现代是大众化的解放和直觉的抒放。70年代之后后现代一词更被普遍采用。哈桑(Ihab Hassan)[02]将后现代从文学及社会的论述带入视觉艺术、音乐、技术及感性事物上,为后现代主义提供了艺术与社会之间一个新的容身之所。[03]被认为是第一个将这个概念延伸到艺术领域中。[04]1972年,文图里(Robert Venturi)在其与同侪出版的《向拉斯韦加斯学习》(Learning from Las Vegas)一书中抨击现代主义为偶像崇拜,他在拉斯韦加斯的造型艺术中看到了活力与想象力,包括了多样性、清晰性与情境性。1977年,评论家詹克斯(Charles Jencks)将后现代主义定义为一种运动,一种将新与旧、高雅与低俗混合又解放的形式。后现代是一种具有多元化容忍与多样选择的世界文明,艺术

---

01 狄欧尼斯的后现代主义诗作,是按照不同的诗人来书写编排的,1934年在马德里发行。此书所代表的是在现代主义中,一种渴望热情奔放的挑战。
02 埃及贵族后裔,学工程,但对现代主义感兴趣,他将各类艺术统合在"精神的无政府状态",以玩乐性、颠覆手法来规避现代主义的真理。将后现代主义建立在"一种不确定与内在性的戏码"。
03 哈桑认为后现代主义哲学是美国的实用主义容忍、祈愿精神,以及多元论。
04 Perry Anderson, The Origins of Postmodernity, 王晶译:《后现代性的起源》,中国台北,联经,1999年,第45页。

走向解放。80年代开始后现代进入哲学的殿堂,法国哲学家利奥塔(*Jean-Francois Lyotard*) 1979年出版了《后现代情境》(*La Condition Postmoderne*)一书,采用了"后现代"概念:"不是要在心灵再现之封闭体中显示真理,而是要在重返意志中设立透点"。德国哲学家哈伯马斯(*Jurgen Habermas*)于1980年发表了一次〈现代性——一个未竟的事业〉(*Modernity—an Incomplete Project*)演说,被视为他对后现代论述的开始。1982年美国学者詹明信发表了有关后现代主义的演讲。大陆学者尚水将后现代主义视为后现代社会的产物,孕育于现代主义的母胎,二次大战后开始与现代主义分裂,50年代末期及60年代初期正式出现,70及80年代达到最高峰,90年代声势衰减。

二、后现代的历史地位

从历史进展的层面看后现代如何形成,是一个令人感兴趣的话题。它是"世纪末"还是"世纪初",颇令人关切。在基督的史观中,世纪是指"千禧年",象征人类得救的时刻,西方人在公元1000年时是以一种欢乐与期待的心情迎接新的一刻,但到公元2000前,人类却以一种失落的心情对待"世纪末"。为什么?从历史记载发现,世纪末这个概念出现在1886年左右,代表理性骚动和自我质疑的时期,强烈地自我意识到生活在世纪末,从两个世纪中跳出来,追溯过去,展望未来,将过去、现在、未来定位在一种意料之外,无法预见的、瞬息万变的关系上,这个时期常常充满了对未来的一些模糊感觉、预言、新的和不可预测的东西。20世纪60年代之后西方人在面对一个新的历史时期:信息、计算机、大众媒体、大众传播时,所展现的是一种世纪末的态度,究竟是否如此,则有进一步了解的必要。

人是由感官与思维所构成,在西方人的历史活动过程中,"思维"一直扮演领航的角色,在"思维"的引导之下,人成为"理性动物",并且将"理性"无限上纲为无上命令。16世纪以前西方人以"理性思维"建构了"上帝"的本体,人的一生在上帝的见证与眷顾之下度过。18世纪西方人有鉴于"上帝理性"的粗暴,以"理性思维"否定了"上帝"的绝对地位,由历史的过程,建构了以"人"为中心的主体,一般称之为"启蒙理性"。借由"历史主义"的庇护,历经二百年之后,人们发现"人的理性"所建构的却是一种封闭的体系,历史所建构的是"他者"的神话,忽略了人的本质是"身体",体现人的身体感觉,激发了人性的另一种暴力。至20世纪下半叶西方人再对"启蒙理性"的无限上纲及无上命令提出质疑,并以"感觉经验"取代"启蒙理性思维"。从历史的层面来看,这种对"启蒙理性"的反省,象征着"理性改革"时代的降临,与16世纪"宗教改革"的性质相近,它推翻了前期的思想,这正是法国思想家福科所宣称的"人"的死亡,不再将"人"作为概念的思考的基础,从此人类有了新的思维,以流行的话语来说,这就是"后现代主义"时代的来临。

回顾历史发展,人在摆脱自然迫害时,从神明获得了自由,但神明从此宰制了人的思维;以后人开始摆脱神明的迫害,从"人的主体"中获得自由,但又陷入"启蒙理性"的宰制之中;后现代时期人试图摆脱"人的主体"迫害,从"语言"中获得自由,而"语言"即成为后现代探讨的重心,因此可以简单地说,人类历史是由"实境"到"情境"再朝"语境"的过程展开,后现代主义的学说是一种"语境"的辩解,有关其成因至关重要,它为现代人的意义与价值提供了思考的方向。

后现代说明了20世纪西方文化发展的趋势,二次大战期间希特勒的国家资本主义唤起了德国人的全民意志,激励了对犹太人的敌视与仇恨,进而发生对犹太人的屠杀,引起战后知识分子对资本理性主义的疑虑。战后苏联的斯大林借由对资本主义挞伐,建构理性共产主义,展开人类历史上恐怖的迫害,也引起知识分子对社会理性主义的不满,提出批判。此外战后因各国普遍推展教育,影响学生人口大量增加,学生发展为一种阶级,造成问题。

后现代的形成与社会生产力的改变有密切关联,二次大战之后生产力由国防工业转移至民间工业,导致经济快速成长。由于生产方式转变,人们的生活方式与生命态度因而与前不同。过去所重视的生产、生产力、生产关系的社会结构转为消费、消费力、消费关系的结构。在这个贝尔所宣称的后工业阶段，文化逐渐从现代主义的母胎中，以一种逆转和撕裂的象出现。信息式的行动中心，计算机和数据库的广泛使用，使得过去的行为规范已无法满足时代所需，个人的心理机制及行为模式受到严重影响，建构一种新文化机制就成为时代的需求，这就是后现代。它是一种文化倾向，一种文化哲学和精神价值的新取向：反文化、反美学、反文学；一种新生活：消费意识渗透，商品标签意味浓厚。

三、后现代的理论架构

将后现代视为一种学说或理论的，是将它对应现代理性的反动。从反的一面来讨论，认知其理论。美国学者詹明信于1998年在其《文化转向》(*The Culture Turn*)一书中就指出"有多少现代就有多少后现代"[01]，正说明探讨后现代的复杂性与多样化，不同的学科甚至有不同的理论，但其共同的特征在消除现代社会中主要与边界的分野，否定整体性及本质的观念，强调偶然、碎片，要从"看不见"、"瞬间图像"、"快照"的枝微末节中发现整体意义的可能性。"新奇"是这个思想的主要特性，好奇心变成了一种命中注定的，不可抗拒的激情，捕捉新奇的好奇心创造了时尚文化及流行的理论。后现代的方法论是建立在黑格尔的辩证法上。

对后现代理论的认识，可以从系谱的角度探索[02]。在后现代以前人类思想从形上学到理性哲学，都是在总体性的信念中，要求秩序、纪律、讲究逻辑、理性轨道、论证分析。肉体是我思的物理器官和知识主体、理性主体站在同等的地位，属于第二性，被管制、被束缚、被指导，欲望、本能遭忽视、隐藏。人的身体在总体的框架内丧失了肉体性，属于一个更高的体系。德国哲学家尼采对这种形上学的总体性

---

01 Fredric Jameson, *The Culture Turn*, 胡亚敏译：《文化转向》，北京，中国社会科学出版社，2000年，第16页。

02 汪民安主编：《后现代性的哲学话语——从福科到赛义德》，杭州人民出版社，2000年，第4页。

提出质疑并展开全面挑战，点起了后现代的哲学火苗，他要将身体从理性组织之中解放出来，承认肉体的感性与生物性。

现代思潮核心理念为本质与真理，后现代理论则否定本质。尼采对理性主义的批判有二：首先，本质在感性之外，无法目击，是伟大的神秘所在，既有隐闭性，又有优先性，建构了西方学说的认识论、信念和哲学。他要去除本质主义，强调偶然、机遇、运气与幻想，以表象取代本质，物质代替理念，以差异系统取代严密的系统组织，平面的系统取代垂直的系统。搅乱等级，搅毁一切的屈从与支配。将本质的严肃、残酷、冷漠转为宽容、平等、轻松和诙谐，使封闭变成开放，让符号与符号之间没有因果关系，只有游戏性质。其次是对真理的批判，尼采认为真理不是纯净无瑕的，而是被权利与欲望所污染，与利益相结合。除了尼采之外，福科也对真理展开批评，他认为没有永恒的真理，只有永恒的真理借口，其背后是统治、压迫、操纵、支配，及利益的要求。主张对待真理的方式是揭开其野心、欲望与权力的面纱。博德里亚则认为，外在的符码、模型、幻象不再是真理的反映。这些一度被视为二度呈现物的东西，现在成为决定性的东西。大规模的符号在引导、决定、支配我们的存在。语言掌握了自己的命运，发现了自己。语言不再是主体的功能服务，相反的，主体成为语言的功能，主体被语言吞并。笛卡儿"我思故我在"退场，作者不再是文本的操纵者，"人"也死了，过去统一、连续历史也不再具有活力，历史只是一些碎片。

对后现代的探讨主要有三个国家的学者：德国、法国、美国。德国学者承续康德以来的哲学思维，对理性不周延的质疑。法兰克福学派的阿多尔诺、霍克海默的《启蒙辩证法》展开对理性的挞伐，班哲明的《机械时代复制艺术的作品》对大众文化的反省，皆是对"文化霸权"的忧心。他们担心法西斯的专制重演，只是由对压迫者的反抗到心甘情愿的接受，所带来的灾害。而美国的大众文化与消费文化正说明了这种发展的趋势。法国学者可以说是后现代思潮的重心。法国是理性主义的发源地，理性让他们走出了宗教的束缚，但也陷入理性的迷失。二次世界大战，法国学者深深感受到理性的局限，"我在"逐渐取代了笛卡儿的"我思"哲学，系统的概念也引起质询，由萨特的文学进入哲学的殿堂。布尔迪厄的"文化再生产"、博德里亚的"消费文化"、利奥塔的"叙述理论"、福科的"系谱学"，为后现代的思想找一个出路。至于美国方面则不同于欧洲，较强调现实的生活层面，贝尔、詹明信、罗蒂是主要的代表人物，他们从工业社会的变迁说明资本主义的发展趋势，以及一个新时代来临的可能，从比较贴近日常生活中的综合艺术、杂汇文化及消费心理中，从生命的偶然到反讽而团结来说明后现代的存在状态。

本文将对不同国家学者的见解，加以介绍。首先是美国学者第一位是社会学者贝尔，他从社会的角度提出了后工业社会理论，试图为后现代找到了社会的依据。他以"后"不用"超"来说明后现代社会，是注意到在这个社会中人丧失了信仰，无法在破碎的世界中超自然、超越文化，生命处于"空白荒地的边缘"，而如何重建精神崇拜是当下最重要的课题，因此只能是属于"后"的状态。他依工业化程度将工业社会分为三个时期：前工业时期（人与自然竞争）、工业时期（人与机器竞争）、后工业时期（人与人竞争）。后现代社会是在一种迷惘的时期，科技与文化处于动荡不安之中，处于变革的前夕。整个社会呈现为一种不协调的复合体，由政治、经济、文化三个领域可以得证。他由资本主义的文化矛盾说明科技的革命性和创新性与文化的保守性不同，当科技不断推翻陈说，标新立异时，文化反而步步退却。在这个社会中，绘画成为行动艺术，艺术从博物馆移入环境中，经验成了艺术；文化成了反文化，通过感觉的革命，对旧事物厌倦，达到文化革命的目的；视觉文化变得重要，电影、电视、声音、影像造成巨大的冲击，艺术和文化的轨迹，已经从独立的作品转移。

第二位是文化理论学家詹明信，从西方马克思的角度，对后现代社会文化、美学、文艺提出许多看法。他认为后现代主义出现在晚期资本主义，反映了一种新的心理结构。这是一个大众化、商品化的社会，艺术美学和文化理论成为商品。文化成为人们日常生活中，众多消费品的一类；传统以来人的语言观念出现重大改变，不是我在说话，而是"话在说我"，人被语言所控制，说话的主体是"他者"而不是我。语言成为一个独立的体系，我只是语言体系的一部分；在哲学上，后现代社会成为一个他人引导的社会，理论不再具有权威，也不再是标准，理论不再讨论什么是真理、价值，以一种怀疑的态度进行否定。一切都在语境之中，没有深度，只有广度（表面）；历史意识消失，主体丧失、距离感消失。

詹明信认为，后现代人的头脑中，只有纯粹的、孤立的现在，过去和未来的时间观念已不存在。人没有了自己的存在，人是一个已经非中心化的主体，无法感知自己，无法将此刻与未来或历史连接起来。世界已不是人与物的世界，而是物与物的世界。

法国哲学界对后现代理论的表述最多，主要代表人物有布尔迪厄（*Bourdieu*，1930—）、博德里亚（*Baudrilliart*，1929—）、德里达（*Derrida*，1930—）、利奥塔（*Jean-Francois Lyotard*）、福科（*Michel Foucault*，1926—1984）：

布尔迪厄的理论由摆脱传统主观／客观、整体／个体对立的角度展开，主要论点有五：第一个论点是，以"常识"来判断事情的危险性。他认为常识是一种"再现"（*representation*），是一种用"预设的概念"来理解行为动机及行为准则，分析实际经验，从事价值判断，判断别人，这将有一种先入为主的观念，导致对社会现实的错误理解。因此要打破常识，了解自己的社会地位。明了人们使用的语言不是中立的，背后有一套世界的价值。当人们对自己的行为作出自圆其说的理由时，不论对不对，总是不完整。由于每个人的说法都受限于社会背景、"无意识原则"的影响，因此他主张必须对认识论进行反思。第二个论点是提出"惯习"理论。传统社会学是从"对立"的角度来探讨社会行为，只是简单地执行明确的规范。而"惯习"可以超越对立面，用之来解释社会运作的逻辑，可以显现社会的不同生活风格，譬如一个人的品味是依照社会阶级的惯习而形成的。一般将惯习解释为人是社会产物，但布尔迪厄认为，个人的个性不过是由阶级属性构成的社会性格的一个变种，惯习可以让我们了解到个人和集体行为的逻辑，以及让我们可以在不同场域行动的社会游戏感。惯习可以让我们理解到社会再生产的机制：借由"外在性的内化及内在性的外化"个人才觉得"适得其所"[01]。第三个论点是"场域"。他认为社会建立在层级结构之下，每一个层级的区辨方式不同，早期建立在"威望"之下，分为贵族、教士、第三阶级，以后受马克思影响，采经济所得区分，再来依韦伯的方式，用权力、财富与威望来分辨。但只是阶级并不能精确说明社会的区隔。他主张用社会空间及社会场域来区分。场域就像一个市场，场域理论建立在社会的分化的过程中。整个社会是由相对自主的小社会构成，依各自的逻辑运作。第四个论点是从"再生产"来探讨社会的流动性以及社会的不平等所在。他从1950年以来法国社会的流动性中发现，整体的趋势缓慢，主要的理由是社会的上层阶级透过文化再生产的方式占有各种资本，包括生物投资、继承、教育、经济投资象征投资，来维持其地位。第五个论点是文化宰制理论，由于文化维持了社会阶级之间的区别，宰制透过文化进行。

博德里亚由批评马克思以物品的使用价值与商品价值来解释资本主义的不足开始，提出符号价值与代码价值理论。他的符号价值与代码价值指的是"复制对象和情境"。从符号、系统、差异来诠释，以赠礼行为来说明象征的意义。他的逻辑包括实用逻辑、市场逻辑、赠礼逻辑和地位逻辑。立论的基础是：没有物品可以孤立地独立于其他物品存在，要想了解这个物品必须由差异性或关系性着手。物品在消费社会不是单纯的被消费，也不只是满足消费，而是意味着某一种地位。社会生活的基础在生活方式和价值，人所追求的不是快乐、平等，消费也不是同质化，而是差异性。在以符号为基础的消费社会中，代码如计算机的二进制制、*DNA*，成为交往、通讯、图像与艺术市场。本来事物的源头在复制，如今代码所生产的副本，成为源头。物的原本不是原本或原始的存在，而是陈述、代码化的信号和数字。代码侵入整个社会结构，二元对立开始坍塌，一切都成为不确定的，过去的封闭系统面临崩塌之虞，客体已凌驾主体之上，存在是一种诱惑力，一种变异、歪曲、迷惑和反讽的力量。这种以消费为主的文化，强调代

01　汪民安主编：《后现代性的哲学话语——从福科到赛义德》，浙江人民出版社，2000年，第118页。

码的创造意义,以虚拟取代现实,是后现代重要的理论。它的问题在无法解决物理界感官中所谓的真实与虚假。

博德里亚的学说系受到马克思学说影响,他的"价值的结构性革命"理论是建立在交换价值,所展现的是商品和金钱的"等价性"上,人和物品也通过这种等价性而存在。这种价值理论延伸到语言学和结构学上,使得语言是空洞的,不能代表什么,只是推理空间的游戏符号,不停地再生产。现代文化处于"伪病态"阶段[01],在影像和符号体系中,文明的标准:美、丑、真、伪,有用、无用,左派、右派,自然、文化均将消失。现代世界在符号的统治之下,充斥各种信息和通讯技术,影像充溢了整个社会,人们丧失直接获取经验的本能,无法再确定什么是真、什么是伪。在影像及符号前,真实变得无法真实,真实藏在自身的影像背后。在符号世界中,真实成为一种立场。人为制造的陈腔滥调战胜了真实和对现状的实际反应,以真实的方式表述谎言[02]。总之,博德里亚反对理论的说法,并且也不将其思想放在真理、价值或意义的标准之上。意义已没有希望,希望存在现象之中,现象是"世界游戏",它融合了存在与现象。理论只是对真实挑战,真实是为了某一种理论挑战而存在。

德里达生于阿尔及利亚,为犹太后裔,但他在法国巴黎高等师范学院修哲学,故被列入法国哲学家。1956年到美国哈佛大学进修,哲学界学者将他定位为"解构学派"。他的著作丰富,但创作形式不被正统学术认同,尤其是他的写作风格,搞语言把戏,对平常的文本、意义、概念提出质疑,故被视为琐碎乏味。

其最为人争议的地方是对传统哲学提出挑战,质疑过去真理和知识的观念,否定传统对程序(procedure)和呈现(presentation)的看法,把哲学带进艺术、建筑、法律及政治之中。他的写作表达方式异于寻常,不按常轨,无头无尾,写作具有两个特色:脱轨的沟通(derailed communication)和不可确定性(undecidability),否定二元对

---

01 伪病态是一种谎言方式,以一种看似真实的表达方式来表现其接近事实。
02 Ingeborg Breuer, Peter Leusch, Dieter Mersch, *Welten im Kopf-Frankreich/Italien*,叶隽译,《法意哲学家圆桌》,北京:华夏出版社,2003年,30页。

立"非此／即彼"的关系，特别是过去对事物的分辨二元对立的观念，如生死、黑白、原始／文明等，导致秩序体系面临瓦解之虑。

由于形上学所探讨的问题是在经验之外的，如存在、知识、因果、自由意志，是将真理奠基于唯一终极原点的渴望，寻找一个最终的源头。德里达要动摇形上学的基础。以"移位"的方式进行其反基础论，将形上学设定为呈现的形上学（The Metaphysics of Presence），被授权的前词具有完全的存在状态，被打压的词处于不在场的不呈现状态。呈现指的是空间性的在场，时间性的当下。他区分了言说与书写的不同，言说是在场的，说话的时候意识自己呈现在我的思维之中，让自己的思想接近意指，它是顺着我纯粹的自由、自动自发的本能，不需借助外物或世界上其他力量。书写符号脱离作者之外，为作者所遗弃，但继续产生作用，超越作者的生命之外。书写是生产一个符号，使其构成一种本身也具有生产力的机制。书写的定理是空间的距离、时间的延迟、不透明性与暧昧性，以及无生命的意义。

德里达的思想是经由对现象学与结构主义的反省进行的。这两种观念基本上是对立的，现象学是讨论内在意识的哲学，结构主义讨论的是语言与文学的关系。两者论述皆在对"意义"的探讨。现象学认为意义产生于内在意识，结构主义认为意义产生于语言单位之间的关系。现象学认为语言与思考之间有两种符号，一种是表达性（expressive）符号，另一种是指示（indicative）符号，他们重视的是表达性符号。其特性在说话的声音，强调只有当场口述的言说，才有资格称为表达性的言辞。结构语言学认为语言的意义来自意符和意指。意符属于感官知觉的部分，意指是指与其感官知觉部分产生联系作用的概念和意义。所以符号可以成为标记必须有两面性，一个是感知面，一个是理解面。德里达关心的是"解构"。什么是"解构"？德里达将之视为对"本质是什么？"的怀疑。它为存有论划界设限。解构之所以有意思，在于它包含着不可能的经验，它是一个身份不明的怪物，如病毒一样在各领域散开。

利奥塔将后现代视为一种历史趋势。所谓后现代是反对现代的整体性和同一性理念。受计算机发展影响，知识转入计算机之中，成为可以操作运作的数据，知识不再受心灵及智慧的训练，反而外在化、符号化了，成为一种"话语"。失去了传统的价值的知识，成为商品重要的一部分。知识成为一种重要的权力。他认为自启蒙以来，理性被认为是绝对的，也是唯一的，是人类活动的依据。法国藉此追求自由解放，德国人借此追求真理，两者都围绕在理性的探索里。但这种认知随着计算机的问世，发生变化，由理性所建构的"合法"基础受到质疑，过去话语中的"元叙述"（metanarrative）被瓦解。科学真理成为多种话语中的一种话语，与人文科学话语一样不再是绝对真理。在后现代社会中，终端机成为百科全书，数据库成为人的本性，知识处于一种想象之中，人的话语交往目的不在追求共识，而是追求谬误推理，个人思想所依靠的不是同一性的中心，而是语言游戏的异质多重本质：消解、去中心、非同一性、多元论、不满现状、不屈服威权和专制、专事反抗、不断创新。

许多人认为利奥塔的观点是一种非理性主义。其实不然，他所强调的是在人道主义中存在于多数的理性，寻找尊重这种多数的公正观。他认为冲突是不同观点的并存，与诉讼不同，诉讼的仲裁是用同一判断规则同时用于冲突的双方。而公正的核心是对不可调和的尊重，对不同的承认和维护。

在后现代理论的建构中，福科在20世纪的历史地位与18世纪伏尔泰的历史地位相近，伏尔泰攻击教会，不遗余力，福科批判理性也不假辞色。他一生追求自由，喜爱沉默，认为学院生活是不受外来威胁和政治影响的一个场合、知识的作用在保护个人生存和理解外部世界。对福科的认识因学科不同，赋予的地位也不同，最好的称呼是"思想家"。他一生探讨的是"走向自由的真理"，他认为启蒙运动所引导的"人的解放"是有限的，人类运用启蒙、理性、科学目的在解放人，结果反而限制和压制了人类，代表了理性的自我异化。因此他要找出知识如何限制了人类的自由，以及对策。可见福科的思想是在批判理性，亦如理性批判上帝一样。与康德不同的是，康德要限制理性的超越使用，福科要求理性与非理性的交流。康德重视自然科学，福科重视人文科学。康德要求一切科学都符合理性的要求，福科认为这种要求压制了不同的声音，透过对人文科学的批判，可以听到不同的声音。他认为理性在发展的过程中，本身也在堕落，理性成为一种工具，尤其是用在探讨以人作为对象的研究，因此他所探讨的是，关于人认识自己的历史，人作为对象的真理。他认为，"人"的独特性在于，既是世界中的一个客体，又是认识客体的一个主体。他关心的是被视为非理性的一些人，如罪犯、精神病犯如何陈述他的真理，在合理化的观念之下，这些人的声音似乎不见了，他发现在理性与非理性之间不仅仅是纯压制关系，而是一种权力关系。在"主体"消亡的过程中，他试图以个体化作为建构文化的基础。

基本上说来他采用的是反历史的思维方式，称为"知识考古学"或"系谱学"。在历史学的研究中，文献是基础，从解释文献所说的，重新构造过去，恢复说话主体与时代背景的原貌。"知识考古学"从文献自身讨论，组织文献，加以分类和排比。由于重视文献本身使得研究转向不连续与断裂。他的理论有一股浓郁的结构主义色彩，他认为不同的学科知识，往往是在不知觉的情形下，运用同样的规则去确定它的理论。一个客体被纳入对象领域，就进入知识体领域，于是要对它进行话语分析。当人作为主体时，人作为主体的关系就成为研究中心，福科认为这种认知是有疑问的。"人"其实是被推论出来的，产生"人"的条件才是重点，因此应以非主体中心的概念进行研究，将重心放在陈述（*statements*）或话语之上。"考古学"研究的就是话语内部各个因子间的关系。福科所主张的推理不是一个系统，而是分散的系统，包括对象、陈述、概念、策略。他借癫狂来说明这项理论，17世纪以前，人们将癫狂视为与超自然力量的悲剧性冲突，人的动物力量促使自己从习惯的束缚中解放出来，此外癫狂也可能是人的软弱。17世纪之后癫狂被看做是对理性生活的叛离，癫狂被认为是非理性的一个种类，从此理性不再与之对话，癫狂成为需要加以管理和控制的对象。现代人对癫狂的认知有了改变，将之视为一种心理疾病，给予治疗。癫狂被视为一种需要矫正的道德过失，旧的排斥已过时了，新的方式是将癫狂送进医院和监狱，且以医院成为重点，而有了疯人院。

福科认为，权力产生了知识，各种知识的产生都与压制、服从合理性连在一起。权力是生产的而不是压制的，换言之，要探讨的是权力怎么产生的，人如何把自己作为知识的对象，他的疑问是，谁有资格或凭什么说别人是癫狂？权力和知识彼此交融。没有知识领域的交互构成就没有权力关系。他以监狱以及酷刑说明权力与知识的关系。他认为，在审判中，知识具有优先性，因为知识裁定了犯人是有罪的。拷问、折磨只是印证了知识的正确性。酷刑所以在法律中具有如此重大的力量，是因为它揭示了真理。18世纪下半叶，反对酷刑声浪四起，至19世纪，人性才成为对象，在犯罪中，"人"成为刑法介入的目标，改革家要求以人性标准，改采人道模式。他们所要求的不是较少惩罚，而是有效的惩罚，此外犯罪的形态也变了，从暴力到欺骗，处理的方式也应有所不同。惩罚不是为了报复而是为了保护社会。不是针对肉体，还必须针对心灵，让惩罚的权力永远钉着他，他本身也成为一个符号。他从对监狱的观察中发现，监狱是人道主义与资本主义的结合，监狱体现了权力与知识的关系，它不仅是压抑的，更是生产的艺术。

福科之理论建立在"知识、权力、伦理"的基础之上。他认为知识的意义有三：秩序、符号与语言。他从文艺复兴时期、古典时期、现代时期三个时期来探讨知识：文艺复兴时期的知识取自相似，寻找事物之间的相同之处，建立世界的秩序。这个时期的符号所表示的是它和它所指的东西相通，语言只是相似的次系统，对直接观察与间接报告不作区别。古典时期的知识取自表述（representation），符号之中的词与物不再相似，词是对物的表述，人们不再以相似看待事物，而是用"认同与差异"（identity and difference）来看待事物秩序。人们不是透过联结事物而是透过区别事物来看待事物。符号不是世界的一部分，而是存在主体的心灵中，这种人工符号在分化事物，它与事物间的关系是任意的。语词成为单独的本体论领域，它除了所说的以外，什么也不是。现代时期的知识是一种有机的结构，由整体性的内在联系构成的。表述仍有其地位但不再是毫无疑问的、自我确定的，它不再与思想具有同一功能。此时知识有三类：数学（分析）、经验科学（综合）、哲学（反思）。这个时期的思想是对表述的反省：表述是否存在着无法表述的。

在德国哲学家中被纳入后现代学理讨论中，以哈伯马斯（*Habermas*）为代表，究竟他属不属于后现代学者见解不一，他既要维护"现代"又批判"现代性"，他认为现代性并未了结，"后现代"是不可能的。他相信，现代性是一项宏伟的工程，尽管有许多问题但并未终结，亦未完成使命，但在现代的开放性之下，仍将继续。现代危机不是来自"启蒙"或"理性"，英美保守主义将现代危机归罪于文艺的现代性；或法国哲学家如福科、德里达、利奥塔对理性的全盘否认是错误的。理性尽管不周全，但不能因此就彻底加以否定。如何在不放弃启蒙理想之下，改正理性的不是，并予重建和修复，建立新理性模式。他主张采沟通理论，重振现代性。这种新理性是对科学技术采宽容态度，将批判的重心移到文化，将科学、科学哲学、语言哲学纳入批判理论中，表现西方人文主义与科学哲学合流，开创全面的"沟通理论"。这种交往系以"话语"（*discours*）为基础。他发现在生活世界中，主体受经济制度及行政制度影响，彼此之间"不理解"，对话成为争辩，交往的双方，各自为了自己的主张或行为进行辩解，造成"歪曲的交往行为"，导致社会冲突，他要求沟通不受经济和行为制度的干预，使交往者生活在一个美好的世界上。他认为要达到这个目的必须打破"言路"的逻辑链条，使人们的心灵打开，通过语言使人们争辩转化为对话。

综合上述学者的看法可以归结，后现代是一种特定风格的用语，也是一个时期的概念，有多少不同形式的现代主义就会有多少相应的后现代主义[01]，其主要特色为主要与边界的分野消失，高雅艺术与商业形式之间的界限难以区分。表现出一种拼贴文化的风格，摆脱了过去戏仿的手法，不再执着原作的模仿，没有隐秘的感应，也没有语言规范，而是一种中性模拟方式，是空洞的戏仿。

01　Frederic Jameson, *The Culture Turn*, 胡亚敏译：《文化转向》，北京，社会科学出版社，2000年，第2页。

四、后现代是一种新生活

在20世纪的学术界中,一般学者多将后现代视为世纪末的思潮,认为它缺少一个作为思想的积极宣示,将其视为现代的一部分,是对现代的一种批评。但若从生活的活动层面来看,它是否可以被视为历史的一个阶段,则可以有不同的看法。历史断代的形成,往往视其依据而定,可以按政治考虑,也可以按社会的发展,也有以文化作为划分。如果马克思理论,社会上层的意识形态是下层经济生活的建构,可以作为断代的依据,谈论后现代就可以从后工业社会的生活形态中窥豹一斑。现代社会是建立在经济生产之上的社会结构,生产、生产者与生产关系构成了资本社会的发展。后现代社会是建构在消费的基础之上,消费、消费者、消费力构成了后现代社会的内容。这或许是后现代成为一个时代的凭借。

后现代的消费建立在信息的传播媒介的基础之上,与现代不同的是,媒介不是工业产品的生产,而是文化的生产,特别表现在广告的传播,加拿大学者麦克卢汉(Herbert Marshall Mcluhan)对此有深入的分析[01],他本人的学习及表达方式更可显示出后现代的心态。他以"探索"作为知识分子的使命,保持学习灵活性与弹性,自认为没有固定不变的观点,不死守任何一种理论,如果发现自己的言论未能有助于对问题的了解,即随时抛弃任何发表过的言论。他更认为媒介对人与环境产生重大的影响,让人的中枢神经麻痹,使社会进入一种无意识的引诱之中,就像鱼对水的存在浑然不觉一样,进而导致了后现代人的焦虑于不知之中。

"新奇"是后现代思想的主要特性之一,捕捉新奇的好奇心创造了时尚文化及流行的理论。在媒介的影响力操纵之下,人的欲望诉求,

---

01 麦克卢汉为当代最重要的文化学者,被誉为资讯社会、电子世界的先知,著作丰富,主要代表作有《媒介法则:新科学》(Laws and Media:The New Science)、《理解媒介:人的延伸》(Understanding Media:The Extensions of Man)、《地球村的战争与和平》(War and Peace in the Global Village)等。

商业利益目的，颠覆了传统的规范。因此后现代可以被视为是媒介的霸权时代，知识不再是用来制造产品，本身就是一种产品。譬如买一瓶化妆品，买的不是化妆品本身，而是化妆品的广告。在这种社会中，谁拥有知识不重要，而是谁先获得讯息。任何制造讯息、或传递讯息者即成为统治者，这也是为什么后现代又称为媒体的时代。媒体的特性在其新闻性。新闻是一种浪潮，一波接着一波，当新一波来时，旧一波即告淹没。因此在后现代文化中，没有永恒的事物，只有排山倒海的信息，认知是在好奇与遗忘之中，只有在想起的时候，才出现它的意义与价值。

媒介建立在语言的讯息上，后现代的语言地位超过了上帝。过去，语言是一种"再现"，如今成为一种"存在"。这种被称为"语言的转向"过程，可以由海德格对语言的解说中看出端倪。海德格认为通过了语言，人才将自己暴露在某种明显的事物面前。在海德格的认知中，语言已不是表意的工具，而是像上帝为万物命名一样，赋予事物的本质能力。宇宙划分为人、神、地、天四个层次是由语言决定的。在这种语言观之下，过去所强调事物的本质的说法即不成立，我思并不存在，只剩下一种历史框架中的建构。语言成为存在的本质。游戏成为事物的基础，影响后现代呈现在一种语境之中，呈流动状态。这可由政治的运作观解，后现代的政治是一种"永远竞选"的心态，根据美国《时代》杂志于 2005 年 11 月 3 日的一期，由专栏作家克来恩（*Joe Klein*）所撰的文章中指出，自电视文化发达之后，一种"永远的竞选心态"一直在发酵，每位总统都在民调上砸重金，政府各部门最重要的工作是如何抢新闻，攻占新闻版面。政治理念是要提供民众看得见的讯息，分析新政策时，考虑的是政治目的，而不是能不能收到预期效果。政策成败是在几天内，顶多几周内依民调而定，很少人想到几个月或几年后的事。

后现代的文化是以消费形态出现。"消费"作为文化的价值，与过去生产的消费观念不同。过去的消费是指"摧毁、用光、浪费、耗尽"[01]。这种作为浪费损耗与过度铺张的文化观念已为人们所坚持、偷换与转化。后现代的消费与资本主义的成长有关，它所消费的不是物品而是梦想、影像与快感，强调生活方式对社会地位差异的区分。商品的消费等级可以分为三类：食物、技术类、信息类。商品的使用只有部分与物质消费有关，多半是被作为一种标签，消费者经由商品的标志来区别人际的差异，通过人对商品使用来划分社会关系。人们透过商品的无价性、稀有性，激起对它的欲望。

消费依赖交换，消费是将物品的地位提升到物品之上，进入一个互动领域，以货币作为互动的行式。交换是社会交往的一种形式，创造了人与人之间的内在联系，将众多的个体带入社会群体之中。德国社会学者西梅尔（*Simmel*）认为，现代经济是以交换而不是以生产为基础，交换是经济价值的源泉，是生产性的，能够创造价值。消费所以会扩张，系依赖客观文化的增长，物品越客观和非个人性，越适合更多的人，现代的消费属于批量消费（mass consumption）而非定制生产（custom production），商品是一种外在于和独立于消费者的东西，是独立于消费者而生产出来的，影响个体越来越与广阔的文化环境疏离，与个体的生活层面疏离。在这种消费社会中，个体与产品疏离、时尚变化、风格多元。商品尽管多元但却多短命，商品的多样形成一个相互联系的封闭世界，主观心灵找不到安插意愿和感情的地方，感觉能力麻痹，进入催眠状态，消费者借由刺激和欢愉来弥补生产过程的沉闷。

后现代是文化商品的时代，詹明信将文化视为第二自然，文化本身变成一种产品，市场变成自己的替代品。现代主义倾向批评商品，试图让商品超越商品本身，后现代主义则是商品化过程本身的消费。在这种消费文化中，人与人的关系存在货币的物化世界里，每个个体的创造和发展机会越来越受到限制。货币使得生活风格客观化，使得都市人客观、冷漠、缺乏特点、缺乏质量。货币将人社会化为陌生人。

01　Frederic Jameson，*The Culture Turn*，胡亚敏译：《文化转向》，北京，社会科学出版社，2000年，第30页。

货币将人转化为绝对的物品，转化为对象。此外，消费者之间的关系亦出现了重大的变化。线路成为人际关系的主要媒介，i-pod、手机占据了生活的大宗，也妨碍了人的思考。外界的音讯干扰了生活的自主，破坏了人与人的亲密互动。为了解决生活的寂寞，人与动物的关系获得改善，动物变成宠物，狗猫也开始获得与人同等的待遇，有狗餐厅、狗旅馆。人的生活方式与态度与工业时代有了显著的不同。

结论

后现代主义、后现代一直是一个令人困扰的议题，有人说后现代已经过时了。其实，作为一种思潮而言，没有过时的，只有合不合宜的问题。作为反现代而言，后现代永远是存在的，因为只要把现代作为无限的延伸，任何现代都会有后现代存在。作为一种学理探讨，后现代是对理性霸权的一种反省。西方文化是在一种"怀疑"的前提之下进行反省，现代理性是对宗教本体的反省，后现代是对理性主体的反省。后现代究竟是现代终结，还是转向，或者只是现代的涟漪，见仁见智，各有其说，但作为生活的认知，后现代可以有不同的观解。

过去对历史的断代多以政治人物或政治事件为主，或者以学说为参考，甚至以生产工具作为依据，但进展至现代，生活方式已成为历史断代的主要考虑。对生活在这个世代的人而言，生命的态度与价值与前不同，或许还未能理出一个能为人认同的名称，但显然它有其一定的风格，姑且称之为"后现代"。

后现代的贡献在于对弱势族群的关怀，对生命的意义与价值省思。从有人类以来，优胜劣败似乎是不变的法则，宗教、理性为强者提供了救赎的管道，透过宽恕、怜悯或争取自由、解放的方式维系强弱间的共生，但并未改变由上而下的宰制模式。后现代的学说颠覆了传统的迷思，为弱者开启了自立、自强的生路。这不是一条羊肠小道，而是康庄大道，它否定了过去济世救人的学说，要求平等互惠的精神，让弱者由被宽恕的境域中获得解放。透过对理性的质疑，强调非理性的意义与价值。但后现代去除的是许多人所担心的，只是一群碎片，如何形构一个整体？或许这是后现代的难题，但如果历史经验可以提供参考，我们发现，在16世纪宗教改革时，教会的多元化并未造成人类的毁灭。如今理性主义面临同样的挑战，但人类的生存依旧。这或许是研究后现代思潮可以宽慰之所在。

人是生物的存在，也是社会的存在，更是历史的存在。生物及社会是当下的存在，历史是过去与未来的存在。这正说明了人的矛盾与苦痛。在感官的当下，同时出现理性的思维。一者冲动，一者制约，它构成了社会的复杂性与多元化。后现代学者一反过去以整体、本质作为研究的核心，不以社会总体作为对象来考察，改以"现实的偶然性碎片"，从"看不见的线索"、"瞬间图像"、"偶然"，生活的每一枝微末节中发现整体的可能[01]，为后现代的理路开启了一个方向。

对西方社会变迁的解读，早期是以政治为依据，近代则以社会为指标，晚近以文化为准绳。从历史的角度来看，后现代的出现是西方历史进展的"实然"。知识论主导了西方思想的发展。早先的知来自宗教的启迪，由千禧年看未来是知的媒介。当上帝所建构的知不能满足需求之后，历史起而代之，因果律成为知的来源。这种建构在"千禧年"及"因果律"的认知主导了人的认知活动，然皆有其不足及其局限所在。上帝所孕育的认知不足，但理性的知也有其不足之处。我是一种生物的，也是历史的，正说明了这个问题的关键，生物的我是自然存在的，它是不能被认识的，历史的我是可以被了解的，但却不是自然的我。当我思的时候，我是一种因果的存在，有限的认知，可见由过去或上帝来看未来都是不足的，后现代即是在这种困窘中试图为知找到一个出处。

后现代不是一个"必然"、"应然"的时代，而是"偶然"与"实然"的时代，美国学者罗蒂在其《偶然、反讽与团结》一书中，对此有深入的分析。在后现代社会中，人的行动依据不是"原因动机"而是"目的动机"，换言之，人不再由过去来看现在，而是由未来看现在，上帝与历史的影响日减，生命的感觉日重。但生命的感觉缺乏连

01　David Frisby, *Fragments of Modernity*, Polity Press Cambridge, 1985年, p. 21.

续性。这是后现代的两难。"沟通"是否可行？如果不可行，又将是什么？

　　许多人对后现代有疑虑，甚至只看到其破坏的一面，其实了解到每一个历史的转换时期，对其表现也就可以了然。后现代的第一个难题在于它的知识不是由上帝或过去的经验获得，而是由未来获得，没有经验作依附，缺少整体系统的思维前提，秩序难以建立，价值混沌，这是后现代的难题，也是后现代的发展的疑虑。另一个难题合法性的取得，从历史的进展轨迹来看，合情、合理、合法是生存竞争的过程，包括神、人、语言三者。由神的合理、合法到人的合理、合法，再到语言的合理、合法。后现代如何获得其合法性是其难题，从历史的经验中发现，合理与合法多依赖政治或经济手段，透过革命进行，后现代属于文化层面的表现，应如何与权力结合是其困难所在。

大众文化的左派：文化工业与文化再生产

　　时序进入20世纪60年代之后，文化在左派学者的眼中，成为"知识"与"霸权"的代名词。从英国的"伯明翰当代文化研究中心"、德国的"法兰克福学派"到法国的"后现代主义"皆对现代的"文化"的"宰制"地位提出看法，将"文化"视为20世纪以来，影响人类社会变迁最重要的成分，其重要性可与早期的政治影响力，中期的社会影响力相当。回顾历史长河，文化一词的属性随着历史的进展，无法有个定论。文化究竟是一种产品，还是一个过程，是争论的关键，在游猎及农业时代，文化所呈现的多半是产品，也就是行动的结果，特别是指少数人的成就，如建筑、文学、艺术、体育、哲学、宗教等。贵族与教士是社会的少数，被认为是文化人士，升斗小民被认为是没有文化的草民；进入工业时代，文化在理性的支配之下，表现出进步与落后，文明与野蛮的区隔，文化成为一种艺术欣赏，一种生活成就，也因此表现出一种文化对立的骄傲。随着二次世界大战的结束，世界秩序变动，欧洲中心主义无法满足世界秩序要求，文明与文化的理性认知面对挑战，多元文化成为当代思潮探索的方向。这种称之为晚期资本主义文化、后现代的文化、后工业时代文化、消费社会文化，所关心的不再是文化的产品，而是文化产品与过程的互动关系。这种文化的"权力"观，也就是法国学者福科所强调"知识、权力、伦理"[01]结构，支配了20世纪下半叶以来学术界的思维。

将文化视为产品与过程的互动是从"意识形态"及"结构"两个层面来讨论文化的发展。在后现代社会中文化不能再像以前一样被视为一种生活的表现，成为历史的"拼盘"。文化是一种结构，也是一种"意识形态"，如此所呈现的文化具有另一层面的历史意义。意识形态是19世纪后半期的思潮，是一种"支配人的思想"；结构是20世纪60年代由法国所兴起的新思维，探讨影响人类活动的一些看不见的因素，由语言学再社会学到人类学。将它与意识形态相提并论，或许会引起一些质疑。论者怀疑，结构是一种"无意识行为"，是人的心灵无意识的能力所能投射于文化现象的[02]，怎么会和意识形态混为一谈？其实两者之间有关。布尔迪厄（*Pierre Bourdieu*）[03]就是从"生存心态"的意识与象征结构的结合来看文化的问题，并作为了解今日社会问题的关键。

一、文化的结构与意识形态观

文化是一种结构还是意识形态，或者两者兼具，是对文化作深层了解的前提。在分辨之前，得先对结构与意识形态作一简单说明。结构是探讨现象背后的真实。人生活在社会之中，对社会的好奇顺理成章，社会是什么？有不同的解读。按结构主义的说法，人们所认识的社会现象是杂乱的，没有秩序，要想认识社会的现象与变迁，不能从历史的因果得到满足，得经由现象背后的结构之中获得。结构可以区

---

01 Ingeborg Breuer, *Welten im Kopf-Frankreich/Italien*, 叶隽等译:《法意哲学家圆桌》，华夏出版社，1996年，第102页。
02 《结构的时代——结构主义论析》，中国台北，谷风出版社，1986年，第4页。
03 法国当代最有声望的社会学家，1932年生，2002年去世，他在探索人文社会科学的理论与方法时，以"建构的结构主义"开辟了新视野。

分为表层结构与深层结构,表层结构是指现象的外部连系,透过感觉即可获得。深层结构指的是现象的内部连系,得透过模式才可以认识。结构主义所谈论的结构是深层结构。它不是独立的混合,而是由一种规律来决定,其中某一成分改变就牵动其他部分的改变。结构主义所强调的是要从结构上去认识事物,不是依照机械的因果关系去认识事物,不仅从事物的个别成分认识,更要从成分之间的关系去认识。瑞士学者索绪尔(*Ferdinand de Sassure*)是从语言学,法国学者利瓦伊斯陀(*Claude Levi-Strauss*)则从社会人类学角度探讨结构的"关系"的模式。将文化视为社会结构理论,主张社会是由人所构成,但却支配人,让人"身不由己"的一种"概念"。

"意识形态"则是"一种支配别人的思想"法则,与别人有关,换言之,"意识形态"是一个人试图影响别人的一种认知,它是社会运作的依据。"意识形态"一词是继宗教"信仰"理论之后,作为人类思想的准则。根据大陆学者俞吾金的说法。意识形态之出现是为了"消除偏见",特别是对上帝的认识,建构一种新的思想态度。意识形态与"宗教信仰"一样,具有强烈的"使命感",唯两者所宣扬的内容不同。基督宗教"信仰"以布道为手段,以原罪与救赎为诉求内容;"意识形态"则以革命为手段,以自由、平等、博爱为理念。两者之间呈先后出现之势,大致说来,宗教信仰在17世纪前是主流思想,意识形态则于17世纪之后成为主流。意识形态理念是以"人",而不以"神"为基础建立的"认识"论,强调作为人的"感觉"重要性,这种"感觉"不是"感官",而是强调人的主体性。它承自柏拉图的"观念论",以后培根的《新工具》与洛克《人类悟性论》,加以发挥,为人类的知识带来不同于宗教哲学的思考方向,其所展现的意义是,人类在摆脱宗教信仰之后,建立一套新"认识"论方向。简单地说,意识形态是一种不同于宗教的思维,其学说与宗教的"教义"不同,试图建立一种替代"教义"的"主义",从解放个人的束缚,到开展人的精神主体,至社会的实证。

社会与文化成为显学来自对人的认知改变。在17世纪以前,对人的认知着重于人与动物的不同,亚里士多德的名言"人是理性动物"

影响了此后一千年对人的态度。上帝的"创造论"说明了人的起源，19世纪达尔文"演化论"虽然将人的起源由上帝改为生物演化，但仍属于"物种"的认知。19世纪下半期起，人所关切的已不是动物的区别，而是人与人的差异。[01] 人的来源已不是"上帝"或"物种"，而是"社会"与"文化"。换言之，由于社会和文化的不同，形成不同的人群与人。这种认知刺激了学界对"社会"与"文化"的探讨，尤其在20世纪60年代以后，社会学与文化学结合之后，大众文化成为探讨的主题。大众文化究竟是一种群众自发行动，还是一种意识形态的操纵？出现了不同的解读，"文化工业"及"文化再生产"就是将大众文化结构视为一种意识形态，讨论它支配大众的生活与行动情形。

二、现代文化：大众文化的形构

大众文化的形成是以都市化与工业化作为建构的基础，缺乏上述条件即没有大众化的可能，所表现的只可能是民俗文化（*popular culture*）。大众文化可以二次大战为一界分：在二战之前美国文化尚未居主导地位，对工业化所形成的都市化生活带来的新生活与新文化让许多西方传统居优势的文化大国忧心，而对大众文化的破坏性提出警讯，特别是英国、德国与法国。二战之后美国居世界盟主地位，成为世界的警察。而冷战的僵持，更让美国涉足全球。随着美军大肆驻足海外，美国文化也伸入各国，成为各地区人民模仿的对象，大兵文化成为战后美国文化的先锋，大兵的生态影响了各地对美国文化的观感与认同。大兵属于焦虑的一群，在异地、不确定的生活之中，情色往往成纾解的管道，而情色文化也因而成为美军驻在国的大众文化包袱；此外50年代传媒科技的快速进步，助长了美国文化的推销，计算机、电视、网络使美式文化由奢侈品变成必需品，大众文化不再是负面的存在，而出现正面的意义。

01　Chris Jenks, *Culture*, 俞智敏等译：《文化》，中国台北，巨流，1998年，第11页。

大众文化既以美国马首是瞻,自然也承受了美国的现实情况影响。美国是一个由移民形成的国家,种族问题是美国的原罪,尽管救赎不止,但对种族的疑虑及界防犹存。战后美国境内少数种族人口增加,力量抬头,不仅选民人数增加,选民结构亦出现改变。白人为维持政治优势,采用分治方式,将族裔分化,如过去的黑人变成非裔美人,亚裔人分为日裔美人、华裔美人、韩裔美人等。影响全球各地在走向大众化时,亦走向多元化。而美国社会的问题也成为全球的文化问题,如种族、性别、年龄、阶级等。

大众文化是现代文化的缩影,受后工业社会结构影响颇深,如果说工业社会是人与机器之争,后工业社会是人与人之争。在这个人与人的竞争社会中,讯息、知识、组织、流通形成了新的文化意识形态。这个社会是:

(一)计算机信息社会

信息是数据的应用,主要功能在"传播"。从报章杂志到收音机广播,再到电视、计算机的应用,使得传讯的时间更快,地域更广,增进了人与人的往来,促进了区域间的沟通,营造了全球化、地球村的文化与社会。

信息有赖传播,在各种传播工具中,计算机的影响最大。一般人往往将计算机出现后的社会视为新时代的来临,称之为"计算机社会",凸显出与工业社会的不同面向。计算机是后资本社会的工具,不是某一位发明家的功绩,也不是某些团体的成就。所建构的是一种不同于工业社会意识形态的"虚拟社会"。从此人们往来的凭借不是物品,而是物流。人与人的关系由物理世界走向虚拟世界,对过去的价值观念产生重大的挑战。

计算机属于硬件,是传媒的工具,其重要性因网络的介入更受关切。这种不受时空局限的网络将过去所沿袭的社会秩序打乱,而如何建构一个新社会秩序以及人际关系是现代人的努力方向。

（二）知识组织社会

从资本主义降生以来，知识即成为社会发展与进步的动力。早期知识为道德服务，目的在造就一位完人；至资本主义社会，知识为技术水准而服务，目的在增加产能；进入后资本主义时代，知识是为了知识本身，构成了智慧财产的社会。

后资本主义时期的知识不同于以前的知识，是一种指示性知识（denotative）而非叙述性知识，改变了认知过程的语用学，为各种不同的事实要求建立了证明规则，批判"元叙述"（metanarratives）：即我们对自己讲述的故事，包括我们作为民族、种族、阶级等的命运。从此知识不再是个人的训练，或获取智能的管道，它失去了使用价值，也不是为自身的目的，而是为了出售而生产，为了新产品的价值被消费[01]。

后资本主义社会重视知识来自"组织"的需求。"组织"不同于社群，是为了某种目的而存在[02]，为了工作成效而存在。组织是有特定目标的机构，专注一种目标，所以能发挥很大的效用。它是由各类专门人员所组成的，具有相当明确的目标，因此重视有知识、有才学、肯奉献的人才。由于知识不分高低，因此这类员工的地位是平等的，没有上下之分，大家都是工作伙伴，透过"参与管理"运作，采取指导的方式而非指挥的方式运作。组织依赖文化（行为的方式），它是沟通的主要媒介。在后资本主义社会中，一位有专门知识的人，每隔四五年就必须接受知识，否则就落伍。

在后资本主义的组织社会中，没有资方，也没有劳方，只有受雇者。在劳资社会中，工作者领取"工资"（不固定）或"薪资"（固定），到了后资本主义社会，工作者领取的是"费用"。这些拥有知识的员工，他们不是依指示工作，而是依调查工作。以前讲"劳力"，现在讲"人力资源"，以前老板决定员工的优劣，现在由员工自己决定他

01　Andrew Feenberg, *Alternative Modernity*, 陆俊、严耕等译：《可选择的现代性》，中国社会科学出版社，2003 年，第 152 页。

02　Peter Drucker, *Post-Capitalist*, p. 57.

的贡献。简单地说,在资本主义社会,受雇者为资本服务,在后资本主义社会中,资本为受雇者服务。

(三)消费服务社会

后资本主义社会是一个"公共"社会,社会的单位是小区而不是个人,"参与"成为小区建构的基础,人与人的合作变得格外重要。服务即成为小区活力的源头。随着个人收入的提高,用于生存的费用减少,一些过去被视为奢侈品的享受逐渐增加,包括餐厅、旅社、汽车服务、旅游、娱乐、运动等。消费不再是生产的结果,而是生产的本身,换言之,消费是一种再生产,不是物品的生产,也不只是商品的生产,而是消费的意识,一种参与的意识。

消费的意识不是生产结构的延伸,而是一种生活态度的建构。在资本主义社会中,盈余与利润是主要的生活考虑,生命的意义为"实在"。但至后工业社会,预支与偿还是生活的方式,生命的意义为"虚构"。这种现象可以由现金交易发展为分期付款,进而为信用卡可见一斑。物流取代了物品或商品的地位。

三、对大众文化的批判理论:文化工业与文化再生产

对大众文化的批判,包括对资本主义及后资本主义的文化批判,多从其意识形态及结构层面探讨,认为大众文化是资本主义的宰制表现,大众是被支配的。德国的法兰克福学派"文化工业"对资本主义文化批判,以及法国的后现代学说"文化再生产"对晚期资本主义社会的批判,路线不同,但看法相近,值得探索。

(一)"文化工业"(culture industries)

讨论"文化工业"可以从历史以及文本的角度切入。从历史的变迁过程来说,文化工业是一种文化生产观,将文化视同工业生产,这

是历史的一种发展趋势，也是晚期资本主义的一种表现。生产观念是马克思在"资本论"中对资本主义的形构所提出，具有重大历史影响力的诠释。马克思认为社会的发展建构在生产、生产力与生产关系之中，这种关系颠覆了传统以伦理、血缘和宗教所建构的社会关系。

霍克海默（Horkheimer）的"文化工业"观念来自他与阿多尔诺（Theodor W. Adorno）所写的一篇文章〈文化工业：启蒙是大众欺骗〉（The culture industry : enlightenment as mass deception）文中，他提出，大众文化的一切都是同一的，是"文化与娱乐的混合"的结果，是广告与文化工业的结合，是一种控制人的程序。在文化工业中，广告是获胜者，消费者被迫购买与使用它的产品。他们俩在撰写《启蒙的辩证》（The Dialectic of Enlightenment）一书时首先采用这个语汇，而后为人接受并广泛使用。因此在了解这个语言的本意时得对此两人思想加以介绍。

霍克海默是德国法兰克福学派的重要创始人之一，1931年起担任法兰克福大学教授和社会科学院院长，1933年因批判希特勒的纳粹国家资本主义政策而流亡美国，在美国期间，他们一面关切德国的前途，一面审视美国的文化。他采用"批判理论"的思想方法：批判思想不存在某一个人，而是在与其他个人和群体的真实的关系之中；批判不仅是一种逻辑，也是一种历史过程；不在增长知识，而是将人彻底解放出来。经由对理论与经验主义的批判，展开对"科学与技术理性"作为宰制形式的批判，进而对美国所领导的当代文化提出批判。

阿多尔诺也是法兰克福学派的重要人物，他对现代科学思想的实证主义精神提出批判，反对科学思想所强调同一性逻辑，认为哲学真理不同于科学真理，哲学不是科学，也不是实证。哲学的本质是在清楚地意识到它所起作用的概念之有限性。他提出的"否定的辩证法"，主张非同一性，反对任何确定性或实证性。他认为，非统一性是无法用任何概念来表达，一旦采用概念，就落入统一性中，非统一性隐藏了否定的目的。哲学是在寻求概念化的非统一性。他透过这种哲学认知，观察资本主义文化，发现资本主义的具体表现为商品化，但在商品化中隐藏了一种虚假的本质：即商品生产的各式各样真理。他认为这个真理是"人类的不自由"。并据此解释资本主义文化是一种文化工业，是由上而下，重视的是上层的旨意，他们决定消费者的产品，但不关心消费者，消费者不是决定文化的主体，而是文化工业的对象[01]。文化工业是以利益为出发点，创作者是为了赚钱而将文化作品当成商品贩卖[02]。

《启蒙辩证法》对18世纪欧洲启蒙运动以来的启蒙哲学进行反省，探讨启蒙所追求自由的理想造成的痛苦。该书指启蒙是一种"意识形态"，启蒙运动的矛盾是"将人们从恐惧中拯救出来，并建立他们自己的权威，启蒙以后的社会却是灾难不断"。启蒙是法国百科全书与英国经验主义哲学的合成品，霍克海默及阿多尔诺指出，启蒙运动原来的精神包括人文理性与工具理性两类，人文理性是要帮助人脱离奴隶状态，工具理性是要征服自然。在工业社会初期，天赋人权与科学进步是和谐一致的，但发展至后来，这种和谐性被打破，科学理性取得独特的地位，人们倾向以科学态度的有效性来处理人类的一切事务，包括个人生活、社会福利、国际争端。启蒙所构成的社会是"技术统治及操纵社会群体"。全书探讨了工业革命以来，西方思想所面对的挑战，并提出了一个创新的观念，即工业社会已将知识与权力整合。整个知识文化系统简缩至一个共同的尺度：数量与功利概念。启蒙思想由正面走向反面，由丧失内在精神换取物质成就，以开明进步要求人民服从秩序，"打着解放旗号建立暴政"（如纳粹是用理性管理进行最不人道的非理性行为）。资本主义就是一种宰制的形式，以意识形态来维持宰制，唯有透过对这种意识形态的批判，就可以让人获得解放。

01　Jeffrey C. Alexander and Steven Seidman, eds, *Culture and Society*, 吴潜诚编：《文化与社会》, 中国台北：立绪, 2004年, 第319页。

02　Chris Jenks, *Culture*, 俞智敏、陈光达、王淑燕译：《文化》, 中国台北, 巨流图书公司, 1998年, 第196页。

（二）"文化再生产"（cultural reproduction）

"文化再生产"可以说是对二次大战以后法国学者对社会变迁的深层思考。它所依据的理论基础来自涂尔干、马克思及结构主义，主要的论点是找出社会的凝聚力，以及社会变迁中不变的一面。当马克思谈到"工资"是"可变"的时，也同时指出"剥削"是"不变"的。涂尔干谈到"家庭"、"宗教"是"可变"的时，也同时指出"情感"与"认知"的需求是不变的。"文化再生产"论者即是由历史过程中"变"与"不变"的概念中，讨论历史社会中"不变"的"变"数。对历史学者而言，"变动"是可见的，而"不变"是连贯的。但现代左派文化学者，特别是"文化再生产"学者认为，"连贯"也是"变迁"的。这种"变迁"是一种"再生产"，是一种"征询"、"同意"，与政治、经济有形的改变，强势的变化不同，是在不自觉的情况下，牵动整个社会的成长。这派学者据此对当今资本主义的文化进行整体性、反思性的探讨，借由"过程"的概念来理解动态关系[01]，经由变迁重新认识社会连续性的概念。

英国学者詹克斯（Chris Jenks）认为，"文化再生产"可以分为两种：第一种是表型式（phenotypical）：从负面的角度，机械论、技术论的面向来探讨文化再生产，认为文化再生产是一种精心制造或相当造作的再次生产，一个原样的复本或重复的再生产，是仿制的生产。第二种是基因式（genotypical），从正面的角度看待再生产，它不是仿制，而是具有生产力，提供变化与新组合的可能性，意味着创新，具备了创造性。20世纪"文化再生产"的观念兼容两者的概念，批评文化的象征暴力：透过教育，采用一种反复灌输的风格，形成一股社会压力，让人们自然的接受这种全面性的压迫性文化。主要的代表人物有法国学者阿尔都塞（Althusser）及布尔迪厄（Pierre Bourdieu）[02]。

01　Chris Jenks, Culture, England：Routledge Inc., 1993, p. 199.
02　布尔迪厄为法国思想家，1930年生，2002年病逝，享年72岁，是法国当代最有声望的社会学家、人类学家与哲学家，以探索人文社会科学的理论和方法论著名，开辟了"建构结构主义"，一生著作丰富，有五十多篇。

1. 阿尔都塞的"文化再生产观"

阿尔都塞（Louis Althusser，1918—1990），法国哲学家，其学说是从结构主义的角度解说马克思思想，被称为结构主义马克思。他认为马克思思想可以分为两个阶段：早期人道主义的马克思，与后期资本论的马克思。他反对人道主义的马克思，认为那是意识形态的马克思，而真正的马克思是结构的马克思、资本论的马克思。阿尔都塞以结构为基础，展开对马克思的理论实践解说。他认为，每一门科学或每一种意识形态都有一种理论框架，即理论的结构。这种框架支配它所能够提出的问题，它不是一种有意识的存在。

对历史唯物论起源问题，阿尔都塞主张它不是历史的承续（德国古典主义、英国政治经济学、法国乌托邦社会主义），不是意识形态的概念，而是结构的结合。他以多元的决定论，即结构性的因果关系，取代线型的因果关系。他认为，每一个结构都有自己的历史地位，通过泛泛的结构而集合为一整体。他以结构代替生产，否定人的主观决定性，将社会结构与变化视为一种命定，资本主义的剥削也就成了结构命定的一部分。

在文化研究方面，阿尔都塞以资本主义的精密管理为经，葛兰西的霸权论为纬，提出一套"文化意识形态"理论，并利用这个理论解释现存的生产关系是如何被生产的。他认为意识形态是资产阶级用来再生产其阶级统治的机器，现代的权力操作不再是强力的、全能的、过度的，而是在暗中进行的。个人不是被组织监督或操控的对象，而是被收编的对象。在工业化的过程中，资本的一方往往以"残酷"、"铁腕"的方法进行统治的目的，而在"文化再生产"中，是采用"柔性"、"虚假"的方法来达到目的。他认为，现代国家所采用的就是柔性的"征询"方式，以拣选、穿透、个性化的方式，劝诱被统治者个别投入复合机制中。

2. 布尔迪厄的"文化再生产"观

布尔迪厄是法国人，关心当代社会问题，为了寻找当代社会的活力以及当代社会危机之所在，他由社会的深层结构着手，尝试由当代社会机制及心理结构解答疑惑。他发现，20世纪社会问题出现在"文化特权的再生产"（*la reproduction des privileges culturels*），它使得当代社会深层结构得以稳定化而沿袭下来，并使得"精英专制统治"在民主的形式之下，可以取得正当化的结果。他对文化再生产的研究，与传统研究文化的观念不同；不是讨论文化的起源和终极本质问题，不是将文化局限在对原始文化的起源、类别与发展的调查和分析的范围内，而是研究人类文化在历史中的变迁以及它与现实社会中的互动关系，包括在现实生活中各种文化的具体表现以及不同阶级人们的生活网络，由文化中的论述逻辑，重构人类文化，摸索当代社会发展的出路等[01]。他将文化分为文化再生产与文化产品两类，主张文化再生产与文化产品不同，两者之间不是一种简单的因果关系，不是将文化再生产的过程放在前面，文化产品放在后面，或是将文化产品作为结果。他认为两者是互为因果的，在文化再生产的过程中，任何因素之间的因果关系，并不是固定不变的，任何之间的因果关系，不仅是双向互动的、双向转化的，更是社会与文化整体的网络，相互交错。文化产品是一个精神活动的历史结构及其活动结果，包括再生产各种过程和倾向，有可见的，有不可见的；有形的、无形的；可表达的、不可表达的。文化再生产的探究将使文化产品获得新的生命，带动各个时代的文化再生产过程和文化产品，使人类创造活动连贯起来，并和一般的人类社会历史事件构成一体，使人类学家和社会学家更了解人类社会的结构和性质。

布尔迪厄的研究工作是借由区别文化与社会的不同，提出文化对人类活动的影响，特别是文化这一学科的复杂性。过去社会学在研究西方工业社会的问题时，很少将文化作为单独主要的研究对象，就算有，也是列入附属的地位，从社会的层面讨论文化。之后，文化被视

01　高宣扬:《布尔迪厄》，中国台北，生智，2002年，第101页。

为人类学，也是从社会的层面，作为西方认识非西方，甚至是了解落后国家的依据，这种态度难以真正把握到文化的本质。他认为，文化与社会是不能分割的，主张从行动者的角度进行研究文化，也就是同时注意到社会行动者心态和社会结构的关系，才能把握到社会的问题所在。他由文化的角度，以文化再生产观念来研究人类的活动，他称之为一般实践。他认为，人类的一切文化生产和再生产，具有实践活动的特征，包括结构主义与"生存心态"两大支柱。与索绪尔和利瓦伊斯陀不同，他认为结构不应只限于语言和神话，在其他方面也都有客观的结构，独立于意志和意识之外，可以限制和影响行动者的行动和思考。这种他称之为"象征结构"的社会结构，包括场域、群体和社会阶级。布尔迪厄认为象征与象征性不同，象征是意指某物，但又代替某物，而象征性不是一般的象征，而是语言与实际活动的动态性双重结构及其社会后果。象征结构主义是一种象征性，它包括语言所能意指和不能意指的一切，能表达语言论述所指的一面，也表达了语言所未曾论述的可能性意义网络。照布尔迪厄的论述，任何对实际活动的描述，都只是逻辑描述，只具有象征意义，与社会实际状况不能等同，"纸上的逻辑"不能等同实际上的"行动逻辑"。象征性所代表的是一种中介性活动，贯穿于人的活动之中，不断的将人与其对象拉开，不仅隔绝，还加以掩饰。人的实践中介性，使实践变得更复杂化。社会是在实践中建构出来的，并不断"再生产"，创造和更新人类生活其间的社会世界，并决定了社会行动者的"生存心态"。

"生存心态"（*habitus*）是布尔迪厄学说的独特见解，这不是一般人所指的指导行动的精神状态，而是感知模式，来自社会行动与人类行动所有历史性、创造性的实际活动的表现。布尔迪厄以为，文化是一种生命存在状态，是人类基于需要，在不同的环境中和周遭的人、自然、社会所产生的互动关系。文化是人的生命力所表现出来的生存心态产物。各种历史和现实文化都是人在生存中，依据其本身的实际和可能的能力，为了生存需要所建构出来的。这种"生存心态"必须在特定历史条件下，社会行为结果对个人意识的影响，特别是教育制度对个人意识的内在化及象征性结构的影响。当它经历一段历史沉积后，内化于某些人的意识中，成为指导和调动个人和群体的行为方向之准则，成为人类行为、生存方式、生活风尚、行动行为的根源。它与人的需要、人的生存能力、人的生存状况、人的生存意向有关，其中以人的能力和意向最重要。所谓的意向指的是"可能性"，没有了可能性，就没有生命，就意味着死亡。可能性是一种生命过程，它的生命力使可能性成为多元和多向的倾向或趋势。

布尔迪厄依循这种认知，审视资本主义文化，发现文化有一种无意识或结构存在，让人在"受教"的过程中，产生习癖。他借用了文化资本（culture capital）的概念，认为在社会中，有一种文化资本（知识、成就），个人可借此进入并确保其在社会圈、专业的地位。经由继承或投资而转移，人们因此获得教化。[01]"文化再生产"对我们了解社会内部的权力与权威有重大启发。从文化的意识形态中了解文化的特殊效能。教育系统成为分配与肯定社会特权的工具。

综观布尔迪厄的"文化再生产"论，可以发现他是以当代社会中的弱势为对象，探讨在一个以理性作为意识的社会中，为何有如此众多苦难的人，这些在媒体上没有声音的人，贫苦郊区的年轻人、小农、社会工作者，他们的苦难如何形成？他以《国家的左手和右手》[02]来说明他的看法；他认为国家的右手往往不知国家的左手在做什么？统治者如何利用"象征领域"遂行其右手对左手的打压。他要唤起左手的力量，捍卫知识分子的批判性，要他们批判意见专家散播的臆断，并希望知识分子能扛起历史责任，发挥道德权威及专业能力，重建可实践理念的环境。在《从外国人的地位来测试政党候选人》一文中，他批评总统候选人默许排外的言论，纵容仇外的情绪，并以此来说明理性的虚假的意图。在对全球化迷思的抨击中，他将新自由主义人士视为是保守主义的人披上合理化的外衣，是一种被生产的结果。布尔迪厄的"文化再生产"是对本世纪的社会正义与公平，作了一次深入的

01　P. Bourdieu, *Systems of education and systems of thought*, London：Collier-Macmillan, 1971, p. 201.

02　Pierre Bourdieu, *Contre-feux*, 孙智琦译：《防火墙》，中国台北，麦田出版社，2002年，第11页。

探讨，他认为，问题的真相不在表象，而是行动者的心态与社会象征结构的复杂互动而形成。

四、对文化工业与文化再生产的反思

西方学者对文化的研究，派系众多，唯西方马克思学派扮演了重要的地位，为文化理论提供了重要的思考依据。这派学者采用马克思的"批判理论"，以"人道主义"思维为基础，展开多元化的批判工作。他们思考的步骤是由事物的"反面"来观察事物的现象，虽带来破坏，但也因此产生"进步"的表现。文化工业与文化再生产即是从资本主义的负面，将文化视为一种宰制及霸权，来探讨现代社会的种种问题。

西方社会思潮，早期服膺在基督的"原罪"与"救赎"的宣道中，发展至18世纪，"自由"、"平等"的革命理论起而代之。这种源起于18世纪"启蒙"运动的"理性"思维，经伏尔泰（Voltaire）及狄德罗（Diderot）等人的努力，成为人类发展的动力，将人类的文化思维由"本体"，转向"主体"与"客体"的互动，形成"主客体"性的二元文化观。从18世纪至20世纪，促进了工业发展，创造了富裕的生活，延长了人的寿命，但也恶化了人与人的关系，进而造成了现代人的心理压力与社会问题。理性主义的"生产"观，正如此前的宗教文化，有其可贵的一面，但也有其祸害的一面。它透过精密的计算方式，改变了过去生活的"需要"，而发展为生活的"要"。"需要"与"要"不同；"需要"来自本能，"要"则是经由学习而获得。"文化工业"及"文化再生产"即是在这种对"要"的认知之下，对"要"的生产过程作深入的探讨。分析现代人的问题所在，以及现代资本主义文化的困窘。

尽管"文化工业"与"文化再生产"皆为对资本主义文化的抨击，但两者所处的时代背景不同，论述也有不同。"文化工业"是德国法兰克福学派的主要论述，时间约在40年代左右，面对的是资本主义得失的时代，立论系从"心理"的角度探讨资本主义社会的弊端。"文化再生产"是从历史活动的"变迁"与"连续"中，寻找现代社会的问题。

"文化工业"试图以心理学与心理分析取代经济决定论,将社会问题由社会层次转向个人层次,将上层人士视为谋杀群众的人。资本主义文化是一群具有"操纵"(manipulation)动机的人,经由娱乐、休闲、广告、商业、生活风格等方式,造就了"单面人"。"文化工业"不只是描述资本主义的操纵机制,更表现出对整体文化的概念,不是外在剥削力量,而是整体的生活方式。

霍克海默及阿多尔诺的论点是以马克思的论述为依据。马克思认为历史的动力在无产阶级,他们是社会行动的潜能。但是从40年代以后,无产阶级似乎已丧失斗志,变得墨守成规、被动与自满,不再具有革命的力量,凡事冷漠、顺从。无产阶级或大众被一群隐匿者说服,生活在广告的宰制之下,消费廉价小说、电视节目、汽车电影院、快餐、漫画、收音机等。这种文化工业已不再是一种自由、自主的文化,而是被操纵的文化。对于这种认知,自然也有不同的看法。美国学者里斯曼(Riesman)及贝尔(Daniel Bell)即认为,由于生产方式变迁及人口分布转变,现代社会已出现重大转变。在这个"后工业社会"中,人们虽受到"他人"引导影响,但仍有更多的选择,更多的自我表现空间。"文化工业"不只是一种剥削,也满足了一种或多种特殊与真实品味之需求与欲望。每个人都有权利和自主性去选择他们偏好的文化。它补充了一种属于一般大众的品味、意识,以及欲望[01]。英国学者史温吉伍德(Swingewood)更指出:"消费性资本主义并非创造出大量的、同质的文化,残酷的对待大众,反而是产生不同的品味层次,及不同的听众与消费群",可以算是另一种声音。

布尔迪厄的"文化再生产"代表了20世纪60年代以来法国思想界对文化理论的描述。这种思想以"理性批判"为前提,指出了当代自我理解的全面危机。他们虽承续了法兰克福学派所推行的理性批判,但却反对法兰克福学派理性批判的"同一性",强调"差异万岁",要揭示理性的"暴力"。学校教育成为他们批判的焦点。布尔迪厄教育体

---

01 H. J. Gans, *Popular Culture and High Culture*, New York: John Wiley and Sons, 1969, p. 188.

系为一项分配与肯定社会特权的工具,由于教育标榜价值中立,使得不论支配团体与受压迫团体都不会怀疑他们隐藏的功能,"将集体的遗产,转移至个人意识中",形成"自由"与"中立"的大幻象[01]。这种"无主体"的思维打破了18世纪以来"主体"的架构,以"我说"代替"我思"的文化思维方式,对现代文化产生了重大的冲击,特别是后资本主义时代文化的宰制与霸权。他们由教育体系中找出原因所在,的确有发人深省之处。唯一旦少了教育,人类历史又将面临什么样的困境,也不无令人好奇。

五、结论

以一个念历史的人来写"文化"的论题,有点自不量力。这多半属于文学或哲学的课题,但也因此往往无法发现他们的历史意义。文本固然是文化的重要篇章,但历史的定位另有一种价值,尤其在一个标榜文化史研究的道途上,对文化的现状不解,如何进入文化史的殿堂,颇令人怀疑。本文探讨文化左派是基于在文化研究中它是不可或缺及不可忽视的一支。"乌托邦可以不在,但乌托邦思想不能消失。"[02]左派是一种"逆反思考",它是人类进步的动力所在。资本主义文化创造了富裕的生活,让人类拥有更多属于自由的空间,但也为人类增添了更多的苦痛。以前的人一生须面对自然的挑战,现代的人则面对社会与文化的压力,以前的人身体的疾病多,现代的人心理的毛病多,时髦的话语是"压力大"。什么是压力?也就是"理性"主义霸权的结果。理性以"自由、平等"的理念,采取革命的手段,否定了神学"原罪与救赎"的霸权,创造了"自由、平等"的神话,但也建构了"自由、平等"的霸权。这种矛盾在资本主义愈发达的国家,愈益明显。因为"自由"、"平等"的给予,本身就已不自由、不平等了。一旦平等与自由的理念无法再成为真理,人类应走向何处,成为迷失。

01　Chris Jenks, *Culture*, 俞智敏译:《文化》,巨流出版社,1998年,第218页。
02　Bruce Robbins, *The Cultural Left In Globalization*, 徐晓雯译:《全球化中的知识左派》,中国社会科学院出版社,2000年,第32页。

建构性的后现代主义成为历史的重要思考面向。

"文化工业"与"文化再生产"是从文化的"结构性"找出历史中"不变"的"变量",它是隐匿的,也是潜藏的,对现代社会的各种缺失,提供了独到的看法。但这种从否定的层面论述,是否有助于生活的改善,或是带来更大的冲击,则有待考验。马克思从历史的"整体"看待人类的活动,是否仍有其魅力,让人期待。

消费文化的反思

在历史学的研究领域中,"消费"这个论题长久以来一直未受到重视,只有在社会学或经济学的论述中提到,其价值与意义也少有人讨论,这可能是在人类活动的过程中,消费被认为是人类自然的本能,不过是消耗或浪费,不具有正面的意义。待工业革命,生产量化,商品取代血缘成为社会身份及地位认定的标准,生产及消费的重要性才抬头,但此时的消费仍偏重在物品或产品的物质性以及供需面。信息社会发达之后,消费摆脱了过去局限于物品的范围,符号成为重要的领域,文化产品受到重视。此时消费所指涉的意义由物质面进入符号面,消费文化成为社会结构与活动的主要内容,它关系到社会关系的建立与社会地位的认定。本文即在讨论20世纪下半叶以来影响人类历史趋势的消费文化。

一、消费与消费文化概念的探讨

在探讨消费概念的论述时,不可避免会与生产发生联系,这种互动观念以马克思的论述最具影响力。依马克思的见解,生产的商品有使用与交换两种价值,作为使用价值,商品有质的差别,作为交换价值,商品只有量的差别,并不包括使用价值的原子[01]。劳动产品成为商

01　马克思:《资本论》第一卷,北京,新华书局,1988年,第50页。

品之后，所反映的是劳动的社会性质，是可感觉而又超感觉的物或社会的物，是人们的社会关系。马克思将商品生产视为拜物教，也就是从形上学的立场看待商品，认为商品所表现出来的不是劳动中的直接社会关系，而是人们之间的关系和物之间的社会关系。马克思以商品作为社会的中间，重视商品所建构的社会关系，改变了过去以血缘作为社会等级的标准，影响学者对社会结构的探讨，改变了历史的命题，也影响了历史的书写，并成为后来学者诠释消费文化的重要依据。

后工业社会降临，产品大量生产，信息快速发展，消费的意义开始摆脱了商品的物质范畴，进入符号的价值体系中。在符号与网络世界中，文化从物质生产的关系中独立出来，不再依附在商品之下，反而主导了商品的生产。消费成为生产的前提，且是另一种生产，重视的不是人们的需要，而是想要。需要来自本能，想要来自观念，具有文化意义，催生了消费文化。这种消费不是生产的对立，而是另一种生产，一种消费性的生产，象征着新文化时代的降临。

消费文化来自消费但又不同于消费，所面对的不只是社会和历史的存在，而更是言语或符号的合理与合法性。而如何取得历史的合法地位则是消费文化的使命。在历史的价值建构中，合法、合理与合情代表着社会的接受程度。合情是个别同意的行为，合理是多数同意的行为，合法是全体同意的行为。合法是历史的总目标，它未必合情，也不必然合理，但却是历史的"真实"，这是历史的病，也是社会的痛，更是个人的无奈，因此如何争取合法成为历史的现实。由时代的变迁，可以看到历史上取得合法性的艰辛过程。每一个时代的人都会面对自身所处时代的状态，但在自觉的过程中多会受限于传统意识形态与文化的制约，呈现出追求合法的痛苦。传统尽管已不合宜，但因其合法地位以致对新的现象采取敌意、持对立立场，或否定，或批判。历史上最明显的事例是西方的宗教改革，基督新教对罗马公教的批判，持续达一百多年（1517—1630）才获得合法地位。如何摆脱传统的枷锁，透过对自身所处时代的了解，建立新观念，是每一位活在当代的人的煎熬与折磨。消费文化是否有可能获得历史地位是研究消费文化者的期待。

消费文化的意义展现在符号概念与社会互动之上，目前对它的解读，所依据的材料除了社会现象之外，还有一些学者的文本。对从事历史工作者而言，这是很困难之事，因为自实证史学以来，历史讲究材料的"真实"，坚信史料的"唯一"与"可靠"，或者说，相信文字的"可信"。在从事政治研究或社会统计数据的处理时，这是可行的，但进入文化探讨时则遭遇重大挑战。在文化的领域，版本成为文本，文本不是唯一的，只是一种解释，这就形成对文化研究的困难，缺乏绝对性，没有一致性，它使得消费文化研究与探讨成为众说纷纭的情况，也因而遭忽视。

二、消费文化是西方社会的产物

消费文化究竟是建构在意识形态，还是社会结构之上？或者两者都是。意识形态是一种支配人生活的方式，经由文化中介，透过传播方式进行。社会结构则属于一种深层的互动关系，人生活其中而又不自觉受限于其中。消费文化所显现的是资本家对其有意的操控，还是资本主义社会结构的影响，学者各有看法。在德国法兰克福（*Frankfurt*）学派学者阿多尔诺（意西萄德）及霍克海默（*M. Horkhemier*）的论述中，消费文化是受资本家操纵的，但在法国学者博德里亚（*J. Baudrillard*）的认知中，它是资本主义结构的自然发展。两者的论述尽管不同，但从西方历史的变迁中皆可看出其源头。大致可以从几个面向讨论：

首先，消费文化体现了西方文明的进展历程，由对"神明"的依附到对"神明"的怀疑，进而至肯定"人"到怀疑"人"，更演变对"语言"的肯定到对"语言"的怀疑，由对象的确立，到一切都不明确的状态。它述说了西方文化进步的特征，一种无限的拓展，但也暴露出西方文化的危机：忧虑与焦虑，这也是消费文化遭疑虑之处。简单地说，消费文化来自西方文化理性无限思维，与人的有限生命冲突，将有限的生命置于无限的追求中，构成消费文化的难题。

在西方社会的进展中，传统社会以血统作为身份地位的表征，物品或者是商品只是持有者的财富，拥有或占有该物品，代表了一个人的财富多寡。由早期的贵族社会到近代的中产阶级社会皆可以发现到这种结构的状态，19世纪以后，工业社会降临，血统不再是身份的表征，金钱取代土地成为财富的辨识，金钱本身并无目的，但却具有心理价值[01]，透过外在形式传达其意义，商品是金钱的外在形式，促使人们重视商品，并以之作为身份地位的表征，建立了商品的品味观，以品味来区分身份与地位的高低。20世纪后期，战争的工业产能转移至民间，商品大量问世，以商品作为等级区辨的依据面临挑战。信息的传递，符号的概念成为商品的价值。从此消费指的不是具体的对象而是消费者的文化意义，经由对代码的解读，寻找自身的身份，并取得社会认同。有关其形构与西方人的思维及文化的进展有关，与资本主义的扩张、产品的大量生产有关，它由资本先进的地区发展为全球化的共同价值。将消费文化视为西方文化的精神产物是从西方的进程来说。

其次，消费文化的精神是一种"原欲"，强调感受与表现。在西方社会中，"原欲"一直处于被压抑的地位，甚至被认为是一种"原罪"。在《圣经》的记载中，亚当、夏娃因偷吃禁果，而遭天谴，背负了人的苦难。因此对于人的欲望，长久以来采用禁令的手段。随着德国心理学家弗洛伊德提出原欲的学说后，人的欲望得到合理的纾解管道，进而为消费建立了合理的基础，以前被视为不合理甚至不合法的情欲，如今都获得存在的价值。消费文化即在这种转变过程中找到其存在的空间。

01　Georg Simmel, Philosophie des Geldes, 陈戎女译：《货币哲学》，上海，华夏出版社，2002年，第232页。

第三，消费文化代表着西方"自由"精神的落实。从西方历史的结构来看，各个时代尽管表现不同，但共同的企求是追求"自由"，免于恐惧与束缚的自由。这种追求自由的过程依时序由免于自然的束缚、到免于宗教的束缚，再到免于社会的束缚，而孕育了新个人主义的消费文化诞生。"自由"与"自在"不同，"自由"来自反省与反思，具有一种叛逆的个性，它促进了进步的思维，将西方文化由一元拓展为二元再发展为多元。消费文化就是一种多元取向的生活价值观。

第四，消费文化代表了当代西方文化的多元精神。当西方传统社会封闭的价值系统被质疑，甚至被推倒之后，文化中被压抑的部分，也是被隐藏的一面获得释放，即出现多元的精神。消费文化即是在西方文化传统价值体系动摇之际，所展现的文化现象。它体现了后现代社会的诉求，也承续现代的部分。延续了1930年代激进艺术派的看法，包括自我意识的审美观、排斥蒙太奇的叙事手法，探索自相矛盾，并消解日常生活与艺术的界限，消弭高雅文化与大众文化的差异，强调无深度文化，重视折中主义与符码的混合风格，强调欲望、本能与享乐的一种反规范倾向[01]。消费文化一改往昔以"过去"来认识现代的理路为从"未来"来认识现在。由"过去"来建构现在，有"超越"的观念，超过历史的经验，超过具体的对象。由"未来"定位现在，既不具体，也无经验可超越，而是出于一种幻觉、想象，因而有多元的陈述。法国学者博德里亚将消费文化时代视为仿真的世界，人们经由信息与技术的更新，透过拟像建构、发现了一个新世界。利奥塔（*Lyotard*）认为在消费文化社会中，社会走入计算器化（*computerization of society*），过去的具体认知受语言的不确定性影响，已不存在。[02] 布尔迪厄（*P. Bourdieu*）认为知识分子通过生活方式，创

---

01 Mike Featherstone, *Consumer Culture and Postmodernism*, 刘精明译：《消费文化与后现代主义》，南京，译林出版社，2000年5月，第10页。
02 同上书，第4页。

造、追求标新立异，每一个人都追求与众不同。[01] 这些学者说明了当代西方文化的多元精神：现实向影像转化、时间碎化。而消费文化正显现了其中的精神。

三、消费文化源起说

论及消费文化之源起，学者有回溯自 18 世纪的英国中产阶级的出现，亦有将之归于 19 世纪英国、法国和美国的工人阶级抬头，还有将之归于二次世界大战期间广告、电影、时尚、化妆品、廉价小说的流行及百货商店、度假胜地、大众娱乐和休闲的观念的普及。但若要深入了解，最好从社会、经济与历史两个面向着手。由社会学、经济学探讨问题大致可以分为功能与结构两条途径，功能学派强调成员的主动性与重要性，结构学派则强调社会或经济表层之下的深层不变性，重视的是成员中"关系"的互动性。消费文化的出现从功能方面来看，它符合人的基本需求，满足人的基本欲望，从结构层面来看，它是资本经济发展的必然趋势，是西方理性主义发展的一种面向。它的出现是一种历史的过程，而不是一种结果，既然不是结果，对消费文化的认识也就不必要从"伦理学"的角度挞伐，指责其种种不是，而应从社会行动的心理去了解。

从历史的时序来看，很难为消费文化找出一个确定的时间，但可以同意的是两次世界大战刺激消费文化蓬勃发展。战争改变了社会的结构，人与人之间的理性关系受到质疑，存在成为人生意义与价值的起点，法国小说家萨特在法国沦亡被捕后即质疑是谁有权剥夺别人的生命？希特勒对犹太人的屠杀，斯大林的大整肃使人对理性主义的价值产生疑虑，从此，理性主义被视为一种宰制工具，它窄化了人的价

01　Mike Featherstone, *Consumer Culture and Postmodernism*, 刘精明译：《消费文化与后现代主义》，南京，译林出版社，2000 年 5 月，第 87 页。

值，忽视了个人生命的尊严与对生命的感受与感觉。战后，人们在追求生命的意义时，有感于理性的压抑造成人内在的焦虑与不安，在寻找感情的出路时提出不同的述求，特别是60年代的"爱与和平"，纾解压力成为消费文化诉求的重点，也成为消费文化典型的特色。消费文化的本质不在为了产品，而是在解决人在面对理性所产生的内在不安与焦虑。因此对消费的认知不能从浪费的前提中寻找答案，而是由纾解消费者的情绪中着眼。由于这种消费助长了对商品的需求，造成一般人对其负面的认知。

20世纪60年代消费文化之出现与社会组成分子的改变有重大关系，特别是学生阶级及女人角色的出现。在人类历史进展过程中，社会阶级一直不曾有学生这个角色，尽管有学生存在但并未构成社会力量。但二次世界大战之后，由于学校快速增加，就学人口增加，就学年岁延长，使得学生成为一种社会角色，并形成一种阶级。这种新兴阶级与传统基于生产能力来区分阶级的观念不合。为了寻求其存在的价值与意义时，消费成为新兴阶级的认同对象。此外女人地位提升也刺激了消费的成长。女性自二次世界大战后进入职场的表现增加了女人在社会的活动及消费能力。女性的消费心理因素大于物质需求，女性长期以来因生活环境受制于有限的空间，因此在心理方面存在寻求获得解放的饥渴，一但获得解放之后，即从消费方面满足其被压抑的苦痛。

消费文化得以迅速发展，除了上述新社会阶层的推波助澜之外，消费方式的改变与简便，更加速推动其发展。从钱币的使用到信用卡的发行，从银货两讫到分期付款。在线交易、邮购、宅配等因计算机化、信息的便捷，使得消费不再是个人的行为，而是文化的表现。特别是电视购物频道的出现，将传统购物的场所由商店、百货公司、专卖店，带入家庭客厅之中，将购物的选择单纯化，并以诱人的赠品来激发一颗寂寞的心灵，使得购物成为一种打发寂寞的行为，而受到青睐。

四、对消费文化的反思

　　人是社会化的动物，有其生物性的一面，也有其历史性的一面。对消费文化的认知可以透过上述两个面向进行反思。从生物层面来说，消费文化重视人的感受、感觉、感情，它使得在理性化之下的个人，经由差异寻求认同，而非屈服在整体化的宰制之下。民主、平等是消费文化的积极贡献。传统以来，消费一直是人类社会阶级分野的准绳，封建社会，贵族、平民之间差别在贵族的消费与平民不同，贵族以打猎、打仗、打牌度过一生，平民以工作终其一生。贵族过的是休闲的日子，平民过的是辛勤的日子，使得消费成为贵族的身份表征。商业社会及工业社会降临之后，消费的能力由贵族转入中产阶级，中产阶级以审美的独占性，建构了消费的特权，这种基于理性思维的文化观至20世纪下半叶受信息传媒、影视复制的影响，丧失其霸权地位。因着物资富裕，产品多样化，大众生活在获得改善之余，期待追求与中产阶级同等的地位，是一种趋势，他们追求生活上的民主与平等，特别是消费平等。透过消费手段，以品牌进行认同，以价格区别差异，构成了消费文化的意义与价值。

　　从历史的进展来看，消费文化是资本主义结构的一部分，还是意识的一种现象，关系着对消费文化得失的认知。作为结构的一环，资本主义是命定的，经由商品建构出社会关系，法兰克福学派将之解释为资本家及被宰制的大众；作为意识的一种现象则与人的感觉有关，与现象学中所说的"发生学"，探讨意识产生的第一刹那相近。依佛学的说法，对"发生"的认识可分为感受、感觉、感情、语言、书写等过程。消费文化是一种感受经验，依加拿大学者麦克卢汉的卓见，人对外在事物的接触可分为三个阶段，早期为听觉主导的时代，听觉重平衡，耳朵永远保持开放状态，接受四面八方的讯息，因此意识处于平衡感中，文明以降，进入视觉时代，眼睛依个人需求张开或闭上，接受头脑指挥行事，视觉有远近之别，影响人的意识有优劣之辨，时至现代，受科技发展影响，进入中枢神经的触觉时期，情欲的敏感被激起，眼睛、耳朵的束缚不再，意识呈现冲动状态，它是消费文化的驱动力，尽管为社会带来进步的动力，促进了平等的可能，但也因此造成心理上更大的不平衡感。

消费文化也是一种自由的体现，美国学者费斯克（John Fiske）以牛仔裤为例说明了消费文化的"自由"意义。他在《理解大众文化》（Understanding Popular Culture）一书中指出，牛仔裤是一种自由的记号，它将人们从社会范畴所强加的行为限制与身份认同的约束中解放出来，穿牛仔裤者渴望成为自己，但不意味渴望与别人不同，这使得牛仔裤代表一种自由、自然、粗犷和勤劳、进步[01]，使得牛仔裤被带到世界各地。从费斯克的论述中可以发现到消费文化的"自由"特性，它不仅是脱离束缚的一种动力，也是自我约束的一种张力。在消费文化中，如何自我克制为人类文明提供了一种训练，在旧社会，自由是摆脱别人的约束，到了新社会，自由是对自我的约束。在众多的消费品中，如何抑制拥有的冲动是由个人决定的，不是由别人来决定，这可能是消费文化为"自由"所带来最珍贵的一页。

平等与自由是消费文化的主要精神，它透过对理性主义的批判，对整体文化的反思进行。将它视为后工业晚期的社会结构或视为资本主义的意识形态都有其可取的一面。严肃的问题是消费文化有可能被遏止或消灭吗？倘若不能，所应关注的是如何在消费文化中找寻有利的一面。加拿大学者麦克卢汉有良好的建议，如何摆脱"生活在比当前早一些的日子中"[02]，从不熟悉的东西走向熟悉的东西，而不是由熟悉走向不熟悉的学习。换言之，不再限于由过去看现在，而是由未来看现在，可能是对消费文化最好的反思。

01　John Fiske, Understanding Popular Culture, 王晓珏译：《理解大众文化》，北京，中央编译出版社，第8页。
02　何道宽译：《麦克卢汉精粹》，南京，南京大学出版社，2000年，第361页。

五、结论

　　文化是个人的内化也是社会的制化，经由对文化的了解可以认识到个人存在的无奈与抗拒，一种对社会结构的无奈以及对历史意识的挣扎。消费文化所展现的正是个人对历史意识的反抗与在后工业社会结构之下的一种无奈。接受它还是排斥它？是现代社会的难题。就生命的本义来说，人活在自然之中，喜怒哀乐来自自然，但进入工业社会之后，人生活在社会之中，喜怒哀乐来自社会。自然与社会不同，自然与人的关系不经由媒介取得，但社会与人的关系不然，特别是消费社会经由货币进行，使得人的存在受制于货币，而拥有货币的人则可以宰制别人的命运，从此人的本性遭到扭曲。

　　文化来自教养，消费文化不同于早期的文化主要来自教育的场所不同。不论是贵族文化、教士文化或中产阶级文化，皆有相同的教育场所，即学校。学校的教师有一定的养成过程，并有一定的社会使命，德国学者韦伯称老师为一种"志业"，强调老师是一种天职。进入后工业时期之后，电视取代了学校成为教育场所。电视系以营利为生，在适者生存的竞争环境之下，一切讲究利害，影响消费者的识见，重利轻义。当学校教育沦落，老师的地位为营销人员取代之后，理想人格不见，社会的风气自然有了不同。

　　不可讳言，消费文化改变了人类的生活方式与生命态度，从正面来说，它促进了人与人的平等地位，任何人只要拥有相同财富，都有消费同一对象的可能，也解放了人类长期以来被压制的欲望，经由感官的感受与感觉，抒发个人的感情，同时在自由的开放过程中，人也学会自我管理的重要性。但从负面来说，消费文化所建构的社会，是一种矛盾的社会。因为消费包括能力与行为两者，消费能力是一种理性的过程，消费行为则是一种非理性过程。两者之反差构成了现代人存在的荒谬。商品在满足人的欲望过程中，拉近了人的关系，但商品的价格却区隔了人与人的距离。商品透过广告媒介的影响力，让人永无止境的存在"想要"的过程中，它忽视了人的有限性，使人陷入紧张的焦虑之中，并让人与人的紧张关系处于比较的竞争中，深化了人的忧郁心理。

目前对消费文化探讨多止于文本的诠释，少有从历史的层面着手，负面多于正面。历史的书写由实证经情境到语境，传统的阅读与叙述在影视的挑战之下，面临反省。任何学者由窗口所获得的视野在衍生的视讯均将面对"绝对"的质疑。建构于18世纪以"整体性"史学在面对"个体"与"差异"的文化挑战之际，应如何看待或诠释问题，将是史学写作者研究的一个新方向，消费文化也为史学研究开拓一条道路。

本文以消费文化当做历史的题材来研究，是要为它在历史发展中找到定位。传统历史的素材多限于过去已结束的事件或问题，以为盖棺者即可论定，但随着语言学的定位，历史不再是事情的结束反而是事件的开始，历史的题材不能再限于过去已发生的部分，反而现在或可能发生的也可以成为讨论的对象。本文即基于这项认知而进行的书写工作，希望为消费文化找到其历史的意义。

参考书目

以下所列书目系本人讲授"现代思潮:当代西方文化研究"课程时所选用的阅读教材,不包括一手材料,谨此说明。

Peter Brooker,*A Glossary of Cultural Theory*,王志弘、李根芳译,《文化理论词汇》,中国台北:巨流,2003年。

Richard Wolin,*The Terms of Cultural Criticism*,周宪、许钧译,《文化批评的观念》,北京:商务印书馆,2000年。

Raymond Williams,*Culture and Society 1780—1950*,彭淮栋译,《文化与社会》,中国台北:联经,1985年。

Jeffery C. Alexander,*Steven Seidman*,*Culture and Society*,吴潜诚编,《文化与社会》,中国台北:立绪,2004年。

Terry Eagleton,*After Theory*,李尚远译,《理论之后》,中国台北:商周,2005年。

Eric McLuhan,Frank Zingrone,*Essential McLuhan*,《麦克卢汉精粹》,南京:南京大学出版社,2000年。

James Davision Hunter,Culture Wars:*the struggle to define America*,王佳煌、陆景文译,《文化战争》,中国台北:正中,1995年。

John Docker,*Postmodernism and Popular Culture*,吴松江、张天飞译,《后现代主义与大众文化》,辽宁:辽宁出版社,2001年。

Mike Featherstone,*Consumer Culture and Postmodernism*,刘东、黄平译,《消费文化与后现代主义》,南京:译林出版社,2000年。

Fredric Jameson, *The Cultural Turn*，胡亚民译，《文化转向》，北京：中国社会科学出版社，2000年。

John Fiske, *Understanding Popular Culture*，王晓珏、宋伟杰译，《理解大众文化》，北京：中央编译出版社，2001年。

David Riesman, *Lonely Crowd*，蔡源煌译，《寂寞的群众》，中国台北：桂冠，1984年。

Georg Simmel, *Die Modernitat der moderne Mensch and Religion*，曹卫东、王志敏、刁承俊译，《现代性、现代人与宗教》，2005年。

Clifford Geertz, *Local Knowledge：Further Essays in Interpretive Anthropology*，杨德睿译，《地方知识：诠释人类学论文集》，中国台北：麦田，2003年。

Ingeborg Breuer, Peter Leusch, Dieter Mersch, *Welten im Kopf-Deutschland*，张容译，《德国哲学家圆桌》，北京：华夏出版社，2004年。

Piere Bourdieu, *Contre-Feux*，孙智琦译，《防火墙》，中国台北：麦田，2002年。

Piere Bourdieu, *Sur la Television*，林志明译，《布尔迪厄论电视》，中国台北：麦田，2002年。

Piere Bourdieu, *Contre-Feux2*，《以火攻火》，中国台北：麦田，2003年。

Paul Fussell, *Class*，梁丽真、乐涛、石涛译，《格调》，北京：中国社会科学出版社，1998年。

马丁译，《全球化的文化》，南京：南京大学出版社，2002年。

Lester Thurow, *The Future of Capitalism*，李华夏译，《资本主义的未来》，中国台北：立绪，1998年。

Zygmunt Bauman, *Liquid Modernity*，欧阳景根译，《流动的现代性》，上海：上海三联书店，2002年。

Dominic Strinati, *An Introduction to Theories of Popular Culture*，周宪、许钧译，《通俗文化理论导论》，北京：商务印书馆，2001年。

James Miller, *The Passion of Michel Foucault*，高毅译，《福科的生死爱欲》，中国台北：时报，1995年。

Francis Wheen，*Karl Marx*，洪仪真、何明修译，《资本主义的先知——马克思》，中国台北：时报，2001年。

J. Naughton，*A Brief History of Future：The Origins of the Internet*，朱萍等译，《互联网——从神话到现实》，江苏：江苏人民出版社，2001年。

Lunn Hunt，*The New Cultural History*，江政宽译，《新文化史》，中国台北：麦田，2002年。

David Coates，*Models of Capitalism*，耿修林、宗兆昌译，《资本主义的模式》，江苏：江苏人民出版社，2001年。

Angela McRobbie，*Postmodernism and Popular Culture*，田晓菲译，《后现代主义与大众文化》，北京：中央编译出版社，2001年。

Raymond Williams，*Keywords：A Vocabulary of Culture and Society*，刘建基译，《关键词》，中国台北：巨流，2003年。

E. P. Tompson，*The Making of the English Working Class*，贾士蘅译，《英国工人阶级的形成》，中国台北：麦田，2001年。

Elaine Baldwin，*Introducing Cultural Studies*，陶东风译，《文化研究导论》，北京：高等教育出版社，2004年。

Terry Eagleton，*The Idea of Culture*，林志忠译，《文化的理念》，中国台北：巨流，2002年。

Richard Tarnas，*The Passion of the Western Mind*，王又如译，《西方心灵》，中国台北：正中，1995年。

Fredric Jameson，*Postmodernism of The Dultural Login of Late Capitalism*，吴美真译，《后现代主义》，中国台北：时报，1998年。

Patrice Bonnewitz，*La sociologie de Pierre Bourdieu*，孙智绮译，《布尔迪厄社会学的第一课》，中国台北：麦田，2004年。

Ales Erjavec，*Toward the Image*，胡菊兰、张云鹏译，《图像时代》，吉林：吉林人民出版社，2003年。

Klaus Held，*Phanomonollgie der Welt*，倪梁康译，《世界现象学》，北京：三联书店，2003年。

Marxhall Sahlins, *Culture and Practical Reason*, 赵丙祥译,《文化与实践理性》, 上海：上海人民出版社, 2002 年。

Chris Jenks, *Culture*, 俞智敏、陈光达、王淑燕译,《文化》, 中国台北：巨流, 1998 年。

Daniel Bell, *The End of Ideology*, 张国清译,《意识形态的终结》, 江苏：江苏人民出版社, 2001 年。

Katie Hafner, *Matthew Lyon*, *Where Wizards Stay Up Late*, 杨幼兰译,《网络英雄》, 中国台北：时报, 1998 年。

Anthony Gidden & Christopher Pierson, *Conversation with Anthony Giddens*, 尹宏诣译,《现代性——吉登斯访谈录》, 中国台北：联经, 2002 年。

Daniel Bell, *Post-Industrial Society*, 王宏周、魏章玲等译,《后工业社会的来临》, 中国台北：桂冠, 1989 年。

Mohn Wicklethwalt, Adrian Wooldridge, *A Future Perfect: The Challenge and Hidden Promise of Globalization*, 盛健、孙海玉译,《现在与未来：全球化的机遇与挑战》, 北京：经济日报出版社, 2001 年。

Karl Manheim, *Mensch and Gesellschaft im Zeitalter des Umbaus*, 刘凝译,《变革时代的人与社会》, 中国台北：桂冠, 1990 年。

Tom Bottomore, *The Frankfurt School*, 廖仁义译,《法兰克福学派》, 中国台北：桂冠, 1984 年。

Samuel P. Huntington, *The Clash of Civilization and the Making of World Order*, 黄裕美译,《文明冲突与世界秩序的重建》, 中国台北：联经, 2004 年。

Richard Rorty, *Contigency Irony and Solidarity*, 徐文瑞译,《偶然·反讽与团结》, 中国台北：麦田, 1998 年。

Rosemarie Tong, *Feminist Thought: A Comprehensive Introduction*, 刁筱华译,《女性主义思潮》, 中国台北：时报, 1996 年。

Louis Dumont, *Essais sur I'individualisme*, 谷方译,《论个体主义：对现代意识形态的人类学观点》, 上海：上海人民出版社, 2003 年。

Alan Rugman，*The End of Globalization*，常志宵译，《全球化的终结》，北京：三联书店，2001年。

Milton Yinger，*Counter Cultures：The Promise and Peril of A World turned Upside Down*，高丙中、张林译，《反文化：乱世的希望与危险》，中国台北：桂冠，1995年。

Edmund Wilson，*To the Finland Station：a study in the Writing and Acting of History*，刘森尧译，《到芬兰车站》，中国台北：麦田，2000年。

Issac Berlin，*Karl Marx*，赵干城、鲍世奋译，《马克思传》，中国台北：时报，1993年。

Robert Ware，Kai Nielsen，*Analyzing Marxism：New Essays on Analytical Marxism*，鲁克俭、王金来、杨诘译，《分析马克思主义新论》，北京：人民大学出版社，2002年。

Carl G. Jung，*Man and His Symbols*，龚卓军译，《人及其象征》，中国台北：立绪，2001年。

Christina Howells，*Jacques Derrida*，张颖译，《德里达》，黑龙江：黑龙江人民出版社，2002年。

James Williams，*Jean-Francois Lyotard*，姚大志译，《利奥塔》，黑龙江：黑龙江人民出版社，2002年。

罗钢、刘象愚主编，《文化研究读本》，北京：中国社会科学出版社，2000年。

王铭铭，《文化格局与人的表述》，天津：天津人民出版社，1997年。

盛宁，《人文困惑与反思》，北京：三联书店，1999年。

高宣扬著，《布尔迪厄》，中国台北：生智，2002年。

陈学明著，《本亚明》，中国台北：生智，1999年。

杨大春著，《福科》，中国台北：生智，1996年。

张珣译，《鲁思·潘乃德——文化模式的诗神》，中国台北：稻禾，1992年。

杨魁、董雅丽著,《消费文化——从现代到后现代》,北京:中国社会科学出版社,2003年。

黄忠晶、田锡富译编,《萨特自述》,河南:河南人民出版社,2000年。

徐崇温著,《结构主义与后结构主义》,中国台北:结构群文化出版,1994年。

李泽厚著,《批判哲学的批判》,中国台北:谷风出版社,1986年。

张广智、张广勇著,《史学:文化中的文化》,上海:上海社会科学院出版社,2003年。

刘北成编著,《福科思想肖像》,上海:上海人民出版社,2001年。

廖申白、扬清荣译,《人道主义与反人道主义》,北京:华夏出版社,1999年。

廖申白、扬清荣译,《人道主义与反人道主义》,北京:华夏出版社,1999年。

王治河、薛晓源译,《全球化与后现代性》,广西:广西师范大学出版社,2003年。

汪民安、陈永国、马海良主编,《后现代性的哲学话语——从福科到赛义德》,浙江:浙江人民出版社,2001年。

谢少波、王逢振编,《文化研究访谈录》,北京:中国社会科学出版社,2003年。

周蔚、徐克谦译著,《人类文化示录》,上海:学林出版社,1999年。

曹玉文著,《新弗洛伊德主义的马克思主义》,中国台北:时报,1992年。

张西平著,《历史哲学的重建》,北京:三联书店,1997年。

谢立中主编,《西方社会学名著提要》,江西:江西人民出版社,1998年。

周宪、许钧主编,《现代性的碎片》,北京:商务印书馆,2003年。

俞吾金著,《意识形态论》,上海:上海人民出版社,1993年。

刘象愚、杨恒达主编,《从现代主义到后现代主义》,北京:高等教育出版社,2003年。

汤小应主编,《马克思主义:政治经济学》,中国台北:启思,2002年。

陈学明、马佣军著,《走进马克思》,北京:东方出版社,2002年。

今村仁司著,牛建科译,《阿尔都塞》,河北:河北教育出版社,2001年。

高田珠树著,刘文柱译,《海德格尔》,河北:河北教育出版社,2001年。

冯川著,《关于荣格》,中国台北:笙易,2002年。

赵敦华著,《维根斯坦》,中国台北:生智,1997年。